Anieska Mayea von Rimscha
Núria Xicota Tort

UNIVERSO.ele

Spanisch für Studierende

B2

Kurs- und Arbeitsbuch

Hueber Verlag

Autorinnen
Dr. Anieska Mayea von Rimscha und Núria Xicota Tort

Konzeption
Dr. Claudia Mariela Villar, Lektorin für Spanisch an der Universität Mannheim
Encarnación Guerrero García, Lektorin für Spanisch an der Ludwig-Maximilians-Universität München

Fachliche Beratung
María Isabel Arranz Sanz, Vertragslehrerin am Institut für Romanistik der Universität Innsbruck
María Martínez Casas, Lektorin für Spanisch an der Katholischen Universität Eichstätt-Ingolstadt
Dr. Claudia Mariela Villar, Lektorin für Spanisch an der Universität Mannheim

Ein **MP3-Download** der Sprachaufnahmen ist unter www.hueber.de/universo erhältlich.

3. 2. 1. | Die letzten Ziffern
2022 21 20 19 18 | bezeichnen Zahl und Jahr des Druckes.
Alle Drucke dieser Auflage können, da unverändert, nebeneinander benutzt werden.
1. Auflage

Verlagsredaktion: Raquel Muñoz, Melanie Höfer, Hueber Verlag, München
Umschlaggestaltung: Sieveking · Agentur für Kommunikation, München
Zeichnungen: Mascha Greune, München
Layout und Satz: Sieveking · Agentur für Kommunikation, München
Druck und Bindung: Passiva Druckservice GmbH & Co. KG, Passau
Printed in Germany
ISBN 978-3-19-054334-2

Art. 530_20550_001_01

UNIVERSO.ELE » DAS LEHRWERK SPEZIELL FÜR STUDIERENDE!

Liebe Lernerin, lieber Lerner,

UNIVERSO.ELE ist konzipiert für alle, die Spanisch für ihr Studium benötigen oder einfach in relativ kurzer Zeit die spanische Sprache erlernen möchten. Das Lehrwerk entspricht den Richtlinien des Gemeinsamen Europäischen Referenzrahmens (GER).

UNIVERSO.ELE B2 führt zum Niveau B2 des Gemeinsamen Europäischen Referenzrahmens und lässt sich flexibel an unterschiedliche Kurslängen anpassen. Der Band bietet Stoff ca. 60 Unterrichtsstunden. Vielfältige Übungen im Arbeitsbuchteil und weitere Aktivitäten auf der Moodle-Plattform dienen der Konsolidierung und Vertiefung.

Die Lektionen

Die Auftaktseite jeder Lektion bietet einen Überblick über die kommunikativen Ziele. Der Lektionstitel, Fotos und Aktivitäten ermöglichen einen ersten Zugang zum Thema.

Teile A und B

Die Lektionen sind jeweils in die Teile A und B gegliedert. Für jeden Teil sind Lernziele angegeben. Damit gewinnt der Lernprozess an Transparenz. Verschiedene relevante Textsorten sorgen für den notwendigen Input. Die dazugehörigen Aktivitäten dienen der Analyse und dem Verständnis des neuen Stoffes. Im Anschluss wird das Gelernte sofort angewendet.

Escribimos

Teil A wird mit einer Schreibaufgabe zu einem interessanten Thema abgeschlossen.

Nuestro proyecto

Der Kernteil jeder Lektion endet mit einer spannenden und authentischen Projektarbeit im Team.

Mis recursos

Auf diesen Seiten werden nochmals grammatische und lexikalische Aspekte der Lektion aufgegriffen und genauer analysiert bzw. intensiver geübt. Diese Seiten können bei Bedarf auch selbstständig zu Hause bearbeitet werden.

Cultura

Anhand eines Textes wird ein zur Lektion passendes soziokulturelles Thema behandelt. Die Seite kann bei Bedarf ebenfalls zu Hause bearbeitet werden.

Arbeitsbuchteil

Die Arbeitsbuchseiten bieten weitere Aufgaben zur Anwendung und Vertiefung des Gelernten. Es werden sowohl grammatische als auch lexikalische Inhalte trainiert.

Der Anhang

Im Anhang befinden sich ausführliche Grammatikerläuterungen zu den Lektionen, die Transkriptionen zu den Hörtexten des Kursbuchs und der Wortschatz der Lektionen.

Der Lehrwerkservice

Im Lehrwerkservice unter www.hueber.de/universo sind alle Hörtexte als MP3-Dateien, die Lösungen und Transkriptionen des Arbeitsbuchs sowie weitere Materialien zum kostenlosen Download bereitgestellt.

Euer Universo.ele-Team

ÍNDICE

Libro de ejercicios y anexo

Las soluciones y las transcripciones de los textos auditivos del libro de ejercicios las encuentra en nuestra página web www.hueber.de/universo

HUEBER.DE

Bajo nuestro enlace www.hueber.de/universo encontrará:

- Materiales complementarios y propuestas para completar las actividades del libro, así como para consolidar todo lo aprendido.
- Audios en formato MP3 descargables
- App gratuita para la reproducción de los audios desde su teléfono móvil o tableta.

Símbolos utilizados en el libro

23 pista del audio

trabajo en pareja

trabajo en pequeños grupos

reflexión sobre fenómenos lingüísticos

actividad de escritura

7

En esta unidad aprendes a...
... hablar sobre los criterios que tiene que reunir una universidad
... hacer peticiones
... hablar de choques culturales

Un semestre de intercambio

En esta unidad vamos a escribir un correo de petición y a elaborar un póster informativo sobre nuestra universidad.

PONTIFICIA UNIVERSIDAD CATÓLICA DEL PERÚ (PUCP)

Fundación: 1917
Tipo: privada
Estudiantes: 25 200 aprox.
Sitio web: www.pucp.edu.pe

Es la universidad privada más antigua del país. Se distingue por la internacionalización de sus profesores y estudiantes. La universidad ofrece una formación humanista, plural y basada en valores católicos. Esta universidad sobresale por sus trabajos de investigación científica.

UNIVERSIDAD NACIONAL AUTÓNOMA DE MÉXICO (UNAM)

Fundación: 1551
Tipo: pública
Estudiantes: 342 500 aprox.
Sitio web: www.unam.mx

Fue una de las primeras universidades que se fundó en Latinoamérica.
La Ciudad Universitaria, de unos 7 km², aloja alrededor de mil edificios entre los que destacan 138 bibliotecas, la sala de conciertos Nezahualcóyotl y el Estadio Olímpico Universitario que representa la forma del cráter de un volcán. Su campus principal es una auténtica obra de arte en la que participaron numerosos artistas, entre ellos, Diego Rivera.

UNIVERSIDAD DE SALAMANCA (USAL)

Fundación: 1218
Tipo: estatal
Estudiantes: 35 000 aprox.
Sitio web: www.usal.es

Es la más antigua del país, y la quinta de Europa. Según varias clasificaciones académicas se considera una de las mejores universidades españolas en el estudio de lenguas modernas, en especial, Filología Inglesa e Hispánica, pero también en Biotecnología y Ciencias Ambientales. En 2005 creó la Fundación Parque Científico para fortalecer la conexión entre el conocimiento académico y el mundo empresarial.

a ¿Cuál de las tres universidades te resulta más atractiva? ¿Qué aspectos te llaman la atención? ¿Por qué? Subráyalos e intercambia tu punto de vista.

- *A ver, a mí la universidad que me resulta más atractiva es... sobre todo porque ...*
- *Pues yo me inclino por...*

b ¿Y tú? ¿Quieres estudiar en el extranjero? ¿Dónde? ¿Por qué? Marca las razones o añade otras e intercambia tus impresiones.

- ☐ ampliar horizontes
- ☐ aprender otro idioma
- ☐ conocer otras culturas
- ☐ adquirir habilidades nuevas
- ☐ mejorar mi fluidez lingüística
- ☐ descubrir otros modos de vivir
- ☐ ampliar/mejorar mi CV
- ☐ establecer una red internacional de contactos

- *Pues a mí me gustaría hacer un intercambio en... para/porque... ¿Y a ti?*

Comunicación expresar valoraciones » corroborar una información » mostrar inseguridad » expresar cortesía Gramática repaso de expresiones para valorar » uso del condicional para expresar cortesía Léxico vocabulario relativo a la universidad

1 Criterios

a ¿Qué criterios te parecen más importantes para decidir la universidad de intercambio? Numéralos del 1 (más importante) al 10 (menos importante).

.... la calidad de vida de la ciudad
.... el prestigio y reconocimiento internacionales
.... las becas y ayudas financieras que ofrece
.... el tamaño de la universidad
.... las especialidades
.... el profesorado y los métodos de enseñanza
.... sus servicios e instalaciones
.... las tasas académicas
.... la residencia/el alojamiento para estudiantes
.... los convenios entre universidades

- *Para mí es indispensable que la universidad tenga prestigio porque...*
- *Pues para mí, eso no es tan importante, yo valoro más que no sea muy caro vivir en la ciudad.*

Expresar valoraciones

Yo valoro poder convivir con estudiantes del lugar.
Considero importante que la ciudad no sea muy cara.
Es indispensable que tenga reputación internacional.

Recuerda: Para valorar algo en general utilizamos el **infinitivo**. Cuando valoramos algo concreto y, por eso, hay un sujeto en la oración subordinada diferente al de la oración principal, necesitamos el **subjuntivo**.

→ *Mis recursos 1*

b (1) Laura y Gabriel van a estudiar en Salamanca. Escucha y toma nota sobre qué les motivó.

c Compara tus notas con las de tu compañero/-a. ¿Hay diferencias? Intenta reconstruir lo que han contado.

- *Yo he entendido que Laura... ¿Tú también lo has entendido así?*
- *Yo no estoy del todo seguro/-a. A mí me ha parecido escuchar que...*

Para corroborar información	Para mostrar inseguridad o desconocimiento	
Yo también he entendido lo mismo. A mí también me ha parecido escucharlo.	No estoy del todo seguro/-a. A mí me ha parecido escuchar que... Puede ser, aunque yo he entendido que...	A mí eso se me ha escapado. Yo, esto no lo he oído.

2 Un correo

a Markus ha escrito un correo electrónico a la lectora del Departamento de Español de su universidad. ¿Para qué? Lee el correo y marca las opciones más adecuadas.

Estimada Sra. Villarín:
Soy Markus Schäfer, estudiante de segundo semestre de Filología Románica. Como en el cuarto semestre tenemos la posibilidad de hacer un intercambio en el extranjero y yo todavía tengo algunas dudas por resolver, me gustaría pedirle consejo. ¿Cuándo podría ir a hablar con usted? ¿Le iría bien que me pasara por su despacho la semana próxima durante su horario de consulta? Le agradecería que pudiera ser lo antes posible, puesto que la fecha de cierre de inscripción es en dos semanas.
Dándole las gracias de antemano por su disposición, reciba un cordial saludo,
Markus Schäfer

- ☐ Markus quiere hacer un intercambio.
- ☐ Quiere que ella lo oriente.
- ☐ Quiere que su lectora le ayude con la inscripción.
- ☐ Le pide una cita para hacer una prueba de nivel de español.
- ☐ Espera que su lectora tenga tiempo para él.

b ¿Qué recursos ha utilizado Marcos para marcar el registro formal en su correo? Márcalos.

c ¿Cómo se podrían decir estas mismas cosas pero de manera más formal? Escríbelo.

1. ¿Me puedes dar tu correo electrónico?
2. ¿Tiene usted un bolígrafo?
3. ¿Puedo hablar con usted?
4. Quiero contarte mi decisión.

Expresar la cortesía

¿ **Tendría** tiempo?
¿Le **iría** bien?

Utilizamos el condicional para realizar peticiones o pedir favores en una situación o contexto en los que se establece una distancia entre los interlocutores. Cuando no se quiere establecer esta distancia, podemos utilizar el presente: ¿Tienes tiempo?

→ *Mis recursos 2 y 3*

d ¿Qué te puede hacer falta en la clase de español? Márcalo y pídeselo de manera formal a tu profesor/a. Añade una justificación para cada petición.

- ☐ que el profesor repita algo
- ☐ abrir la ventana
- ☐ cerrar la ventana
- ☐ poder usar el móvil
- ☐ que el profesor te preste un bolígrafo rojo
- ☐ que escriba en la pizarra en otro color

■ *¿Podría cerrar la ventana, por favor? Es que hace bastante frío...*

Justificarse en las peticiones

¿Podría cerrar la ventana, por favor? **Es que** hace frío...

Utilizamos el conector **es que** para justificarnos.

3 Una tutoría

a Escucha la conversación entre Markus y su lectora de español. ¿Sobre qué temas hablan? Márcalos.

- ☐ Su nivel de español
- ☐ Las posibilidades de alojamiento
- ☐ Las asignaturas en las que debe inscribirse
- ☐ Las posibles universidades de intercambio
- ☐ El coste de vida en el país de destino
- ☐ Los convenios existentes entre universidades
- ☐ Los gastos de matriculación
- ☐ Las convalidaciones de asignaturas
- ☐ La obtención de créditos
- ☐ El trato con los profesores

b ¿En qué universidad va a hacer el semestre de intercambio? ¿Qué le ha motivado a tomar tal decisión? Toma notas.

c ¿Cuáles de las siguientes recomendaciones le da la lectora a Markus? Escucha otra vez y márcalas.

- ☐ 1. Es importante, ante todo, tener muy claro el destino al que se quiere ir.
- ☐ 2. Es aconsejable hacer un curso de idiomas después de llegar.
- ☐ 3. Si le gusta la literatura, es recomendable ir a una universidad latinoamericana.
- ☐ 4. Le recomienda que busque un alojamiento antes de irse.
- ☐ 5. Es importantísimo que participe en las actividades extracurriculares.
- ☐ 6. Es fundamental pensarse bien las asignaturas en las que quiere inscribirse.

d ¿Qué otras recomendaciones te parecen importantes? Añádelas a la lista de 3c y coméntalas después con tus compañeros/-as.

■ *A mí me parece fundamental que ... Y tú ¿cómo lo ves?*
● *Sí, cierto, pero me parece todavía más importante que...*
■ *Claro, aunque lo de la preparación no me parece tan fácil/relevante... porque ...*

Pedir una valoración

¿Qué te parece (a ti)?
¿Cómo lo ves (tú)?
¿Lo ves bien/mal?

Atenuar los argumentos de los demás

Lo veo bien/mal, aunque...
Claro, aunque...
Tal vez, pero...

4 La decisión

a Este es el correo que Markus escribe a su amigo Miguel. ¿Qué debería hacer para no tener demasiadas dificultades? Lee el correo y subráyalo.

Asunto: Noticias desde Alemania

Hola, Miguel:
¿Qué tal van las cosas por Alicante? Espero que vaya todo bien. Aquí, todo fenomenal aunque estamos teniendo un invierno muy frío ☹. Te quería decir que ya he tomado una decisión sobre el semestre en el extranjero. ¿A qué no sabes adónde me voy a ir? ¡¡¡Pues a la Universidad de Alicante!!!! ¿Qué te parece la idea?
Ya sabes que tenía mis dudas sobre si podría seguir las clases en español, pero la tutora me animó al decirme que mi nivel de español es buenísimo. Me recomendó que nada más llegar me **informara** sobre los programas de mentoría que ofrecen en la universidad y que **intentara** integrarme en grupos de estudiantes Erasmus.
Todavía recuerdo la última vez que estuve en Alicante. Nos lo pasamos genial. Y si mi español es tan bueno, es gracias a vosotros también: me ayudó muchísimo que **hablarais** despacio conmigo y sobre todo me encantó que me **enseñarais** todas esas expresiones que no aprendemos en clase y que son tan importantes para el día a día 😃. Aunque debo admitir que me desesperaba que os **rierais** de mí cada vez que las pronunciaba mal 😠... Me encantaría que esta vez **fuerais** menos graciosos 🙂... En fin, que todavía no puedo comprender que mi pronunciación os **resultara** tan graciosa...
Ahora te tengo que dejar porque tengo que organizarme el alojamiento. Me gustaría alojarme en una residencia de estudiantes, creo que se llama Villa Universitaria.

¡Hasta pronto, Miguel! ¡Nos vemos en Alicante!
Markus

b Fíjate en los verbos marcados en negrita. Son las formas del imperfecto de subjuntivo. ¿Cuándo crees que las utilizamos?

Pretérito imperfecto de subjuntivo

Se forma a partir de la 3.ª persona plural del pretérito indefinido y tiene dos formas.

	-ra	-se
ser/ir → **fuer**on	-ras	-se
hablar → **hablar**on	-ra	-se
hacer → **hicier**on	-ramos	-semos
reír → **rier**on	-rais	-seis
	-ran	-sen

Las formas en **-ra** y **-se** son intercambiables.

Uso del imperfecto del subjuntivo

Cuando necesitamos usar el subjuntivo para referirnos a acciones ocurridas en el pasado o a situaciones hipotéticas en el presente o futuro, utilizamos el imperfecto de subjuntivo.
Me ayudó que **hablarais** más despacio. (= entonces hablaban despacio)
Me recomendó que **hiciera** un curso de idiomas. (= el curso de idiomas tendría lugar en un futuro hipotético)
Me encantaría que **fuerais** menos graciosos. (= ahora o en un futuro hipotético tienen que ser menos graciosos)
No puedo comprender que mi pronunciación **fuera** tan graciosa.
(= hoy todavía lo cuestiono)

→ *Mis recursos 4*

c Relaciona según la información del correo y completa con las formas del imperfecto de subjuntivo.

1. La profesora le recomendó a Markus que
2. Markus preferiría que sus amigos
3. La profesora le aconsejó que nada más llegar
4. Markus todavía no entiende que sus amigos españoles

a. .... (ser) menos graciosos a veces.
b. .... (esforzarse) por conocer a otros estudiantes Erasmus.
c. .... (reírse) cuando pronunciaba mal.
d. .... (informarse) sobre los programas de mentoría que ofrecen en la universidad.

d Piensa en un lugar en el extranjero donde hayas pasado algún tiempo y marca las opciones con las que te identifiques. Añade dos más. Intercambia tus experiencias.

Cuando estuve en	Sí	No
1. me gustó probar la comida típica.	☐	☐
2. me gustó que la gente local hablara conmigo.	☐	☐
3. me fastidió que hiciera mal tiempo.	☐	☐
4. me molestó que el alojamiento estuviera en las afueras.	☐	☐
5. me encantó que la gente estuviera dispuesta a ayudarme.	☐	☐
6. no me gustó que todo fuera tan caro.	☐	☐
7. me indignó que hubiera tantos turistas irrespetuosos.	☐	☐
8.	☐	☐
9.	☐	☐

- *Pues yo fui a Canadá hace dos años y cuando estuve allí no me gustó nada que hiciera tanto frío en invierno, estábamos a -20°C.*
- *¡Qué dices! ¡No me lo puedo creer!*

hiciera

fuera

estuviera

hablara

hubiera

e Explica ahora a la clase lo que te ha contado tu compañero/-a.

Luis me ha contado que cuando fue a Canadá hace dos años no le gustó nada que hiciera...

Escribimos

a Markus ha decidido alojarse en la Villa Universitaria de la Universidad de Alicante durante el semestre de intercambio. Busca en su sitio web www.villauniversitaria.com las modalidades de alojamiento y los correspondientes precios que ofrecen.

b Una vez efectuada la reserva de pensión completa, Markus se da cuenta de que para él es más conveniente el alojamiento en régimen de media pensión. Por ello, escribe un correo para pedir un cambio de reserva y pedir una confirmación del cambio. Fíjate en los recursos que vas a necesitar.

De: Markus.Schäffer@googlemail.com
A: Villaunialicante@hotmail.es
Asunto: Cambio de reserva

Estimados Sres.:

Me llamo Markus Schäffer y soy estudiante en la Universidad de Múnich. El año que viene...

Me dirijo a Uds. con motivo de la reserva efectuada...

Markus Schäffer

Cartas de solicitud

Saludar
Estimados Sres.:
(para desconocidos)
Estimada Sra. García:

Presentarse
Soy estudiante de...

Explicar los motivos
Me pongo en contacto con usted/ustedes con el fin de / porque...
Me dirijo a usted/ustedes para/por...
Le/Les escribo para...

Pedir información o favor
Le/Les agradecería que me enviara(n) ...
Le/Les ruego me envíe(n) / mande(n) ...
Quisiera informarme sobre...

Terminar y agradecer
Quedo a la espera de su respuesta.
Quedo a su disposición para cualquier duda o aclaración.
Le/Les agradezco de antemano su respuesta.
Agradeciéndoles de antemano su respuesta, se despide...

Despedirse
Atentamente,
Saludos cordiales,
Reciba / Reciban un cordial saludo,

5 En la Universidad de Alicante

a Estas son algunas de las informaciones que aparecen en la guía académica para estudiantes internacionales de la Universidad de Alicante. Completa la guía con las palabras siguientes.

asistencia a clase | sistema de evaluación | trato con el profesor | horarios | lenguas de comunicación | calendario académico | número de alumnos por asignatura | la nube de la Universidad de Alicante

¡BIENVENIDOS A LA FACULTAD DE FILOSOFÍA Y LETRAS!

Hemos creado esta guía académica para ayudarte a aprovechar al máximo tu estancia en la Universidad de Alicante.

INFORMACIÓN ACADÉMICA GENERAL

1. ……………………: En él se establecen las fechas oficiales de comienzo y final de curso, así como los periodos de exámenes. Por regla general, las clases comienzan alrededor de la segunda semana de septiembre y finalizan a finales de mayo, con vacaciones en Navidad y Semana Santa.

2. ……………………: Es obligatoria para la mayoría de asignaturas. Los profesores suelen pasar lista al comenzar la clase o pasar una hoja para firmar. Además, asistir regularmente a clase y participar puede sumar entre un 5 % o 10 % en la nota final de la asignatura.

3. ……………………: Son muy diferentes. En turno de mañana, hay clase desde las 8h a las 15h y en turno de tarde, desde las 15h a las 21h. Por lo tanto, tu horario dependerá de las horas a las que se imparta tu asignatura y del grupo que selecciones o se te asigne.

4. ……………………: No existe un número fijo. En cualquier caso, las clases prácticas siempre son más reducidas, por eso hay diversos grupos.

5. ……………………: El español y el valenciano, es decir, las lenguas oficiales de la Comunidad Valenciana. Así pues, podrás encontrar asignaturas que se imparten en español, en valenciano y también algunas en inglés.

6. ……………………: Como estudiante internacional de la UA tienes acceso al campus virtual de la UA y a su nube de aplicaciones. Con tus claves personales, puedes acceder a este campus virtual desde cualquier sitio externo a través de la página principal de la UA: www.ua.es.

7. ……………………: El profesorado de la UA tiene un trato muy cercano con los alumnos. De hecho, a muchos estudiantes les sorprende que se les hable de tú y no de usted o que se use su nombre y no su apellido para dirigirse a ellos. Cada docente tiene su horario de tutorías que puedes consultar tanto en la puerta de su despacho como en el campus virtual.

8. ……………………: En la UA suele realizarse mediante distintos procedimientos: exámenes parciales y/o finales, trabajos individuales y/o en grupo, presentaciones orales, comentarios de texto, asistencia y participación activa en clase, etc. En el sistema español y en la UA, las calificaciones van del 0 al 10, siendo el 10 la máxima puntuación. Para aprobar se necesita sacar un 5.

b Lee el texto de nuevo y completa estos campos semánticos con palabras o expresiones del texto.

En clase | Los cursos | La evaluación

c Marca en el texto los aspectos que son diferentes en tu universidad. ¿Qué aspectos te sorprenden? Coméntalo en pequeños grupos.

- *Pues en mi universidad la asistencia no es obligatoria, me parece raro que haya que asistir a clase en la universidad de Alicante.*

6 Algunas dudas

3 **a** Después de leer la guía, Markus habla con un compañero porque no tiene algunas cosas claras. ¿Cuáles son? Escucha y toma nota.

b Estas son algunas de las expresiones que ha utilizado Markus. ¿Para qué sirven? Clasifícalas en la tabla.

1. Quizás puedas ayudarme.
2. Ya veo.
3. La palabra... ¿qué quiere decir?
4. Comprendido.
5. Esto de sacar un 5 ¿qué significa?
6. Cierto.
7. Y esto del trato cercano significa que... ¿verdad?
8. Eso es.
9. Ya entiendo.

Expresiones para interaccionar en una conversación	
Para pedir ayuda antes de formular una pregunta.	....
Para comprobar que se ha entendido algo correctamente.	....
Para indicar que una información es correcta.	....
Para preguntar el significado de una palabra o expresión.	....
Para indicar que algo se ha comprendido.	....

7 Después del primer día en la universidad

4 **a** Después de su primer día en la universidad, Markus ha quedado en un bar con su amigo Miguel. ¿De qué temas hablan? Escucha y márcalos.

- ☐ la novia
- ☐ los profesores
- ☐ los exámenes
- ☐ el cuarto de hora académico
- ☐ el viaje de llegada
- ☐ el acto de bienvenida
- ☐ la sesión informativa
- ☐ los compañeros/-as de clase

4 **b** Escucha otra vez y decide si los enunciados son verdaderos o falsos. Corrige los falsos.

	Sí	No
1. A Markus le ha sorprendido que haya muchos estudiantes internacionales.	☐	☐
2. A Markus le ha gustado que **hayan ofrecido** comida en el acto de bienvenida.	☐	☐
3. A Markus le ha aburrido que el alcalde de Alicante **haya dado** un discurso en el acto de bienvenida.	☐	☐
4. A Markus el día le ha resultado pesado.	☐	☐
5. Le parece bien que **hayan dado** información general a los estudiantes el primer día en la universidad.	☐	☐
6. No le ha molestado que el director de la oficina de Relaciones Internacionales **haya llegado** diez minutos tarde.	☐	☐

c En los enunciados anteriores aparece un nuevo tiempo del subjuntivo: el pretérito perfecto. ¿Sabes cuándo lo utilizamos? Lee el uso y comprueba.

Uso del pretérito perfecto de subjuntivo

Le ha gustado que en el acto de bienvenida de esta mañana **hayan ofrecido** comida.
Si necesitamos el subjuntivo para referirnos a acciones que han sucedido en un contexto actual, haremos uso del *pretérito perfecto* de subjuntivo.

→ *Mis recursos 5*

Pretérito perfecto de subjuntivo

haber	+	participio
haya		
hayas		hecho
haya	+	llegado
hayamos		ofrecido
hayáis		
hayan		

→ *Mis recursos 5*

d Escucha otra vez la conversación y marca las expresiones que escuches. (4)

- ☐ ¡Tío!
- ☐ ¡Hombre!
- ☐ ¡Vaya día!
- ☐ ¿Qué pasa?
- ☐ ¿Y eso?
- ☐ ¡Vaya paliza!
- ☐ ¡Un rollo!
- ☐ ¡Anda ya!

Expresiones coloquiales

Ten en cuenta que las expresiones coloquiales dependen mucho del ámbito social, espacial, pero también de la edad. Estos son ejemplos del lenguaje coloquial entre jóvenes en España.

e Las expresiones anteriores, ¿para qué se utilizan? Completa.

Para saludar: ....
Para mostrar interés: ....
Para reaccionar / mostrar empatía: ....
Para mostrar extrañeza: ....

8 Primeras impresiones

a Completa las impresiones de estos estudiantes en su primer día de clase.

¡Ha sido muy emocionante! Me ha encantado que la universidad .... (organizar) un acto de bienvenida.

Pues a mí no me ha gustado tanto el acto de bienvenida. Me ha parecido un poco rollo. Me ha molestado que .... (haber) tantos discursos porque no he podido entenderlos todos.

¡Pues yo he llegado tarde! Me ha fastidiado que el autobús .... (llegar) con 20 minutos de retraso.

b Piensa en cosas que te han pasado esta semana y anótalas. Coméntalas. Tu compañero/-a reaccionará con las expresiones de 8d.

1. algo que te ha sorprendido: ....
2. algo que no te ha gustado: ....
3. algo que te ha agobiado: ....
4. algo que te ha molestado: ....
5. algo que te ha hecho ilusión: ....

■ *Pues a mí me ha sorprendido que esta semana los estudiantes hayan organizado una manifestación.*
● *¿Y eso?*
■ *Pues porque a mí no me ha gustado haber tenido que levantarme tan temprano toda la semana. ¡Estoy tan cansada!...*

¿Subjuntivo o infinitivo?

Me gustó que la gente **fuera** abierta.
Me gustó **conocer** a gente.
Me gustó **haber probado** la comida.

Recuerda: Después de los verbos de experiencia usamos el subjuntivo cuando la persona que experimenta el sentimiento no es la misma que la que lleva a cabo la acción. En caso contrario, usamos un infinitivo.
Si la acción valorada tiene lugar en el pasado, utilizamos el infinitivo compuesto: **haber + participio**.

9 Choques culturales

a Este es el blog de Eusebio, un estudiante limeño que estudia en Alicante. Léelo y marca los aspectos que más le sorprenden.

UN MES EN ALICANTE

¡Hay que ver los horarios de este país! Acá al mediodía está todo cerrado. Hoy, por ejemplo, fui al centro para hacer unos recados y la única tienda que estaba abierta era el supermercado. Y cuando organizan fiestas, no vayas nunca antes de las once de la noche, si no estarás solito. Y claro, luego las fiestas duran hasta el amanecer porque van de bar en bar. A mí, particularmente, esto me encanta 🙂
Por acá dicen que los retrasos no existen, sino que el tiempo es más flexible, como en Lima. ¡Imagínense! Muchos de los estudiantes extranjeros no consiguen acostumbrarse a estos horarios... ¡Ah! Y en la uni muchos profesores nos tutean...

b ¿Cómo son esos aspectos en tu ciudad? Y en tu país, ¿hay diferencias regionales?

c (5) Marta y Mónica son dos estudiantes españolas que están de Erasmus en Lovaina. Escucha la entrevista que les hacen y toma nota de los aspectos que les sorprenden.

d Y a ti, ¿te sorprenderían esos aspectos? Argumenta tu punto de vista según tus experiencias culturales. En grupos, haced una lista de los aspectos que podrían chocar a los estudiantes Erasmus que visiten vuestro país.

NUESTRO PROYECTO

Nuestra clase va a formar parte del programa de mentoría para los próximos estudiantes extranjeros que vienen a estudiar a nuestra universidad. Para ello haremos un póster para colgar en la oficina del programa con las recomendaciones más importantes.

a Decide primero qué información deben conocer. Esta lista te puede ayudar. Añade otros aspectos:

- Búsqueda de alojamiento
- Inscripción en un curso de lengua
- Uso del transporte público en la ciudad
- Actividades extraacadémicas
- ....

b Intercambia con tus compañeros del programa de mentoría tus recomendaciones para llegar a un acuerdo sobre la información que hay que dar a los estudiantes extranjeros.

Antes de llegar	Durante la estancia	Después del intercambio
Hacer un curso de lengua	...	...

- *Yo pienso que hay que tener en cuenta el tema del idioma.*
- *Es verdad, yo recomendaría que hicieran un curso de idiomas nada más llegar.*
- *Pues yo les aconsejaría que...*

c Por último, cada grupo va a elaborar un póster con la información más importante.

1 Valorar, expresar opiniones o cuestionar la realidad

Clasifica estas expresiones según las utilices para expresar opiniones, para valorar o para cuestionar la realidad. Añade tres más en cada categoría. Lee el uso y elige la opción correcta.

~~estar sorprendido/-a de que~~ ~~valorar que~~ pensar que ~~considerar que~~ ~~parecer que~~ ~~es ideal que~~ ~~es una lástima que~~ ~~es mejor que~~ ~~no ser de la opinión que~~ ~~no considerar oportuno que~~ ~~estar contento/-a de que~~ ~~dudar que~~ ~~conviene que~~ desagradar que ~~parecer conveniente que~~

CUESTIONO	OPINO	VALORO

Cuando expresamos nuestras opiniones sobre la realidad, utilizamos el modo *subjuntivo/indicativo*, pero cuando cuestionamos la realidad con expresiones como *dudo que* o *no creo que*, utilizamos el modo *subjuntivo/indicativo*, al igual que cuando valoramos la realidad.

2 Usos del condicional

Decide el valor del condicional en cada caso. A veces puede tener dos valores.

1. ¿Cuándo le iría bien que me pasara por su oficina?
2. Me gustaría irme de vacaciones ahora mismo.
3. Sería importante que hicieras un curso de idiomas.
4. ¿Te importaría abrir la ventana? Hace mucho calor aquí...
5. Le pediría que tuviera algo más de paciencia.

a. Situación hipotética
b. Cortesía
c. Atenuación de los consejos

En español utilizamos las formas del condicional para expresar la probabilidad de que algo suceda como en la frase .... Desde el punto de vista pragmático, el condicional nos ayuda a suavizar consejos como en las frases .... y .... También nos permite mostrarnos corteses en situaciones generalmente más formales y en las que pedimos favores a personas. Este fenómeno se llama atenuación.

3 Atenuar la fuerza de un mensaje

¿En qué situaciones atenúa el profesor el mensaje? Márcalas.

- ☐ A fin de cuentas, eres tú quien sacaría más provecho de las clases. Yo ya me conozco los temas...
- ☐ Es que si no, podrías tener dificultades en el examen...
- ☐ En realidad, te estás perdiendo las discusiones de clase, que son de sumo interés pues invitan a la reflexión. No estaría mal que la próxima vez vinieras a clase...

Además del condicional, algunas expresiones que podemos utilizar para atenuar la fuerza de un mensaje son: .... y ....

4 ¿Hiciera o haga?

Relaciona los pares de frases de la izquierda con las de la derecha.
Los verbos marcados en negrita te ayudarán.

1. Y Juan, ¿va a estar en la reunión?
2. Y Juan, ¿estuvo en la reunión de ayer?

a. No, no creo que **estuviera**, aunque no estoy seguro.
b. No, no creo que **esté**, aunque no estoy seguro.

3. Elías me pidió que **hiciera** un pastel
4. Elías me pidió que **haga** un pastel

a. para la fiesta del pasado fin de semana.
b. para la fiesta del próximo fin de semana.

El uso del presente o imperfecto de subjuntivo en las oraciones subordinadas no depende tanto del tiempo del verbo de la oración principal (presente o pasado), sino de la actualidad o validez de los deseos, recomendaciones o información que se cuestiona en las oraciones subordinadas.

5 ¿Cuándo?

a Relaciona el contexto más lógico para cada caso.

1. Me gusta que **haga** buen tiempo.
2. Me gustaría que **hiciera** buen tiempo.
3. Me gustó que **hiciera** buen tiempo.
4. Me gusta que **haya hecho** buen tiempo.

a. En mi último viaje a Cuba.
b. Siempre que voy a Cuba.
c. En mi próximo viaje a Cuba.
d. Estas últimas vacaciones.

1. Les indigna que **haya** tanta injusticia.
2. Les indignaría que **hubiera** tanta injusticia.
3. Les indignaba que **hubiera** tanta injusticia.
4. Les ha indignado que **haya habido** tanta injusticia.

a. Pero por suerte no la hay.
b. En aquella época.
c. Esta mañana.
d. En la actualidad.

Recuerda: En algunas zonas de España y en muchas de Latinoamérica prácticamente se utiliza el *préterito indefinido* en lugar del *pretérito perfecto* (véase pág. 40 A2).

b Dos amigas valoran una conferencia que acaba de terminar. Completa las frases según la perspectiva de Encarna, que es del sur de España, y de Victoria, que es de Colombia.

Encarna: ¡Ha sido una conferencia muy enriquecedora! ¿No crees? A mí me ha gustado que el ponente .... (saber) fomentar el debate entre el público asistente al final.
Victoria: Sí, claro, aunque me decepcionó un poco que solo .... (mostrar) los ejemplos de hace seis o siete años. Encuentras tantísimos ejemplos hoy día…
Encarna: Bueno, de todos modos, pienso que ha sido muy acertado por su parte que .... (hacer) un análisis exhaustivo de la problemática actual. No sé, a mí sí me ha gustado, es un experto en la materia…
Victoria: ¡No lo dudo! Pero a mí pareció innecesario que .... (extenderse) tanto en todos esos problemas…

LA ESTUDIANTIFICACIÓN

a ¿Cuáles son las ciudades preferidas para irse de Erasmus? ¿Qué problemas pueden resultar del gran flujo de estudiantes internacionales? ¿Qué entiendes por “estudiantificación”? Lee el siguiente tuit y comenta.

b Lee ahora el siguiente artículo y subraya el impacto derivado de los movimientos de estudiantes internacionales en las ciudades de acogida.

22:21

21 Junio 2017

Marta Varela @marvarela
Barcelona ya no es Barcelona. Se ha convertido en una ciudad de Erasmus y ocio nocturno. ☹

Los estudiantes de Erasmus y la transformación de la ciudad

No escapa a nadie que el programa Erasmus acarrea algo más que la mera estancia académica de jóvenes universitarios en otras ciudades comunitarias durante uno o dos semestres de su licenciatura. Ante todo, el programa Erasmus ha supuesto el más notable ejercicio de marketing de esa idea llamada “Europa”. En los últimos 30 años, sin duda, la mayor ilusión que la hoy maltrecha Unión Europa es capaz de ofrecer a sus ciudadanos.

Ante tal éxito, en 2014, la Comisión Europea decidió englobar todos sus programas de formación, juventud y deporte bajo la denominación Erasmus+, a fin de seguir expandiendo la llamada “Experiencia Erasmus” que venía seduciendo generación tras generación.

¿Y qué decir de esa experiencia? Existe una cierta disonancia entre dos versiones del mismo tema. Por un lado, los Erasmus son representados como la encarnación del proyecto europeo, exitosos políglotas cuyas experiencias transnacionales habrían servido para afinar sus competencias profesionales en el marco de esa Europa ideal. Por el otro, se habla de sus estadías con cierto desdén, señalando su tendencia a participar en todo tipo de fiestas, cuya consecuencia sería la dilapidación del tiempo de dedicación a las clases y al estudio.

Pero, ¿qué tienen que ver las ciudades con todo esto? Primero de todo, los Erasmus escogen muchas veces su destino en función de la imagen y las atracciones que esperan encontrar en las ciudades de acogida, lo que ha conducido a algunos autores a hablar de “turismo académico”. Es evidente que la llegada de los Erasmus representa un impacto creciente en las transformaciones urbanas. Su presencia contribuye a variados procesos de mercantilización del espacio. Tal es el impacto que sufren estas poblaciones, que desde hace más de una década se habla en el ámbito académico de la *estudiantificación*, un término derivado de la *gentrificación*, y que viene a analizar las dinámicas de concentración de estudiantes en determinados barrios de las ciudades, así como de los procesos de substitución humana (un eufemismo para “expulsión”) causados por su presencia.

Pero la relación de los Erasmus con las ciudades visitadas trasciende a menudo su mera condición de residentes temporales, abriéndose una etapa de continuidad entre la breve estadía estudiantil y sus posteriores carreras laborales y afectivas en las ciudades visitadas. Los Erasmus, en muchas ocasiones, vuelven a la ciudad de acogida poco después, tomando la forma de turistas informados, estudiantes de posgrado o trabajadores precarios.

Si bien a estas alturas no hace falta decir que los Erasmus son, en efecto, “seres urbanos”, quizás convendría señalar hasta qué punto son centrales para entender la forma histórica que las ciudades europeas contemporáneas están tomando.

Daniel Malet Calvo, doctor en Antropología Social por la Universidad de Barcelona, El País

c Contesta ahora estas preguntas.

1. ¿Cuál es la posición del autor en relación con el proyecto europeo? ¿A qué se refiere cuando menciona “la maltrecha Unión”?
2. ¿Cómo se describe el comportamiento de los estudiantes Erasmus? En tu experiencia, ¿es así?
3. Y en tu país, ¿hay ciudades que han cambiado o están cambiando debido al creciente flujo de estudiantes internacionales? En caso afirmativo, ¿qué tipos de cambios se producen?

» **En esta unidad aprendes a...**
... resumir una noticia
... dar la opinión sobre un tema
... argumentar y contraargumentar
... expresar tu punto de vista en un debate

8

Nos ponemos al día

- **En esta unidad vamos a escribir el noticiero de la clase y a participar en un debate.**

1. Estar bien informado es para mí:
- ○ importantísimo
- ○ relativamente importante
- ○ importante
- ○ poco o nada importante

2. Me informo...
- ○ escuchando la radio.
- ○ leyendo la prensa escrita, sin conectarme a Internet.
- ○ navegando por internet.
- ○ a través de las redes sociales como Twitter.
- ○ viendo la televisión.
- ○ con el servicio de alertas de mi móvil.
- ○ gracias a una suscripción a una plataforma de pago como Blendle.
- ○ Otros: ....

3. El medio de comunicación que más utilizo es .... ¿Por qué?
- ○ Proporciona la información más rápidamente.
- ○ Es más práctico o cómodo.
- ○ La información publicada no está manipulada.
- ○ La información es veraz.
- ○ Me inspira confianza.
- ○ Otros: ....

4. ¿Cuántas horas le dedicas al día para mantenerte informado/-a?
- ○ Menos de una.
- ○ Entre una y tres.
- ○ Entre tres y cinco.
- ○ Más de cinco.

5. El medio de comunicación que menos utilizo es .... ¿Por qué?
- ○ La información es muy subjetiva.
- ○ Cuesta dinero.
- ○ No se ajusta a mis horarios.
- ○ Prefiero decidir personalmente qué información quiero consumir.
- ○ Otros: ....

6. Quiero estar informado/-a primordialmente sobre las noticias...
- ○ de política de mi país
- ○ de ámbito internacional
- ○ deportivas
- ○ de economía
- ○ del corazón
- ○ de tecnología
- ○ de espectáculos
- ○ de sucesos (catástrofes, robos)
- ○ Otros: ....

7. De la programación televisiva, me interesa/n...
- ○ los documentales
- ○ los programas de entretenimiento
- ○ los noticieros
- ○ los debates
- ○ ver películas o series
- ○ Otros: ....

8. La radio la pongo...
- ○ porque me hace compañía.
- ○ para escuchar música.
- ○ por las noticias.
- ○ por las mañanas después de levantarme.
- ○ mientras conduzco.
- ○ casi nunca.

9. Quiero que las noticias que leo (o consumo) sean...
- ○ breves
- ○ contrastadas
- ○ objetivas
- ○ extensas
- ○ de actualidad

a ¿Qué medios de comunicación utilizas para estar informado/-a y cómo? Realiza el test y averígualo. Después intercambia tus respuestas.

- *Para mí estar informado/-a es importantísimo. Necesito saber lo que pasa en el mundo...*

b ¿Cómo se informa tu compañero/-a? Explícaselo al resto de la clase.

Hecho

Comunicación describir imágenes » hacer hipótesis y suposiciones sobre la realidad » expresar la probabilidad » comprender noticias escritas **Gramática** *quizás, probablemente, posiblemente, tal vez* » formas y uso del futuro compuesto **Léxico** vocabulario general sobre noticias

1 Fotos periodísticas

a Relaciona las expresiones con las fotos y descríbelas.

1.

2.

3.

- ☐ riadas de barro y agua
- ☐ elaborar un plato
- ☐ alcanzar la meta
- ☐ ceviche
- ☐ corredora de larga distancia
- ☐ sabroso
- ☐ situación de emergencia
- ☐ personas damnificadas
- ☐ ingredientes
- ☐ comunidad indígena tarahumara
- ☐ inundaciones y crecidas de ríos
- ☐ alta cocina
- ☐ llevar delantal

■ *En la primera foto puede verse a un chico joven. Parece...*
● *Pues yo no creo que...*

b ¿Qué fotos describen estas personas? Relaciona. Subraya toda la información que te ha ayudado a relacionarlas.

1. En esta foto se pueden ver a tres hombres que están caminando por una calle inundada. Hay mucho lodo. Me imagino que habrá habido una riada de barro y agua y que quizás haya llovido sin parar, lo que habrá provocado la crecida de ríos e inundaciones. Tal vez estén huyendo, o a lo mejor quieren rescatar a alguien.

2. En esta imagen puede verse a un chico joven. Puede que sea un cocinero porque lleva un delantal y además está en una cocina. Podría ser la cocina de un hotel. Supongo que estará impartiendo un curso de cocina porque parece que está explicando algo a alguien. O a lo mejor está elaborando un plato. Quizás sea un representante de la llamada alta cocina por el tipo de ingredientes que está utilizando y por el aspecto de los platos.

hecho

Hacer hipótesis o suposiciones sobre la realidad	Futuro compuesto	Expresar probabilidad
Supongo que **habrá habido** una riada. Me imagino que **habrán tomado** la foto... **Estarán haciendo** un curso de cocina. **Podría** ser la cocina de un hotel... Utilizamos el **futuro simple** para las suposiciones en el presente y el **futuro compuesto** para realizar hipótesis sobre acciones terminadas en un contexto actual. Si las acciones terminaron en un contexto no actual utilizamos el **condicional simple**. → *Mis recursos 1*	**haber** habré habrás habrá + participio habremos habréis habrán	**A lo mejor** está elaborando un plato. **Tal vez** sea México. **Quizás** es/sea México. Con **quizás**, **probablemente** o **posiblemente** utilizamos el **subjuntivo** cuando la información se considera **poco probable** por parte del hablante.

c En las descripciones anteriores hay información que se sabe y otra información que se supone. Márcalas en distintos colores.

d Escribe ahora una descripción para la foto restante con la información que supones.

2 Una noticia

a Lee la noticia sobre la corredora rarámuri, María Lorena Ramírez, ganadora de un maratón y contesta después las siguientes preguntas.

1. ¿Qué pasó?
2. ¿Cómo ocurrió?
3. ¿Cuándo sucedió?
4. ¿Dónde tuvo lugar el acontecimiento?
5. ¿Por qué pasó lo ocurrido?

Noticias

Las noticias suelen informar sobre un acontecimiento respondiendo los interrogantes: ¿Quién?, ¿Qué?, ¿Cómo?, ¿Cuándo?, ¿Dónde? y ¿Por qué?

Mujer tarahumara gana ultramaratón sin equipación deportiva

La corredora rarámuri María Lorena Ramírez ganó el UltraTrail Cerro Rojo, celebrado el pasado 29 de abril en Puebla.

Sin ningún tipo de equipo deportivo o preparación profesional, usando solamente una falda y unas sandalias rudimentarias cuya suela fue hecha con restos de neumáticos, Lorena recorrió 50 kilómetros en 7 horas y 3 minutos para llevarse el primer lugar en el podio y un premio de 6 mil pesos. Este ultramaratón contó con la participación de 500 corredores de 12 países.

Orlando Jiménez, organizador de la carrera, dio estas declaraciones al sitio Verne sobre el desempeño de Lorena:

"No llevaba ningún aditamento especial. No traía ningún gel, ni dulces para la energía, ni bastón, ni lentes, ni estos tenis carísimos que todos llevamos para correr en la montaña. Solo una botellita de agua, su gorra y un paliacate en el cuello".

Junto con uno de sus hermanos, Lorena participó en el el UltraTrail Cerro Rojo gracias al apoyo de los organizadores del evento. Hicieron más de dos días de camino desde el municipio de Guachochi, en Chihuahua, hasta Tlatlauquitepec, en el Estado de México.

A sus 22 años, Lorena es considerada una de las corredoras de larga distancia más rápidas de la comunidad tarahumara, aunque su verdadera ocupación es cuidar ganado. Diariamente camina entre 10 y 15 kilómetros con sus chivas y vacas. El año pasado obtuvo el segundo lugar en la categoría de los 100 kilómetros en el famoso ultramaratón "Caballo Blanco 2016", de Chihuahua. Su abuelo, su papá y varios de sus hermanos también corren. Históricamente los indígenas tarahumara son corredores excepcionales, dotados de una resistencia física inusual; suelen correr por las barrancos de la sierra con su vestimenta tradicional y se hidratan con pinole. El término "rarámuri" viene de rara que significa "pie", y muri, que es "correr".

b ¿Cómo valoras la noticia?

- *Me parece una historia...*

c Fíjate en el gráfico e identifica las partes de la noticia en el texto de 2a. Después contesta las preguntas siguientes.

1. ¿Qué interrogantes se contestan en la entradilla?
2. Marca con un color la información principal del cuerpo de la noticia, y con otro la secundaria. ¿Dónde se encuentra la información principal? ¿Y la secundaria?

Antetítulo
Título
Subtítulo

"Lead" o entradilla
¿qué?, ¿quién?, ¿cuándo?, ¿dónde?, ¿cómo?, ¿por qué?

Cuerpo de la noticia
Datos en orden decreciente, detalles

Comunicación comprender noticias orales » resumir una noticia » comprender un artículo de opinión » hablar sobre la intención **Gramática** pasiva refleja » frases impersonales
Léxico vocabulario general sobre noticias

3 El boletín radiofónico

6-8 **a** Escucha estas noticias en la radio y decide a qué sección pueden pertenecer.

Economía | **Deportes** | SOCIEDAD | Ciencia | POLÍTICA | **Tecnología** | ***Cultura***

6-8 **b** Escucha de nuevo y relaciona cada noticia con una foto.

....

....

....

c Completa ahora la tabla con la información de las noticias. Si es necesario, escucha de nuevo.

	¿Qué	¿Cómo?	¿Cuándo?	¿Dónde?	¿Por qué?
Noticia 1					
Noticia 2					
Noticia 3					

d En grupos. Escribe un resumen sobre una de las noticias anteriores. Para ello, decide primero cuál es la información principal de la noticia y toma notas.

Esta noticia trata de... / analiza... / informa sobre...

4 Un editorial periodístico

a Lee el comentario que el editor de un periódico escribió sobre una de las noticias anteriores. ¿Con qué intención? Marca las opciones correspondientes e intercambia tus impresiones con un/a compañero/-a.

- ☐ denunciar un hecho o una situación
- ☐ proponer algo
- ☐ mostrar apoyo
- ☐ exigir o pedir una solución

Hablar sobre la intención comunicativa

El editor pretende + infinitivo
Quiere denunciar...
Quiere llamar la atención sobre...

Prevención ante la tragedia

EDITORIAL

Las imágenes que recibimos son impactantes, pero la situación *in situ* es todavía más devastadora. Uno no se lo puede imaginar. Se trata de una situación de emergencia total debida a un fenómeno conocido como el Niño costero que desencadena lluvias muy intensas durante varios días seguidos. Lamentablemente, la gente más pobre **ha sido la más afectada** y muchos han perdido sus hogares. En los últimos días más de 100.000 viviendas **fueron dañadas**, otras muchas **fueron destruidas** y miles de personas **fueron rescatadas** de las riadas de barro. Además, unas 12.000 hectáreas de cultivos **han sido afectadas** según el Ministerio de Agricultura, por lo que se necesitarán casi 21 millones de soles para la reactivación de la industria agrícola. En el Perú hay 140 universidades. En muchas de ellas **se forman** ingenieros. ¿Por qué cuando uno recorre el país no observa ninguna aplicación de ingeniería? ¿Dónde está la planificación territorial? **Urbanizaron** el país de manera caótica e informal e **ignoraron** muchos principios básicos sobre la administración de una ciudad. Cuando hubo muchísimo dinero de la minería, ¿qué es lo que **se hizo**?

b En el texto aparecen unas formas marcadas en negrita que se corresponden con la voz pasiva en alemán. Fíjate en cómo se forman y se utilizan.

Voz activa	Pasiva refleja (se + verbo en 3.ª persona)	Impersonalidad (verbo en 3.ª persona plural)	Voz pasiva perifrástica (Sujeto paciente + verbo ser + participio)
El temporal ha destruido muchas casas.	**Se** han destruido muchas casas.	Urbanizaron el país de manera caótica	**Muchas casas** han sido **destruidas** (por el temporal)
Se destaca el sujeto activo del verbo.	El sujeto activo no se menciona y el objeto del verbo pasa a ser el sujeto gramatical. Se usa más en la oralidad o en escritos académicos para evitar la 1ª persona.	No queda claro quién es el sujeto de la acción porque no interesa identificarlo. Se usa más en la oralidad.	Se destaca el objeto del verbo que pasa a ser sujeto paciente. El verbo pasa a ser un participio que concuerda con el sujeto paciente. Se usa en contextos periodísticos o más formales.

c Completa ahora la tabla. Hay varias posibilidades.

Titulares (voz activa)	¿Cómo lo dirías?	¿Cómo lo escribirías en un contexto formal?
Virgilio González recibe el premio al mejor cocinero del mundo	*Entregan el premio al mejor cocinero del mundo a…*	*El premio al mejor cocinero del mundo fue entregado a…*
La Universidad de Guadalajara reprobó con cero a 504 estudiantes por copiar	reprobaron a 504 estud… ..	504 estudiantes fueron reprobados por ..
Indonesia trasladará su capital por problemas de sobrepoblación	trasladarán la capital de Ind	La capital de Indo. será trasladada
La 39 edición del Festival de cine latinoamericano, inaugurada en La Habana	se inauguró…	La … fue inaugurado
Expulsados dos periodistas españoles de Marruecos	se han expulsado	Dos periodistas españoles fueron

Titulares de prensa: algunas estrategias	
La 39 edición del Festival de cine, **inaugurada** en La Habana Se elimina el verbo *ser* o *estar* y se hace uso de una coma.	Virgilio González **recibe** el premio Uso del presente histórico. → *Mis recursos 2*

Escribimos

Vamos a hacer el noticiero de la clase.

a ¿Cuál fue la noticia más sorprendente o curiosa de esta semana? Ponte de acuerdo con tus compañeros de grupo y elige una.

- *¿Os habéis enterado de lo que ha pasado en…?*

b Ahora vamos a hacer una lluvia de ideas a partir de lo que sabemos de la noticia elegida. Contestamos las preguntas clave.

¿Qué? ¿Cómo? ¿Cuándo? ¿Dónde? ¿Por qué?

c Y ahora manos a la obra. Redactamos la noticia. No te olvides de seguir la estructura de una noticia (página 21) y de incluir una foto que la ilustre.

5 Los "ninis"

a ¿Qué significa "nini"? ¿Qué te sugiere el concepto o con qué lo relacionas?

b Lee esta infografía sobre los "ninis" y decide si los enunciados son verdaderos o falsos. Corrige los falsos.

JÓVENES QUE NO ESTUDIAN NI ESTÁN EMPLEADOS EN AMÉRICA LATINA Y EL CARIBE

Cerca de 30 millones de jóvenes de entre 15 y 29 años de la región, 22 % del total, no estudian ni tienen un empleo remunerado, según datos de 2012.

De ese total 70 % son mujeres de sectores predominantemente urbanos.

55 % se dedica al trabajo doméstico y de cuidados no remunerado.

25 % está cesante o busca trabajo remunerado por primera vez.

15 % está inactivo sin una razón clara detrás. Se trata del "núcleo duro de la exclusión": jóvenes de menor edad e ingresos.

RECOMENDACIONES DE LA CEPAL* PARA LA INTEGRACIÓN SOCIAL:
*Comisión Económica para América Latina

Desarrollar estrategias desde los propios sistemas educativos para mejorar la inclusión de estos jóvenes.

Implementar iniciativas de formación más flexibles, que respeten las dinámicas económicas y familiares de los y las jóvenes y que incluyan a las personas con discapacidad.

Estrechar los vínculos entre educación y mercado laboral, y contar con políticas que aborden las exigencias en materia de cuidado y de labores domésticas con una perspectiva de género.

Ampliar los enfoques de los formatos educativos interculturales para incorporar las experiencias de los pueblos, sus historias, conocimientos, técnicas y medios de transmisión.

1. La educación y el empleo son dos factores fundamentales para la integración social.
2. El estudio de la CEPAL se basa en jóvenes y adultos hasta los 35 años.
3. La mayoría de "ninis" son mujeres de zonas rurales.
4. Los jóvenes con mayor dificultad para integrarse son los que tienen menos edad.
5. La CEPAL recomienda contar con políticas que concilien el trabajo doméstico y el remunerado.

c Busca en la infografía sinónimos de las siguientes expresiones:

1. tener un trabajo
2. un trabajo pagado
3. las tareas del hogar
4. acercar las relaciones
5. integración

d De las recomendaciones ofrecidas por la Comisión Económica para América Latina y el Caribe (CEPAL), ¿cuál te parece la más importante? Argumenta tu respuesta.

- *Es difícil crear empleo, pero la recomendación de...*
- *Pues yo creo que la medida más importante es...*

6 Una carta al director

a Lee la carta al director escrita por Juan Pérez, el padre de un "nini" de México. Según él, ¿qué diferencias hay entre los "ninis" mexicanos y los "ninis" del Reino Unido de finales del siglo pasado? Subráyalas en el texto.

Sr. Director:

A pesar de que soy un gran lector y admirador de su periódico, estoy descontento con la importancia que se le está dando al tema de los llamados "ninis". El término "nini", del inglés NEET, surgió en Reino Unido en 1999 para designar a jóvenes desempleados de entre 16 y 18 años. **Por más que** analizo la situación de los jóvenes mexicanos en 2016, no encuentro ningún paralelo entre ellos. **Aunque** es cierto que tampoco tienen trabajo, me pregunto si su condición de desempleados es real. A mí me parece que se trata de una decisión personal. **Pese a que** tengo hijos en esa edad, que tampoco tienen empleo, considero que muchos de estos jóvenes prefieren convertirse en delincuentes para ganar dinero fácil y rápido. Aun cuando es cierto que no hay muchas alternativas de formación en este país, nuestros jóvenes muchas veces eligen el narcotráfico como solución. La violencia de este mundo es real. **Sin embargo**, es un mal camino para llegar a ser rico y, lamentablemente, parece ser que este es el único objetivo de los jóvenes en la actualidad. **Por muy** cruel que sean mis palabras, son ciertas. **No obstante**, tengo que reconocer que el Estado tiene también parte de la culpa. Y la familia. Tal vez sea mi culpa también. Quiera que no.

Atentamente,
Juan Pérez

b Juan Pérez menciona algunos problemas a los que se enfrentan los jóvenes mexicanos. ¿Cuáles son? ¿Existen los mismos problemas en tu país?

c Fíjate en las palabras en negrita. Son conectores contraargumentativos. Vuelve a leer el texto y busca un equivalente en tu lengua.

Marcadores o conectores contraargumentativos

Se suelen utilizar en los textos expositivos-argumentativos.

Marcadores contraargumentativos (conectores oracionales en oraciones subordinadas concesivas presentan una objeción o argumento débil)	**Conectores discursivos contraargumentativos** (unen el discurso y presentan el **argumento definitivo**)
Aunque / A pesar de (que) / Pese a (que) + subj.* o indic. /sustantivo Por muy + adjetivo + que + subjuntivo Si bien + indicativo * Utilizamos el subjuntivo cuando se rechaza o cuestiona la información o cuando hablamos de hechos no vividos.	Sin embargo, No obstante, Ahora bien, En cambio, pero → *Mis recursos 3*

d Relaciona los pares de ideas con un marcador contraargumentativo. A veces deberás hacer cambios.

1. Los Gobiernos no están haciendo campañas de prevención de daños. Con el cambio climático aumenta el riesgo de catástrofes naturales.
2. Una mujer de la etnia tarahumara ha ganado una ultramaratón de 50 kms. No llevaba ropa deportiva.
3. El uso de internet y de las redes sociales es muy negativo para los escolares españoles. Los padres continúan comprándoles dispositivos electrónicos a edades muy tempranas.

7 Un debate

9 **a** Escucha el siguiente debate en la radio entre Ariel González, un representante del Gobierno de México, y Ricardo Valdés, un representante estudiantil. El tema es el siguiente: "Las perspectivas de futuro de los jóvenes mexicanos". ¿Sobre qué temas concretos hablan? Escucha y márcalos.

- ☐ la corrupción
- ☐ el cambio climático
- ☐ la desigualdad social
- ☐ la delincuencia juvenil
- ☐ los ninis
- ☐ otros

9 **b** Escucha otra vez y marca las opciones que se correspondan con el debate.

- ☐ Ariel González y Ricardo Valdés están siempre de acuerdo.
- ☐ Ricardo Valdés critica a la clase política.
- ☐ Ariel González reconoce algunos problemas de los países latinoamericanos.

c ¿Cuál es la intención comunicativa de las siguientes intervenciones? Relaciona.

1. Me gustaría empezar preguntándole a usted, Sr. González, ¿cómo interpreta estas cifras? ¿No cree que se trata de un fracaso de la clase política?

2. Ante todo quisiera mostrar mi preocupación por los resultados de la CEPAL a los que usted acaba de referirse. Pese a los esfuerzos realizados desde nuestro Gobierno, la situación continúa siendo crítica (...)

3. En primer lugar, querría decir que discrepo con lo expuesto por el representante del Gobierno. Por muchos proyectos que se planteen, si no hay suficientes recursos para llevarlos a cabo, esos proyectos se quedan en papel mojado, en nada.

4. Lo que estaba diciendo es muy simple, y es que la educación es el pilar fundamental para el futuro de nuestras próximas generaciones. Repito, sin educación no disminuirá la pobreza.

5. Sr. González, ¿qué opina usted al respecto?

6. Vamos a dejar que termine el señor Valdés, si le parece.

Intención comunicativa

a. preguntar por una opinión
b. moderar el debate
c. mostrar desacuerdo
d. abrir el debate
e. reanudar una idea ya empezada después de una interrupción
f. abrir un nuevo tema
g. exponer una idea

9 **d** Escucha de nuevo y toma nota de los recursos utilizados para...

pedir la palabra	interrumpir	ceder el turno	reanudar una intervención
....	....	....	....
¿Me deja(s) terminar, por favor?	....	Disculpa/Disculpe, por favor, continúa/continúe	....
	Perdón, antes de que se me olvide quería decir que...		Lo que yo decía es que...

→ *Mis recursos 4*

NUESTRO PROYECTO

Vamos a celebrar un debate en un programa de televisión.

a En grupos de cinco o siete personas. Antes de empezar, vais a elegir un tema que genere controversia y a preparar los contenidos teóricos que apoyen vuestras tesis. Podéis también buscar material de apoyo (imágenes, textos, impresos, etc.). Si no os interesa ninguno de estos temas, podéis buscar otro.

Se prohíbe el uso de animales para investigaciones científicas

Grupos pro eutanasia piden su legalización

La piratería de software no es un delito

Debate en el Congreso sobre la legalización de las drogas

b Cada grupo tendrá un/a moderador/a. El/La moderador/a se encargará de determinar y coordinar el esquema del debate. Además, tendrá que exponer el problema, guiar los turnos de palabras y/o introducir preguntas o nuevos temas, así como cerrar el debate.

c El resto del grupo se subdividirá en dos. Cada pareja o grupo tiene un máximo de cinco minutos para reorganizar las ideas que apoyarán la defensa de su posición ante el tema.

d Empezaremos el debate con el grupo a favor. Este tiene 5 minutos para argumentar sus ideas. Lo mismo hará el grupo contrario.

e El moderador dará la palabra a cada grupo (máx. 3 minutos) para responder a los argumentos del grupo contrario. El moderador resume brevemente las ideas principales de ambos grupos, cierra el debate y pasa la palabra al público.

f Al final, el publico decidirá qué grupo ha defendido mejor su postura.

PRESENTACIÓN DEL TEMA

- Hoy vamos a hablar de un tema...
- Hoy queremos debatir sobre....
- Para ello nos acompaña(n)...
- En primer lugar...

DAR EL TURNO DE PALABRA O GUIAR EL DEBATE

- Tiene la palabra...
- A ver, un momento, vamos a dejar que Pablo termine su punto de vista.
- Continúa/Continúe, por favor...
- Ahora le toca a ... que pidió la palabra hace un rato...
- A propósito, y ¿qué opináis/opinan de las nuevas declaraciones...?

CERRAR EL DEBATE

- Para terminar...
- En conclusión...
- Muchas gracias por su participación...

PRESENTAR UNA OPINIÓN

- Nosotros consideramos/ opinamos que...
- En mi/nuestra opinión...
- Desde mi/nuestro punto de vista...

Argumentar

- Otro hecho importante es que...
- Debemos tener en cuenta también que...

CONTRAARGUMENTAR

- Nosotros no compartimos vuestro/su punto de vista porque...
- Si bien es verdad que..., sin embargo...
- De todos modos nosotros pensamos que...
- En cambio nosotros pensamos que...
- Sea como sea, nosotros creemos que...
- Lo que comentabas/comentaba respecto a... me parece poco creíble...

1 ¿Lo suponemos o lo sabemos?

a ¿En cuáles de estos enunciados se suponen o se conocen los hechos referidos? Marca aquellos elementos lingüísticos que te ayuden a decidirlo.

	Lo supone	Lo sabe
1. "Quizás el Gobierno quiere aprobar una nueva ley y por eso hay tantos manifestantes en las calles".	☐	☐
2. "Todavía no han llegado. ¡Qué raro! Me puedo imaginar que habrán encontrado mucho tráfico a estas horas".	☐	☐
4. ● ¿Por qué se estarán retrasando tanto? Habíamos quedado hace más de media hora...	☐	☐
■ Mmmm, ¿quizás se hayan olvidado de nuestra cita?	☐	☐
5. ● Han dicho por la radio que el fenómeno de El Niño sería el responsable de las lluvias torrenciales de la semana pasada...	☐	☐
■ ¿Ah sí? Puede que así sea ...	☐	☐

b Completa ahora estas conversaciones.

1.
- ● ¿Sabes dónde están los periodistas?
- ■ No lo sé, hace un minuto estaban aquí. Imagino que .... (salir) a por un café.

2.
- ● Llevo más de treinta minutos esperando a Rodolfo. ¿Dónde .... (estar)? ¿Lo sabes?
- ■ .... (estar) en la redacción, lo he visto discutiendo acaloradamente con el jefe...

5.
- ● ¿Qué tal os fue la maratón de la semana pasada? ¡Me imagino que .... (acabar) cansadísimos! ¡25 km a 30°! ¡Madre mía!
- ■ Cansadísimos, no. .... (acabar) muertos. ¡Suerte que después pudimos disfrutar de un buen bistec que nos ayudó a reponernos!

3.
- ● Calculo que mañana a esta hora ya .... (llegar) a Buenos Aires. ¡Qué ganas tengo de este viaje!
- ■ ¡Me alegro mucho por ti! A ver,... déjame pensar, yo mañana a esta hora es muy posible que .... (trabajar).

4.
- ● ¿Has visto qué cara de cansados tienen Marisa y Alberto?
- ■ Sí, es que anoche tuvieron que cubrir la entrega de los Premios Latinos y supongo que .... (acostarse) muy tarde.

2 Titulares de prensa

Escribe dos titulares para cada información, uno utilizando el presente histórico y otro haciendo la elipsis del verbo ser o estar. Después transforma los titulares a la voz pasiva.

1. La policía ha detenido a los sospechosos del robo de la joyería de la Gran Vía.

2. En México asesinaron a otro periodista que investigaba el narcotráfico.

3. Unos jóvenes cordobeses habían desarrollado una aplicación de comunicación para autistas.

3 Reacciones

Lee el siguiente diálogo y decide si la información es conocida y aceptada por el interlocutor (A) o si se rechaza o cuestiona (R).

- *Oye, ¿ya sabes la última? ¿Que Ana y Juan se van a separar?*
- *¿Tú crees?* ***Aunque discuten mucho últimamente****, no creo que lleguen a separarse.* ....
- *¿Es que no sabes lo que pasó el domingo? ¡La vio con otro chico en el teatro!*
- ***Aun cuando la haya visto*** *en el teatro, no creo que sea como para separarse.* ....
- *Es que siempre ha repetido que no perdonaría una traición.*
- ***Aunque siempre lo haya dicho****, Ana es la mujer de su vida. ¡Y punto!* ....
- *Pues yo no estoy de acuerdo contigo.* ***Por mucho que la quiera****, no aceptará una traición.* ....
- *¿Y tú crees que es una traición ir al teatro con otro chico?*

El marcador del discurso **aunque** tiene dos traducciones en alemán según se utilice en **subjuntivo** o **indicativo**. "Aunque discuten mucho" en alemán se traduce como ...., mientras que "aunque discutan mucho" se traduciría como ....

4 En un debate

a Clasifica estas frases que podemos decir durante un debate según su función.

1. No sé si te he entendido bien, ¿quieres decir que...?
2. Pues lo que a mí me gustaría señalar es que...
3. Perdón, pero antes de que se me olvide quería hacer un inciso aquí...
4. Claro, claro, perdona, sigue.
5. Lo que estaba diciendo es que se trata de un tema muy delicado...
6. Lo que quería decir es que... ahora se me ha ido el santo al cielo.
7. ¡Por supuesto! No faltaba más, y disculpa, por favor.
8. ¿Me dejas terminar, por favor?
9. No entiendo muy bien tu punto de vista.
10. Espera un momento, por favor.
11. ¿A qué te refieres con eso de que...?
12. Termino enseguida.
13. Quiero dejar bien claro que...
14. Ya, pero...
15. ¿Puedo acabar?
16. Me gustaría poder terminar...

Introducir una opinión	2,
Interrumpir	
Mostrar que ya termina la exposición	
Disculparse por interrumpir y ceder la palabra	
Reanudar una intervención	
Pedir una aclaración	
Enfatizar una opinión	

En un debate o en una discusión la entonación con la que transmitimos el mensaje es muy importante. Cuando opinamos, utilizamos el presente de indicativo para dar más contundencia a lo que estamos diciendo, pero si queremos atenuar nuestro mensaje podemos utilizar el condicional.

b Marca en un color las expresiones de 4a más contundentes y en otro las que atenúan el mensaje transmitido.

CULTURA

ÉTICA, VERDAD E INVENCIÓN

a ¿Qué significa "ética"? ¿Y ética profesional? ¿En qué profesiones es imprescindible comportarse éticamente? Discútelo en grupo. ¿Tenéis los mismos puntos de vista?

b Estas son algunas máximas para hacer un periodismo ético. En pequeños grupos, ordenadlas por orden de importancia (1 = +, 6 = -).

☐ verdad ☐ independencia ☐ imparcialidad ☐ equidad
☐ humanidad ☐ responsabilidad

c Lee la siguiente anécdota sobre el escritor y decide qué máxima se viola.

En 1954, el diario colombiano *El Espectador* envía a uno de sus jóvenes periodistas, Gabriel García Márquez, a cubrir una protesta multitudinaria contra el gobierno en la remota ciudad de Quibdó, en el estado del Chocó. Tras una odisea de dos días de viaje por la selva, García Márquez y su fotógrafo llegan por fin a su destino y se llevan una sorpresa: la ciudad de Quibdó está en completa calma. El corresponsal local de *El Espectador*, Primo Guerrero, había falseado los hechos que había informado a la redacción en Bogotá. Es decir, García Márquez se percata de que la protesta por la que había sido enviado a reportear no existe. Ante este panorama, el joven periodista le dice a Guerrero que no quiere regresar a la capital con las manos vacías. Así que se ponen de acuerdo y, "con tambores y sirenas", ambos convocan y organizan una protesta para poder escribir la crónica y tomar las fotos. La nota sale publicada en *El Espectador* bajo el título "Historia íntima de una manifestación de 400 horas" y, en ella, García Márquez asegura que la protesta duró 13 días, "nueve de los cuales estuvo lloviendo implacablemente". El reportaje detalla que bajo la lluvia "los manifestantes lloraban, escribían memoriales y se lavaban en la vía pública".

d ¿Por qué García Márquez inventa su crónica? ¿Es una razón de peso para actuar en contra del imperativo ético "decir la verdad"? Decide con tu compañero/-a cuál de estas afirmaciones aclara la decisión del periodista.

1. La crónica fue escrita en 1954 y en aquella época era imposible respetar la veracidad de la información porque la tecnología no estaba muy desarrollada.
2. La crónica es un género periodístico híbrido en el que la precisión de la noticia es menos importante que el juicio valorativo del periodista sobre los hechos.
3. García Márquez forma parte de una tradición de escritores latinoamericanos que introducen en su periodismo elementos de ficción.

10 **e** Escucha lo que dice un especialista sobre el tema y comprueba tu respuesta.

f Escucha otra vez y define los siguientes conceptos. Compara tu respuesta con la de un/a compañero/-a: Realismo mágico · Diarismo mágico · Crónica

g ¿Existe una tradición parecida en tu país? ¿Conoces a algún autor que escriba crónicas en los diarios nacionales?

En esta unidad aprendes a...
... dar tu opinión y cuestionar sobre temas de la actualidad laboral
... hablar sobre situaciones imaginarias
... participar en una entrevista y escribir una carta de presentación

Nuevos horizontes laborales

En esta unidad vamos a escribir un texto de tipo expositivo y a preparar una entrevista de trabajo que después grabaremos.

a Observa las fotos y descríbelas. Según tu opinión, ¿qué utilidad tienen estos robots? ¿En qué contextos podrían ser especialmente útiles?

- *El robot de la primera foto es posible que sirva para... / tal vez sirve para...*
- *Yo nunca había visto un robot así antes. No creo que sea... no me lo puedo imaginar...*

b Estas son algunas opiniones sobre la robotización. ¿Estás de acuerdo con ellas? ¿Totalmente o parcialmente? ¿Cuáles compartes con tus compañeros/-as?

La automatización está sustituyendo progresivamente muchos trabajos manuales. Esto es muy positivo porque contribuirá al aumento de la producción y competitividad de muchas empresas y los precios de los productos se reducirán.

La Cuarta Revolución es una realidad plena. Nos tendremos que acostumbrar a convivir con robots: robots que nos atenderán en la recepción de un hotel, que realizarán la compra... En fin, que los robots serán parte de la sociedad y mejorarán nuestra calidad de vida.

Será necesario introducir un impuesto a las empresas que sustituyan la mano de obra por robots. Esto serviría para financiar la recualificación de las personas que pierdan su trabajo por los cambios tecnológicos.

- *Yo comparto la segunda idea...*
- *Bueno, yo también la comparto, aunque parcialmente/en parte porque...*
- *Pues yo no estoy nada de acuerdo contigo/con esa idea... yo considero que...*

Comunicación cuestionar información » valorar en un contexto hipotético » hablar del futuro
Gramática uso del imperfecto de subjuntivo » oraciones subordinadas temporales **Léxico** la industria

1 La industria 4.0

a ¿Sabes qué se entiende por la Cuarta Revolución Industrial o la Industria 4.0? ¿Con qué conceptos la relacionas? Márcalos e intercambia tu opinión.

- ☐ las máquinas de vapor
- ☐ la robotización
- ☐ la agricultura
- ☐ el siglo XX
- ☐ la automatización
- ☐ la manipulación genética
- ☐ la mecanización
- ☐ la inteligencia artificial
- ☐ las redes sociales

b Estas son, según algunos expertos, las profesiones más demandadas en el futuro. ¿Qué tareas crees tú que realizarán y en qué sectores? Lee el texto y completa.

→ *Mis recursos 1*

a. analistas de “big data” o científicos de datos
b. expertos en experiencia del cliente
c. analistas de toma de decisiones complejas
d. operadores de vehículos de control remoto
e. ayudantes de salud preventiva personalizada
f. chaperones “online”

Según el informe *Tomorrow's Digitally Enabled Workforce*, que examina el futuro del mercado laboral de los próximos 20 años, el 73 % de los trabajos serán determinados por la inteligencia artificial. Los trabajos más demandados del futuro serán:

1. ....: su trabajo consistirá en analizar datos relacionados con los recursos naturales o el clima. Trabajará en sectores como la salud, el transporte o el comercio.

2. ....: se dedicará a resolver problemas tácticos y estratégicos surgidos de decisiones que conlleven consecuencias sociales, medioambientales, financieras o tecnológicas.

3. ....: serán especialmente demandados en los sectores de defensa, minería, construcción, fotografía, transporte y seguridad. Los conductores dirigirán los vehículos desde sus oficinas.

4. ....: evaluarán y analizarán las necesidades de los clientes. En el supermercado del futuro no solo se comprará el arroz, sino que incluso se aprenderá a hacer una paella.

5. ....: son personas que supervisarán los intereses *online* de sus clientes, especialmente los riesgos asociados con el uso de Internet, fraude en la red, acoso en las redes sociales y daño a la reputación.

6. ....: se encargarán de ayudar a sus clientes a evitar enfermedades crónicas y relacionadas con la dieta, su salud mental y el bienestar en general.

c ¿Qué trabajo te parece más interesante o imprescindible para la sociedad del futuro? ¿Te gustaría realizar alguno de los trabajos anteriores?

- *Pues yo estoy convencido/-a de que en unos años necesitaremos... porque...*
- *¿Tú crees?*

Para cuestionar la información	Reaccionar
¿Tú crees? / ¿De verdad? / ¿Ah sí? ¿Debo entender que...? ¿Estás seguro/-a de eso? ¿Te parece posible? ¿Insinúas que...?	¿Ah sí? Pues yo no lo veo así. Discrepo totalmente. Coincido/ discrepo con tu opinión. → *Mis recursos 2*

d Vuelve a leer los textos de **1b** y marca en diferentes colores las palabras o expresiones que se refieren a estas categorías léxicas. Haz un asociograma.

sectores económicos y profesiones | la industria 4.0 | mundo de la empresa | Internet y seguridad

2 Profesiones en peligro de extinción

11 **a** ¿Cuáles de estas profesiones piensas que podrían desaparecer? ¿Por qué? Escucha después una entrevista a un experto en la industria 4.0 y comprueba tus hipótesis.

- ☐ el/la maestro/-a de secundaria
- ☐ el/la agente turístico/-a
- ☐ el/la cartero/-a
- ☐ el/la chófer
- ☐ el/la traductor/a
- ☐ el personal de vuelo
- ☐ el/la cajero/-a del supermercado
- ☐ el/la enfermero/-a
- ☐ el/la transportista

- *Pienso que la profesión de cartero ya no existirá porque...*
- *¿De verdad? Sería una pena que desaparecieran porque...*

Valorar en un contexto hipotético

Sería una pena que **desaparecieran** los carteros.

11 **b** Escucha de nuevo y marca los enunciados mencionados. ¿Por qué llevan subjuntivo? Completa.

1. En cuanto la inteligencia artificial **esté** más desarrollada, disfrutaremos de un estilo de vida más confortable. ☐
2. Tan pronto como la situación económica **mejore**, todos los jóvenes podrán integrarse en el mercado laboral sin problemas. ☐
3. Antes de que **empiecen** a estudiar, es importante que los jóvenes analicen las carreras universitarias. ☐

Oraciones subordinadas temporales

Van introducidas con expresiones temporales como **cuando**, ..., ... y .... Cuando se refieren a experiencias no vividas utilizamos el modo .... Otras expresiones temporales son **mientras que**, **hasta que** y **después de que**.

c ¿Qué pasará cuando...? Completa las oraciones temporales con uno de estos verbos y relaciónalas con su frase principal.

tener | estar | haber | contratar

1. En cuanto .... más ayudantes de salud preventiva, ...
2. Tan pronto como las empresas .... a chaperones, ...
3. Cuando el uso de drones .... más extendido, ...
4. Mientras no .... (nosotros) más analistas de big data, ...

a. los paquetes nos llegarán al jardín de casa.
b. la gente adoptará estilos de vida más sanos.
c. reducirán el riesgo de sufrir fraudes online.
d. no podremos valorar toda la información que tenemos.

3 Planes personales

a Marca las cosas que te gustaría hacer después de tus estudios.

- ☐ crear una *startup*
- ☐ tener un trabajo creativo
- ☐ dar la vuelta al mundo
- ☐ tomarse un año sabático
- ☐ empezar a estudiar otro idioma
- ☐ ...

b ¿Qué le gustaría hacer a tu compañero/-a después de sus estudios? ¿Y cuándo?

- *A mí me gustaría apuntarme a una ONG.*
- *¿Y cuándo crees que podrás hacerlo?*
- *En cuanto / Tan pronto como encuentre un buen proyecto que me convenza...*

4 Ser o no ser un/a *knowmad*

a ¿Te consideras un/a *knowmad*? Fíjate en algunas de sus características. ¿Con cuál(es) de ellas te identificas?

- *Yo me identifico con lo de ser creativo... ¿Y tú?*
- *Yo no... Yo me identifico más con lo de ...*

b Lee ahora el texto que describe el concepto de *knowmad*. ¿Cómo trabaja un/a *knowmad*? ¿Qué lo diferencia del perfil de trabajador clásico? Toma notas.

EL KNOWMAD, EL TRABAJADOR DEL SIGLO XXI

Con la consolidación de la nueva revolución industrial empieza a dibujarse el perfil del trabajador del futuro.

Entre los perfiles más importantes se encuentra el del trabajador del conocimiento, **es decir**, un tipo de profesional preparado y cuyo trabajo debe medirse en términos de resultados y motivación más que en los términos tradicionales de productividad industrial. **Un ejemplo concreto de** trabajador del conocimiento son los *knowmad*, término acuñado por John Moravec y que deriva de los vocablos ingleses *know* (conocer) y *nomad* (nómadas). Como indica el propio nombre, y **a diferencia del** modelo tradicional, el *knowmad* no tiene por objetivo conseguir un trabajo indefinido y pasar casi toda su vida laboral dentro de una misma empresa. **Por el contrario**, son individuos que serán contratados específicamente por sus capacidades para un proyecto. Una vez alcanzado el objetivo, el *knowmad* cambiará de trabajo, incorporándose a otro proyecto con características similares. Todo ello exige una cierta movilidad geográfica.

Probablemente los *knowmads* más conocidos hoy en día sean los fundadores de empresas tecnológicas de éxito medio que no se han limitado a gestionar sus florecientes negocios, **sino que** han emprendido otros proyectos en los que aportar su experiencia acumulada (impartiendo conferencias, **por ejemplo**).

En un futuro no muy lejano, es más que probable que tengamos que adaptarnos a un mundo en el que nuestro puesto de trabajo cambie cada pocos años, **ya sea** en una empresa diferente **o** asumiendo nuevos retos en nuestra propia empresa.

Marcadores discursivos

Para dar ejemplos
Un ejemplo concreto de ...
Por ejemplo

Para explicar o aclarar
es decir,

Para contrastar con una información previa
Por el contrario
A diferencia de
sino que

Para presentar alternativas
ya sea... o...

→ *Mis recursos 4*

c ¿Qué ventajas e inconvenientes observas en esta nueva forma de trabajar?

d El texto de 4b es un texto expositivo. Marca las tres partes que lo caracterizan.

Texto expositivo

El **texto expositivo** informa sobre un tema de manera clara, objetiva y ordenada. Tiene tres partes: la introducción (presenta y define con claridad el tema central), el desarrollo (incluye los contenidos esenciales del texto; se apoya en citas o referencias) y el cierre (conclusiones).

5 Trucos para tener éxito

a ¿Qué significa para ti tener éxito o ser exitoso? Marca los aspectos de la lista que, en tu opinión, son importantes para ello y añade otros.

- ☐ ser sincero
- ☐ saber escuchar y sentir empatía
- ☐ haber establecido buenos contactos sociales
- ☐ tener confianza en uno/-a mismo/-a
- ☐ tener suerte
- ☐ llevar una vida sana
- ☐ sacar buenas notas
- ☐ Otros: ....

b Estos son los trucos de personas emprendedoras que han tenido éxito. ¿Puedes subrayarlos?

Hacer deporte: integrar la actividad física como una rutina periódica.
***Mark Zuckerberg,** CEO y fundador de Facebook*

Pensar bien, pensar diferente y pensar más en los problemas que tiene la humanidad y en soluciones a dichos problemas.
***Elon Musk,** CEO de Tesla Motors Inc,.*

Refugiarse en la familia: organizar la agenda para poder dedicar a la familia algo más que unos minutos.
***Tim Armstrong,** director ejecutivo de AOL Inc*

Desconectar, recargar y dormir: en su empresa hay espacios para que los empleados puedan meditar, hacer yoga y echarse una siesta.
***Arianna Huffington,** fundadora del Huffington Post*

Simplificar: vestirse siempre igual para no perder el tiempo en decisiones irrelevantes.
***Steve Jobs,** fundador de Apple*

c Lee ahora algunos comentarios de los lectores. ¿De cuáles de las personas de 5b hablan?

1. Si yo **fuera** .... también habría instalado espacios de descanso.
2. Si yo **fuera** .... haría también regularmente deporte.
3. Si yo **trabajara** en la empresa de .... me echaría una siesta todos los días después de almorzar.

d Imagínate que vives una de estas situaciones, ¿qué harías? Cuéntaselo a tus compañeros/-as y elegid la mejor propuesta.

Te tomas un año sabático. Naufragas en una isla desierta.
Te piden pronunciar un discurso en la ONU.
Eres presidente/-a de tu país. Te toca la lotería.

- *Si naufragara en una isla desierta, lo primero que haría sería...*

Condicional compuesto

haber
habría
habrías
habría + participio
habríamos
habríais
habrían

→ *Mis recursos 3*

Evocar situaciones imaginarias

Si yo fuera Mark Zuckerberg, también viviría en Los Angeles.

Para evocar situaciones imaginarias podemos utilizar las oraciones condicionales. Estas se introducen por la conjunción **si** y expresan una condición para que algo pueda suceder.

Escribimos

a ¿Qué es la Cuarta Revolución Industrial? Escribe un texto expositivo sobre el tema. Antes de empezar:

1. Busca en Internet gráficos e informaciones sobre el tema.
2. Recuerda la estructura del texto expositivo de 4d.
3. Haz un esquema o plan.
4. Organiza tus ideas.

b Fíjate ahora en los organizadores textuales que encuentras a la derecha y señala aquellos que puedan ser útiles para tu texto. ¡Manos a la obra! Si lo prefieres también puedes escribir tu texto con un/a compañero/-a.

Organizadores textuales del texto expositivo

Presentar y desarrollar el tema	En primer lugar, en segundo..., Asimismo, Igualmente, A continuación... Para terminar / Por último,
Otros Conectores	además, incluso, es más, pongamos por caso, en concreto, en particular, especialmente Por consiguiente, Por lo tanto es decir, en otras palabras, Evidentemente, Resulta indiscutible que, Está demostrado que
Concluir	En resumen, En síntesis, En definitiva, En conclusión

Comunicación comprender y describir gráficos » escribir una carta de solicitud **Gramática** repaso de los conectores causales y finales **Léxico** vocabulario del campo de las estadísticas.

6 Interpretamos un gráfico

La tabla/el gráfico presenta / muestra / compara...
En la tabla se detecta/aprecia...

El (Casi el) .... % de ...
Más del ... % de ...
Un tercio/un cuarto de ...
La tasa se sitúa por debajo / por encima de la media...

a Fíjate en este gráfico y contesta las preguntas.

1. Después de leer el título, ¿qué tipo de información presentará el gráfico?
2. ¿A qué tipo de información se refiere la columna "Nivel formativo"?
3. ¿A qué grupo afecta más el desempleo?

TASA DE PARADOS POR TRAMOS DE EDAD. Fuente: INE (España)

Nivel formativo	TOTAL	Tasas de desempleo (%) por edad			
		De 16 a 19	De 20 a 24	De 25 a 29	% variac. 2015/14
Educación superior	306,8	87,10	34,14	20,23	-11,07
2ª etapa profesional de ESO*	180,9	72,13	43,66	27,74	-2,95
2ª etapa general de ESO*	151,8	58,47	38,25	23,71	-27,09
1ª etapa de ESO*	512,2	66,12	49,45	36,00	-12.31
Educación primaria	124,3	70,13	50,87	45,43	-22,80
Estudios primarios incompletos	8,6	23,80	27,31	37,59	3,61
Analfabetos	2,3	0,00	18,63	82,86	-4,14
Total	1.286,3	66,09	42,52	27,57	-13,96

*ESO: Educación secundaria obligatoria

b Lee ahora el texto explicativo que lo acompaña. ¿Qué información del texto es diferente a la del gráfico? Corrígela. ¿Qué información no aparece en la estadística?

→ *Mis recursos 5*

La tabla número 7 muestra el número y el porcentaje de jóvenes desempleados según su nivel de formación y por tramos de edades en España durante el año 2015. Las variables que se han tenido en cuenta para este estudio han sido el nivel formativo y el sexo de los participantes. En la tabla se detecta un importante ascenso del número de parados en relación con el año 2014, ya que la cifra de parados alcanzó los casi 1.290.000 parados, lo que supone una variación del 13,96 %. Por tramos de edad, el porcentaje más alto lo registra el grupo de 25 a 29 años, con 599.200 desempleados. En porcentajes, la tasa de paro juvenil se sitúa por debajo de la media nacional que se sitúa entorno del 19 % del total de la población activa. Por lo que respecta a la variable del nivel formativo, se observa que el colectivo que registra el porcentaje más alto en todos los tramos de edad es el que tiene solo la educación primaria. No obstante, en números absolutos, los jóvenes de 25 a 29 años con educación superior representan el segundo colectivo de número de parados.

c ¿Qué información te sorprende? ¿Crees que en tu país las cifras son similares? Busca una estadística en Internet y compárala.

7 La caravana del agua

a Cuatro amigos españoles fundaron un proyecto: *La caravana del agua*. Busca en Internet el vídeo explicativo. Contesta después las preguntas.

1. ¿Por qué es importante la educación sobre el consumo del agua?
2. ¿Cómo se financia el proyecto?
3. ¿A qué se dedican exactamente los jóvenes de La *caravana del agua*?
4. ¿Conoces otros proyectos similares?

12 **b** ¿Por qué crees que estos jóvenes se embarcaron en esta aventura? Escucha y toma nota.

c ¿Cuáles de estas afirmaciones se corresponden con las de los jóvenes? Márcalas.

Decidí dejar mi trabajo...

- ☐ por la necesidad de darle un sentido a mi vida.
- ☐ con el fin de fomentar el uso responsable del agua.
- ☐ ya que en el trabajo desempeñado no me sentía realizado.
- ☐ debido a las precarias condiciones laborales de mi trabajo.
- ☐ para que 20.000 personas tuvieran acceso a agua potable.
- ☐ por un ideal.
- ☐ para tomarme un año sabático.
- ☐ por dinero.
- ☐ para sentirme útil en la sociedad.

d Algunas afirmaciones anteriores expresan una causa y otras una finalidad. Escribe una lista con las expresiones finales y las causales. ¿Cuáles exigen subjuntivo? Toma nota en tu cuaderno.

e Piensa y anota tres cosas importantes que has hecho en tu vida. ¿Por qué o para qué lo hiciste?

8 Me dirijo a ustedes para...

a Sandra está interesada en participar en el proyecto de *La caravana del agua*. Lee su carta de presentación y considera si tiene un buen perfil para trabajar en el proyecto.

Estimado/-a señor/-a:

Me pongo en contacto con ustedes después de haber visto en Internet el vídeo sobre su proyecto *La caravana del agua*, el cual ha despertado mi interés.

He leído en la página online del proyecto que están buscando voluntarios y es por eso que me permito enviarles mi solicitud.

Me llamo Sandra Baute Guanche, tengo 25 años y, como podrán comprobar en mi CV adjunto, cuento con el Grado de Ciencias Ambientales por la Universidad de La Laguna, Tenerife. Del 2012 al 2014 realicé el Máster de Biodiversidad Terrestre y Conservación de Islas en la misma universidad con una nota media de sobresaliente. Mi línea de investigación se centró en la relevancia del agua en la biodiversidad y la ecología de las zonas áridas. Por este motivo, su proyecto me ha resultado especialmente interesante.

Durante el año 2015 estuve de becaria en el Instituto Aragonés del Agua donde participé en un proyecto para la sensibilización y promoción del uso eficiente del agua. Estoy segura de que los conocimientos adquiridos durante esa etapa laboral serían de un gran enriquecimiento para su proyecto.

Me considero una persona muy abierta, dispuesta a trabajar en equipo y soy, además, una gran conocedora de las nuevas tecnologías. La gratitud, empatía y el optimismo son algunas de las cualidades que, asimismo, avalan mi personalidad.

Siempre quise implicarme en proyectos altruistas para ayudar a los más necesitados y ahora creo que es el momento adecuado.

Me alegrará poder conocerles personalmente.

A la espera de su respuesta, reciban un cordial saludo,

Sandra Baute

Anexos: CV

b El correo de 8a es una carta de presentación. Haz una lista de la información que contiene. En tu país, ¿se incluye la misma información? ¿Qué es diferente?

Primer párrafo	Segundo párrafo	Tercer párrafo

9 Comunicación no verbal en una entrevista de trabajo

Lee estas recomendaciones para una entrevista de trabajo. Marca aquellos aspectos que en tu cultura son diferentes y discútelos en el grupo. ¿Qué recomendaciones podrían darse en tu país?

- *En mi país hay cosas que son diferentes, por ejemplo...*

Las claves del éxito en una entrevista

Los gestos y el comportamiento son decisivos en una entrevista. La expresión no verbal puede ser tan importante como lo que decimos.

LA MIRADA
Hay que mirar al entrevistador de manera correcta: combinar la mirada hacia él con la de su entorno.

LAS MANOS
Se recomienda gesticular con las manos a la vista del interlocutor. Esta parte dice mucho de las intenciones. Un apretón demasiado blando o enérgico al saludar es uno de los errores más frecuentes.

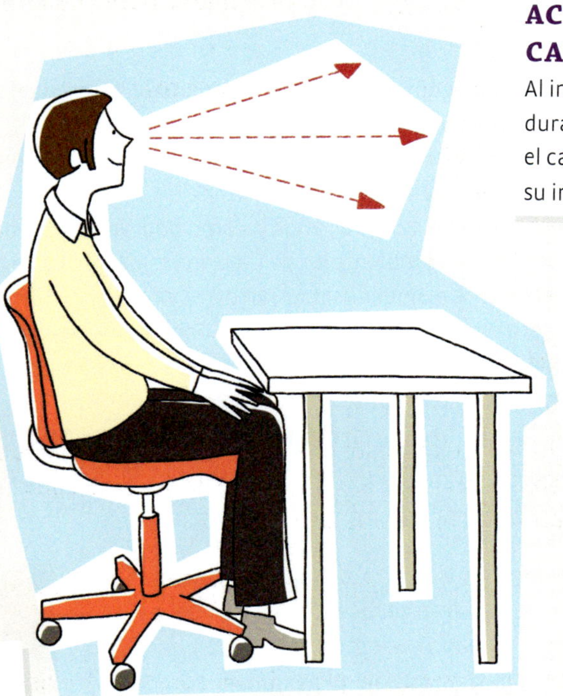

ACTUAR CON LA CABEZA
Al inclinar la cabeza durante una entrevista, el candidato transmite su interés por el tema.

LAS PIERNAS Y LOS PIES
La postura que se debe seguir al acudir a una entrevista es sentarse correctamente, con las piernas paralelas, y utilizando las manos con las palmas abiertas para explicar nuestro punto de vista.

EL ESPACIO
Hay que tener especial cuidado con no invadir el espacio del interlocutor. Esta acción transmite cierto interés por dominar y cierta agresividad.

EL ENTORNO
Estar cómodo en el lugar que nos rodea manifiesta control sobre las situaciones desconocidas y capacidad de adaptación.

LA ESPALDA
Debemos de mantener una postura enderezada pero no rígida.

10 La entrevista de trabajo

a Estas son las doce preguntas más habituales en un proceso de selección. ¿Qué responderías en cada caso? ¿Qué preguntas te parecen especialmente difíciles de responder?

1. ¿Qué le hizo decidirse por la carrera que estudió en la universidad?
2. ¿Piensa seguir estudiando?
3. ¿Cómo se definiría a sí mismo?
4. ¿Cuál es su mayor defecto?
5. Háganos un resumen de su experiencia laboral: ¿dónde ha estado trabajando hasta ahora?
6. Háblenos del que fue su mejor y peor jefe/-a.
7. ¿Cuál es su modelo de trabajo?
8. ¿Se siente más cómodo trabajando solo/-a o en equipo?
9. ¿Por qué deberíamos elegirle a usted para ocupar este puesto?
10. ¿Qué espera de este trabajo?
11. ¿Dónde se ve dentro de diez años?
12. ¿Cuáles son sus aspiraciones salariales?

13 **b** Escucha ahora la entrevista de trabajo con Sandra, la chica que mandó su solicitud a *La caravana del agua*. ¿Cómo le ha salido la entrevista?

- ☐ No muy bien. No ha sabido responder bien a algunas preguntas.
- ☐ Bastante bien. Han congeniado y se ha mostrado segura en la mayoría de las respuestas.
- ☐ Muy bien. Ha impresionado a su interlocutor.
- ☐ Muy bien, pero el trabajo en el proyecto no es lo que se había imaginado.

13 **c** Escucha otra vez y toma notas sobre los siguientes aspectos:

Sus fortalezas
Sus debilidades
Sus expectativas en este trabajo
Su opinión sobre el trabajo en equipo

NUESTRO PROYECTO

Vamos a preparar una entrevista de trabajo y a simularla en clase.

a En grupos de tres. En la bolsa de trabajo de una universidad se han convocado diferentes puestos de trabajo para estudiantes. Ponte de acuerdo con tus compañeros para preparar la entrevista de uno de ellos.

monitor de biblioteca | asistente de profesor | guía del campus universitario

b Prepara una serie de preguntas, que como candidato/-a a una entrevista, harías al/a la entrevistador/a, pero también las que como entrevistador/a harías al candidato o a la candidata. Vuelve a escuchar la audición de la actividad **10b** si es necesario o lee la transcripción en el anexo.

c Ahora simularemos la entrevista: uno/-a es el entrevistador/a, otro el/la entrevistado/-a. La tercera persona las graba y toma notas de las respuestas del candidato y su expresión corporal.

1 Sectores económicos

a Relaciona cada definición con un sector económico: *primario, secundario, terciario o servicios, cuaternario.*

1. SECTOR ....:
Es el sector que se encarga de transformar las materias primas en bienes semielaborados o elaborados.

2. SECTOR ....:
Engloba las actividades relacionadas con los servicios no productores de bienes materiales y dirigidas a satisfacer las necesidades de los consumidores.

3. SECTOR ....:
Está directamente relacionado con el nuevo paradigma de la tecnología, la información y el conocimiento. Incluye las actividades intelectuales.

4. SECTOR ....:
Es el sector formado por las actividades relacionadas con la obtención de los recursos naturales.

b Decide a qué sector (1, 2, 3 ó 4) pertenecen los siguientes subsectores.

☐ agricultura ☐ turismo ☐ investigación y desarrollo ☐ consultoría
☐ industria alimentaria ☐ I+D+i ☐ logística ☐ pesca ☐ ganadería
☐ industria textil ☐ comercio ☐ industria aeroespacial ☐ nanotecnología
☐ industria del ocio ☐ silvicultura ☐ telecomunicaciones ☐ gestión de eventos

2 Intercambio de pareceres

Clasifica las expresiones según su uso y añade otras que conozcas.

1. Es más, …
2. No cabe duda de que…
3. Resulta difícil creer que…
4. Desde luego.
5. Hay que destacar…
6. Puede que sea así, pero…
7. y encima…
8. Ahí no te doy la razón.
9. Yo más bien diría que…
10. Discrepo totalmente…
11. Te doy toda la razón.

a. Expresar certeza	
b. Expresar duda	
c. Expresar acuerdo	11
d. Expresar desacuerdo	
e. Poner énfasis	
f. Hacer una corrección	

Muchas veces podemos recurrir a los elementos prosódicos como la entonación o el tono de voz para matizar o cambiar las funciones de las expresiones anteriores.

3 Condiciones

a ¿Quién lo dice? Relaciona.

1. Si yo fuera millonario/-a,
2. Si obtengo más millones,
3. Si tuviera hijos,
4. Si tengo un hijo más,
5. Si tuviera una casa en Los Ángeles,
6. Si vendo mi casa en Los Ángeles,
7. Si consiguiera hacer carrera,

a. un/a estudiante con pocos recursos económicos
b. Brad Pitt

b Relaciona de manera lógica las frases condicionales con una frase principal.

1. Si **tuviera** hijos,
2. Si **tengo** hijos,
3. Si **hiciera deporte**,
4. Si **hago deporte**,

a. no habría engordado tanto.
b. tendría menos tiempo para mí.
c. seguro que tendré agujetas mañana.
d. habría organizado mi vida laboral de una manera distinta.
e. intentaré compaginar la vida laboral con la familiar.
f. ahora ya tendría nietos.

4 Conectando ideas

¿Qué función tienen los marcadores textuales en negrita? Relaciona y después sustituye cada uno de ellos por uno de los que te damos a continuación.

En definitiva | finalmente | indiscutiblemente | dicho de otro modo | en realidad

1. Es innegable que con cada uno de los cambios tecnológicos mucha gente perdió su trabajo. **De hecho** / .... esto supone uno de las mayores preocupaciones de la revolución tecnológica.
2. ¿Qué es un robot? ¿Un sistema electromecánico? ¿O tal vez una máquina humanizada? **En fin**, / .... que la cuestión no es tan fácil de resolver.
3. Después de haber desarrollado el concepto del teletrabajo y de haber mencionado algunas de sus ventajas, es preciso, **por último**, / .... enumerar los inconvenientes más destacables.
4. China ha comenzado con la construcción de la primera ciudad forestal, **o lo que es lo mismo**, / .... un urbanismo completamente ecológico cubierto de árboles y plantas.
5. **Sin duda alguna**, / .... la construcción de una ciudad forestal reportará beneficios ecológicos de considerable importancia.
6. Con el uso del chatbot ya no es necesario acudir a un centro de idiomas. **Es más**, / .... puedes ahorrarte dinero porque en ocasiones las aplicaciones son gratuitas.

- afirmar una idea
- cerrar o concluir un texto o idea
- reformular una idea o concepto
- añadir un argumento
- reforzar una idea
- presentar la última idea

5 Redes de palabras

Completa la tabla con el sustantivo. Después escribe una frase para cada par de palabras utilizando el verbo o el sustantivo.

verbo	sustantivo	verbo	sustantivo
crecer	el crecimiento	decrecer	el decrecimiento
aumentar	....	disminuir	....
ascender	....	descender	....
incrementar	....	reducir	....
subir	....	bajar	....

CULTURA

EL SECRETO DE LAS PAUSAS EN EL TRABAJO

a ¿Sabes si en las empresas de tu país se realizan descansos durante la jornada laboral? ¿Con qué objetivo? ¿Consideras que son una pérdida de tiempo o que son necesarias?

b ¿Conoces el significado de la palabra *fika*? ¿De qué idioma crees que procede? Lee el texto para descubrirlo. ¿Cómo es y cómo se entiende la pausa del café según el artículo? ¿Qué diferencias hay con el concepto de pausa como se entiende en España?

EL SECRETO DE LOS SUECOS PARA SER LOS MEJORES EN SU TRABAJO SIN AGOBIARSE SE LLAMA "FIKA": LA PAUSA PARA EL CAFÉ.

Aquí es sinónimo de pérdida de tiempo, de vasos de plástico, brebajes artificiales y bollería industrial. Es el momento de poner verde al jefe. De contar los días para las vacaciones. Pero las pausas para el café son otra cosa para los suecos, que demuestran cómo exprimir al máximo cualquier minuto de la jornada laboral. Porque si en España dedicamos un espacio más o menos amplio para terminar la reconfortante bebida frente a la máquina, obviando por un tiempo nuestras tareas, ellos organizan en torno a esta práctica toda una celebración. Así son las *fikas* suecas, el momento del café en la oficina que se revela como uno de los factores que explica la alta productividad de sus trabajadores, según estudios de la Universidad de Linköping, y sus reducidos niveles de estrés, los más bajos del mundo según *International Business Report*.

"Fika" es un fenómeno social. Es tomarse un café o un té, pero también es una razón para socializar y disfrutar de un momento de calidad con los compañeros de trabajo. Así define este sello cultural Emelie Gallego, agregada cultural de la embajada de Suecia en España.

¿Se trata entonces de un mero descanso pagado?

En absoluto. Gallego lo explica: "Ese ambiente más familiar fortalece los lazos entre los compañeros, pero también los directores están presentes. La cultura empresarial en Suecia es, en general, bastante cercana y poco jerárquica". En estas pausas, buscan entre todos, las mejores ideas para solucionar los asuntos que les ocupan frente al ordenador. Y es que fomentar una relación de confianza entre trabajadores y superiores trae consigo mayor colaboración, innovación, eficiencia y felicidad en el trabajo. Aunque no están reguladas por una agenda, las *fikas* tienen varios espacios durante la jornada. Depende de la compañía, pero un par de pausas por la mañana y otra por la tarde puede ser perfectamente normal, aunque eso no quiere decir que todo trabajador participe en todas y cada una de ellas.

Manuel Torres, director comercial de Eboca, empresa de *vending* especializada en máquinas de café, se lamenta de que la pausa española sea "algo clandestino, un tiempo en el que el trabajador se siente observado", y considera que "un empleado, tomando café, también está trabajando". Torres subraya el estrecho vínculo entre la cafeína y el rendimiento laboral, y se pregunta: "¿Cuántas de las grandes ideas se nos han ocurrido dándole vueltas a un *espresso*?".

Adaptado de El País

c Contesta estas preguntas según la información del texto.

1. ¿Hay una relación entre la forma de entender la *fika* y la cultura empresarial?
2. ¿Qué ventajas tiene la *fika*?
3. Según el texto, ¿en qué consistiría el cambio cultural necesario en España para que las pausas del café sean más productivas?
4. Y a ti, ¿se te han ocurrido buenas ideas delante de una buena taza de café?

d ¿Y cómo es en las empresas de tu país? ¿Se realizan pausas para el café? ¿Para qué se utilizan? ¿Cómo se valoran las pausas? Coméntalo en un grupo.

En esta unidad aprendes a...
... conversar sobre libros y valorarlos
... referir lo que dijeron u opinaron otros
... resumir el argumento de un cuento

Vivir del cuento

En esta unidad vamos a escribir un microrrelato y a recitar un poema propio.

a Observa las portadas de estos libros. ¿Qué tipo de libro piensas que son? ¿Por qué? Relaciona.

NOVELA ROMÁNTICA · NOVELA NEGRA · NOVELA DE CIENCIA FICCIÓN · GUÍA DE VIAJE · NOVELA HISTÓRICA · DIVULGACIÓN CIENTÍFICA · MANUALES DE AUTOAYUDA · BIOGRAFÍA · ENSAYO · NOVELA CONTEMPORÁNEA · POESÍA · CÓMICS · CUENTO

b Haz hipótesis sobre el tema principal de estos libros.

- *La portada 1 contiene una foto de Frida Kahlo... por eso quizás sea...*

c ¿Cuál de estos libros te llevarías de vacaciones? Fundamenta tu elección.

divertido · emocionante · ameno · conmovedor · sorprendente · lleno de acción · brillante · entretenido · original · apasionante · impresionante

- *Me llevaría... porque me encantan... Y pienso que este libro cuenta una historia muy...*
- *Yo elegiría... porque prefiero... Y seguramente este será un libro muy...*

d ¿Y tú? ¿Cuál fue el último libro que has leído? Recomiéndaselo a tu compañero/-a y argumenta tu elección.

- *El último libro que he leído es... Es una novela... de un autor / de una autora...*
  El libro es muy... Te lo recomiendo.

Comunicación referir las palabras de otros Gramática el discurso referido: cambios tiempos y modos verbales Léxico vocabulario general sobre el mundo literario

1 En la feria

a Lee el programa de la feria. ¿Qué actividades, géneros literarios y profesiones se nombran? Márcalos en diferentes colores.

FORTALEZA SAN CARLOS DE LA CABAÑA

Sala Nicolás Guillén

11:00 a.m.	Entrega de los Premios Abril 2017.
2:00 p.m.	Firma de libros con la poetisa Carmen Romero.
3:00 p.m.	Mesa redonda sobre el cuento breve actual "El microrrelato".
10:00 p.m.	*Haciendo poemas*, Jam Session con el poeta y cantautor Julián Mitjans.

Sala Alejo Carpentier

10:00 a.m.	*¿Cómo hacer un cómic?*, encuentro con el dibujante Norberto Ávalos.
2:00 p.m.	Panel sobre Literatura y cómics, con la participación de Power Paola.
3:30 p.m.	Debate "Nuevas formas de poesía" con las autoras Ana López y Diana García.
4:00 p.m.	Cuentacuentos, "El niño de la bota", Carolina Margolles.
8:00 p.m.	Poesía y danza. Recital del poeta Salvador Díaz y performance.

Sala José Lezama Lima

12:00 m.	Homenaje a la escritora y periodista Elena Poniatowska.
1:00 p.m.	Conferencia "La prosa de Elena Poniatowska", con la especialista Ana Kruse.
3:00 p.m.	Entrevista con Elena Poniatowska y lectura de su relato "El recado".

b ¿En cuál de las actividades anteriores te gustaría participar? Ponte de acuerdo con tus compañeros en un programa de visitas para el primer día de feria.

2 En la rueda de prensa

14

a Escucha las declaraciones de la directora de la feria, Noelia Castillo, en el día de su clausura. ¿Sobre qué temas preguntan los periodistas? Toma notas.

b Lee los titulares aparecidos en la prensa un día después. ¿Cuáles de ellos hacen referencia a sus declaraciones durante la rueda de prensa? Márcalos.

1. La escritora Elena Poniatowska declaró que se sentía muy agradecida por la invitación a asistir a la Feria del Libro de La Habana.
2. **Noelia Castillo afirmó que el libro tendrá vida para rato.**
3. Noelia Castillo señaló que el público asistente a la feria era sobre todo joven.
4. **Los editores confirmaron que la Feria del Libro había sido un éxito.**
5. **Elena Poniatowska pidió que se ejerciera la profesión de periodista con ética.**
6. Los organizadores aseguraron que habría acceso a Internet en todo el recinto de la Feria.
7. **Noelia Castillo negó qué el próximo año la feria tuviera como país invitado a Francia.**
8. Noelia Castillo recordó que la Feria jamás tuvo fines comerciales y que así seguiría siendo.

c Lee las declaraciones que hicieron las personas de **2b**. Observa cómo cambiaron algunos tiempos verbales en relación con las noticias publicadas. Escríbelos en la columna de la derecha. Después compara con la tabla explicativa y completa.

Literalmente dice(n)...	La prensa transmitió
"Me siento muy agradecida por la invitación a la feria."	que ....
"La Feria del Libro de La Habana ha sido un éxito."	que ....
"Jóvenes, muchos jóvenes... El público es básicamente joven, lo cual significa que el libro tendrá vida para rato."	que ....
"Me gustaría hacer hincapié en que ante todo soy periodista, esto que quede muy claro, por favor, y les pido a los jóvenes que sobre todo ejerzan la profesión con ética."	que ....
"Les puedo asegurar que habrá acceso a Internet en todo el recinto."	que ....
"¿El año que viene? Definitivamente no. No tendremos a Francia como país invitado, sino a Colombia."	que ....
"Como ya saben, la Feria del Libro de La Habana nunca tuvo un fin comercial. Así lo seguirá siendo."	que ....

	Tiempo original	Quiero indicar que lo dicho todavía es válido (actual)	Quiero indicar que lo dicho ya no es válido (no es actual) o quiero distanciarme	Algunos verbos para transmitir palabras o intenciones de otros
Indicativo	Presente Indefinido Perfecto Futuro Futuro compuesto	Presente Indefinido Perfecto Futuro Futuro compuesto	.... Indefinido/Pluscuamperfecto Pluscuamperfecto .... Condicional compuesto	decir, declarar, aconsejar, recomendar, comentar, informar, mencionar, preguntar, responder, afirmar, negar, asegurar, recordar, pedir, confirmar, señalar, prometer,...
Subjuntivo	Presente de subj. Perfecto de subj.	Presente de subj. Perfecto de subj.	.... Pluscuamperfecto de subj.	
Imperativo	Imperativo	Presente de subj.	Imperfecto de subjuntivo	

! Los tiempos imperfecto, pluscuamperfecto y condicional tanto de indicativo como subjuntivo no cambian.

→ *Mis recursos 1*

d Aquí tienes algunas opiniones sobre la feria. Conviértelas en titulares utilizando algunos de los verbos de transmisión que aparecen en **2b**.

Diana García: "Lo que más me gustó de la feria es el espacio dedicado a la literatura infantil".

Ana Kruse: "Sin duda alguna, el estand más visitado de la feria fue el de México".

Representante de las editoriales: "Como se esperaba, la feria ha sido un éxito de público. Las editoriales hemos vendido muchos libros."

Julián Mitjans: "Ha sido maravilloso, lo hemos disfrutado mucho, así que el próximo año queremos volver."

Norberto Ávalos: "Sí, ha estado bien aunque desde aquí me gustaría que para ediciones posteriores los talleres no fueran tan cortos."

Estilo directo o estilo indirecto

Al transmitir una información dicha por otras personas tenemos que tener en cuenta la situación en la que se encuentran las personas implicadas. Por ello los tiempos verbales pueden cambiar, o bien porque la información ya no es actual o porque el hablante quiere distanciarse y marcar que son palabras de otros.

3 Un cuento musical

a Mira el dibujo que acompaña al cuento *La expresión* de Mario Benedetti e imagina la historia. ¿Quién es el personaje principal? ¿Qué está haciendo? ¿Cómo se siente?

Describir una situación y/o personajes	
¿Qué?	En el primer plano vemos... / En un segundo plano aparece/n... Al fondo apreciamos...
¿Dónde? ¿Cuándo?	La acción transcurre en + tiempo/lugar La acción tiene lugar en + tiempo/lugar
¿Cómo?	La expresión de su rostro es desesperada / alegre / natural / espontánea Los gestos indican concentración / placer...

• *La acción transcurre en un escenario. En un primer plano... La expresión de su rostro es...*

b Ahora lee el cuento del escritor uruguayo Mario Benedetti y decide si el título *La expresión* es literal o simbólico. ¿Cuál es el argumento principal?

Milton Estomba había sido un niño prodigio. A los siete años ya tocaba la *Sonata Nº 3 Op. 5*, de Brahms, y a los once, el unánime aplauso de la crítica y del público acompañó su serie de conciertos en las principales capitales de América y Europa.

Sin embargo, cuando cumplió los veinte años, pudo notarse en el joven pianista una evidente transformación. Había empezado a preocuparse desmesuradamente por el gesto ampuloso, por la afectación del rostro, por el ceño fruncido, por los ojos en éxtasis, y otros tantos efectos afines. Él llamaba a todo ello «su expresión».

Poco a poco, Estomba se fue especializando en «expresiones». Tenía una para tocar la *Patética*, otra para *Niñas en el jardín*, otra para la *Polonesa*. Antes de cada concierto ensayaba frente al espejo, pero el público frenéticamente adicto tomaba esas expresiones por espontáneas y las acogía con ruidosos aplausos, bravos y pataleos.

El primer síntoma inquietante apareció en un recital de sábado. El público advirtió que algo raro pasaba, y en su aplauso llegó a filtrarse un incipiente estupor. La verdad era que Estomba había tocado la *Catedral Sumergida* con la expresión de la *Marcha Turca*.

Pero la catástrofe sobrevino seis meses más tarde y fue calificada por los médicos de amnesia lagunar. La laguna en cuestión correspondía a las partituras. En un lapso de veinticuatro horas, Milton Estomba se olvidó para siempre de todos los nocturnos, preludios y sonatas que habían figurado en su amplio repertorio.

Lo asombroso, lo realmente asombroso, fue que no olvidara ninguno de los gestos ampulosos y afectados que acompañaban cada una de sus interpretaciones. Nunca más pudo dar un concierto de piano, pero hay algo que le sirve de consuelo. Todavía hoy, en las noches de los sábados, los amigos más fieles concurren a su casa para asistir a un mudo recital de sus «expresiones». Entre ellos es unánime la opinión de que su *capolavoro* es la *Appasionata*.

c Ahora lee el resumen que ha hecho un estudiante sobre el cuento. Corrige las informaciones falsas.

El cuento narra la historia de un niño prodigio del piano. A los 11 ya daba conciertos. A los veinte años empezó a preocuparse por sus gestos y su expresión. Primero, daba un recital de gestos y expresiones y después tocaba el piano lo que era acogido por el público con gran entusiasmo. Un día, en un recital de sábado, tocó la Polonesa con la expresión de La Patética. Seis meses después, comenzó a sufrir de amnésia lagunar pues en un período de 24 horas se olvidó de algunos temas importantes. Finalmente, dejó de dar conciertos musicales, aunque todavía sigue ofreciendo recitales de expresión para el público general.

d Marca en el texto las siguientes partes: introducción, desarrollo y desenlace. ¿Presenta la historia la estructura típica de un relato?

e ¿Te ha gustado el cuento? Haz una valoración personal del texto de Mario Benedetti y compártela con tus compañeros.

Expresar valoraciones

Me parece + buenísimo / excelente / fantástico / magnífico / genial / original / sorprendente / especial / raro / curioso / complicado / malo / horroroso / una tontería / absurdo / poco logrado / una bobada.

Estructura de un cuento

Introducción
Se inicia la historia. Se presentan los personajes, el lugar y la época o el momento de la acción.

Desarrollo o nudo
Se presenta el problema o conflicto que interrumpe el desarrollo normal de la historia.

Desenlace o final
Se finaliza la narración y se da solución al conflicto.

→ *Mis recursos 2*

4 El microrrelato

15 **a** ¿Has escuchado alguna vez la palabra microrrelato? Escucha con atención y toma nota.

1. Se conoce también como...
2. Es un relato que se caracteriza por...
3. El nanorrelato es un...
4. El título debe ser...
5. Se necesitan pocos...
6. Hay que evitar...
7. Los lectores tienen que...

b Relaciona los microrrelatos con su título y argumenta tu elección.

A PRIMERA VISTA
Poli Délano

CUENTO DE HORROR
Juan José Arreola

EL DINOSAURIO
Augusto Monterroso

La mujer que amé se ha convertido en fantasma. Yo soy el lugar de sus apariciones.

Verse y amarse locamente fue una misma cosa. Ella tenía los colmillos largos y afilados. Él tenía la piel blanda y suave: estaban hechos el uno para el otro.

Cuando despertó, todavía el dinosaurio estaba allí.

c ¿Presentan y cumplen los relatos anteriores las características del género? Ten en cuenta las características del microrrelato vistas en el apartado **4a**.

- *¿Qué te parece el microrrelato "El dinosaurio" de Monterroso?*
- *Desde mi punto de vista es excelente porque...*

d Busca en Internet información sobre uno de los autores de estos microrrelatos y preséntalo.

Escribimos ← tarea

Vamos a escribir un microrrelato y a elegir el mejor de la clase.

a Elige uno de los siguientes temas. Antes de comenzar, haz con tu compañero/-a una lluvia de ideas. Anota las palabras que asocias con la palabra seleccionada.

amor | horror | emigración | justicia | desamor | espera

b Vamos a redactar el microrrelato. Este no podrá tener más de 10 palabras. Ponte de acuerdo con tu compañero/-a en un título.

c ¿Cuál es el mejor microrrelato de la clase? Da tu opinión siguiendo estos criterios: brevedad, originalidad, concepto o idea, título, personajes y juegos de palabras.

5 Historietas y personajes

a ¿Qué sabes de estos personajes de cómics? Ponte de acuerdo con tus compañeros/-as y seleccionad las habilidades y características que mejor los describen.

tiene poderes sobrehumanos | tiene origen sobrenatural | tiene sentido del humor | es curioso/-a | dispone de armas sofisticadas | se interesa por la política | es ingenioso/-a | es astuto/-a | combate las injusticias | es justo/-a | es aventurero/-a | sabe artes marciales | posee gran inteligencia | es un/a atleta | es un héroe/heroína/antihéroe/superhéroe

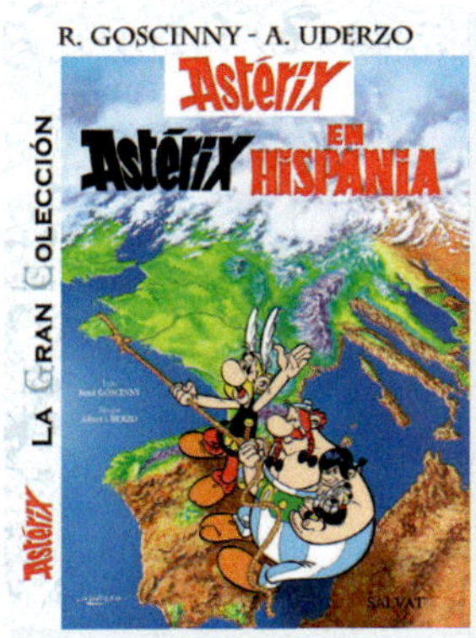

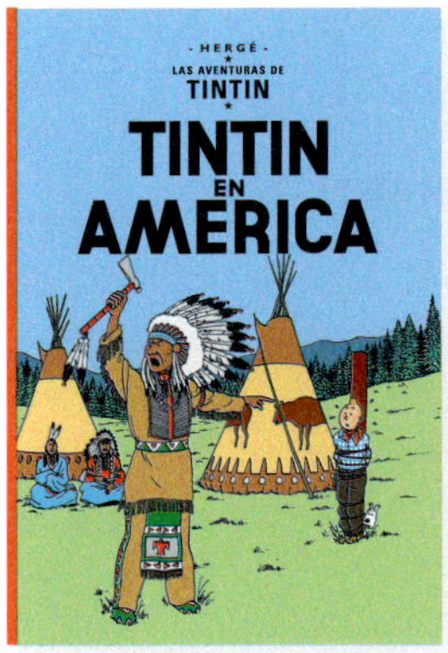

b Relacionad cada personaje con el tipo de cómic al que pertenece.

aventuras | superhéroe | humor gráfico | policiaco | histórico | fantástico

c ¿Sueles leer cómics ahora? ¿O cuándo eras niño/-a? ¿Cuál te gusta/te gustaba? ¿Por qué?

d Busca información en Internet sobre uno de estos personajes del cómic en español y preséntala.

Condorito | Mortadelo y Filemón | Memín Pinguín | Copetín | Tato

6 Virus tropical

a Lee estas definiciones sobre conceptos relacionados con el cómic e identifícalos en los ejemplos de la novela gráfica *Virus tropical* de la autora ecuatoriano-colombiana Paola Gaviria, que encuentras en la página de la derecha.

> Por **viñeta** se entiende un recuadro en el que aparece un **dibujo.**
> Por otra parte, tenemos los **bocadillos** o **globos**, donde encontramos el texto.
> Cuando se suceden varias viñetas en una línea estamos hablando de una **tira.**

b ¿Cuáles de estos sentimientos están expresados en los dibujos de las viñetas de *Virus tropical*? Márcalos y argumenta tu respuesta.

sorpresa | empatía | tristeza | ira | pasión | desánimo | perplejidad | afinidad | compasión | desamor

- *Fíjate en los ojos de todos los personajes, son muy tristes.*
- *Sí, incluso la chica está...*

c *Virus tropical* es un cómic autobiográfico, es decir, la autora narra episodios de su vida. En la parte que vamos a leer, Paola, la protagonista, se acaba de mudar de Ecuador a Colombia. Allí tiene que aprender caleño, una nueva variedad del español hablada en Cali. ¿Qué diferencias aprende la protagonista?

El español en el mundo

El español es lengua pluricéntrica porque existen diversas variedades y formas. No hay una norma única, sino varias con igual prestigio y uso. Si tienes dudas, puedes consultar el **Diccionario panhispánico de dudas:** www.rae.es/recursos/diccionarios/dpd

d ¿Y tu idioma materno? ¿Es también una lengua pluricéntrica? ¿En cuántos países se habla? En parejas, elegid dos países y haced una tabla como la anterior con algunos ejemplos léxicos.

7 Una entrevista

16 **a** Paola Gaviria ha acudido a la Feria del Libro de La Habana y allí le hacen una entrevista. Escucha y decide en qué orden hablan de estos temas.

- .... La razón de haber tomado "Power Paola" como nombre artístico.
- .... El origen del título de su novela gráfica, *Virus tropical.*
- .... Del primer dibujo que hizo.
- .... Lugar de nacimiento y estudios.

16 **b** Escucha de nuevo la entrevista y lee las notas que tomó un oyente. Decide cuáles son totalmente verdaderas y cuáles no. Tacha lo que no corresponda y corrige las que no sean totalmente correctas.

1. Era imposible que la madre de Paola estuviera embarazada, **por eso** los médicos dijeron que la hinchazón de su barriga se debía a un virus tropical.
2. La madre de Paola se había casado con un sacerdote, **de ahí que** muchos pensaran que estaba enferma por castigo divino.
3. A Paula le encantaban de niña las aventuras de Superman, **por lo que** decidió ponerse el seudónimo de Power Paola.
4. En 1986 Paula ganó un concurso infantil de dibujo con ocasión de la visita del papa Juan Pablo II a Medellín. Pero la visita del Papa fue un caos, **de manera que** Paola no pudo entregarle su dibujo.
5. En París rompió con su novio. El dolor de la ruptura fue **tan** fuerte **que** casi estuvo a punto de dejar de dibujar.
6. En París sintió **tanta** decepción **que** se compró una patineta para andar por la ciudad y se dedicó a dibujar.
7. En París un hombre africano pronunció su nombre como la palabra inglesa "Power", **así que** empezó a llamarse Power Paola a partir de ese momento.
8. Paola también vivió en Nueva Zelanda donde tuvo una crisis **tan** profunda **que creyó** que nunca iba a poder vivir de su arte.

Los marcadores y conectores consecutivos

Indican que la información que les sigue es una consecuencia de una información previa. Hay que distinguir, por un lado, los marcadores consecutivos que unen el discurso, y por otro, los conectores que unen dos frases.

[Era imposible que estuviera embarazada]. ← **Por eso**, los médicos dijeron que se trataba de un virus tropical.		La visita fue un caos, **de manera que** no pudo entregarle el dibujo.		El dolor fue **tan** fuerte **que** estuvo a punto de...	Sintió **tanta** decepción **que** se compró...
Marcadores que unen el discurso	**Conectores que unen dos oraciones**	**Marcadores que unen el discurso**	**Conectores que unen dos oraciones**	**Para intensificar una cualidad**	**Para intensificar la cantidad**
Por eso, Por ello, Por ese motivo,	por lo que con lo que de ahí que + subj.	Por lo tanto, En consecuencia, Por consiguiente,	de manera que así que	tan... que	tanto/-a/-os/-as... que...

→ *Mis recursos 3 y 4*

c Piensa en situaciones de tu vida que han tenido consecuencias importantes y coméntalas con tu compañero/-a.

- *Cuando terminé la carrera, mis padres estaban tan felices que...*
- *No sabía bien lo que quería estudiar, por eso...*

8 Nuevas formas de poesía

a Marca las características que en tu opinión tiene un buen poema y añade otras.

- ☐ se usan figuras retóricas
- ☐ se compone de varias estrofas
- ☐ el lenguaje es expresivo
- ☐ tiene rima
- ☐ es breve
- ☐ es extenso
- ☐ se usan adjetivos
- ☐ tiene ritmo
- ☐ ....

b ¿Has oído hablar alguna vez de los haikus o de la poesía multimedia? ¿Cuáles de las características seleccionadas en **8a** pueden poseer estas nuevas formas de crear poesía?

Poesía multimedia

Versos que no solo se componen de palabras y figuras retóricas, sino también de imágenes y audios. Poemas multimedia que por la combinación de sonidos y figuras se convierten en poesía cantada o recitada.

Haikus

Sustantivos organizados en 17 sílabas sin título, ni rima. De origen japonés, los haikus son composiciones inspiradas en la naturaleza que nos rodea en las que lo sensorial juega un papel fundamental.

Poémic

La dibujante catalana Laura Pérez ha revolucionado el cómic español con sus Poémic. Se trata de una nueva forma de narrar en la tradición tebeística española en la que el texto de la tira de cómic es un poema.

Madrid te comería a versos

Este proyecto es un acto de amor de artistas y poetas por nuestro querido Madrid. En total, se han realizado 22 pinturas, repartidas principalmente por el centro de Madrid. Si va de paseo por la ciudad, no deje de mirar al suelo.

c ¿Y tú? ¿Has sentido la necesidad de escribir un poema o un texto alguna vez? ¿En qué momento? ¿Qué sentimientos experimentaste? Elige una de las dos series de palabras y escribe tu historia.

¿Cuántos años tenías?
¿Dónde estabas? ¿Qué olores, colores, paisajes recuerdas?
¿Qué pasó? ¿Cómo te sentiste en ese momento?
¿Qué no has podido olvidar hasta ahora?

pasión, amor, felicidad, alegría, seducción, beso, enamoramiento, cariño, ternura

separación, ruptura, tristeza, celos, soledad, amargura, odio, frustración, furia, ira, despecho

NUESTRO PROYECTO

Vamos a escribir una poesía.

a Mira las imágenes que han mandado diferentes personas a una agencia especializada en poesía personalizada y decide con tu compañero/-a a qué momento de su vida se refieren y por qué.

b Con tu compañero/-a elige una foto y escribe una poesía que refleje dicho momento. No te olvides de tener en cuenta los criterios seleccionados en **8a**.

c Gana el texto que exprese con más fuerza el instante de la foto.

1 Actual o no actual

a Lee cómo estas personas transmiten información. ¿Cuáles son actuales o válidas y cuáles ya no?

	Actual.	No actual. Me distancio.
1. ■ Marta me dijo ayer que las entradas a la feria son muy caras. ● ¿De verdad?	☐	☐
2. ■ Marta me pidió que le lleve un ejemplar firmado por el autor. ● Pero, ¡mira cuánta gente está esperando en la cola!	☐	☐
3. La directora de la feria confirmó que hubo muchos problemas con la conexión a Internet debido a las tormentas.	☐	☐
4. Luis me prometió que vendría esta noche a la lectura.	☐	☐
5. Los periodistas le preguntaron cuánto había tardado en escribir su novela.	☐	☐

b Transmite estas informaciones desde un contexto actual y no actual. Elige para ello el verbo adecuado para transmitirlas según la intención comunicativa del hablante: *pedir, proponer, informar, avisar, recomendar, recordar.*

	Actual	No actual
1. Llámame antes de las 6 de la tarde.	1. Me pidió que	1. Me pidió que le ....
2. ¿Nos vemos en la entrada de la biblioteca?	2.	2. ....
3. Se cancela la conferencia por enfermedad.	3.	3. ....
4. Llegaré a eso de las 4 de la tarde.	4.	4. ....
5. ¡Ah! Y no te olvides de que te espero aquí en mi casa.	5.	5. ....
6. Lee los libros de Benedetti. ¡Son buenísimos!	6. .... lea	6. .... leyera

Cuando transmitimos una información no solo pueden cambiar los tiempos o modos verbales, sino también pronombres personales, posesivos, demostrativos, adverbios, o algunos verbos como *venir, ir, traer* o *llevar.*

2 Narramos

Los textos de la página siguiente son de tipo narrativo: uno es un cuento, otro una noticia y el otro una anécdota. ¿A qué categoría pertenecen? ¿Qué rasgos te han ayudado a reconocerlos?

	Categoría	Rasgos estilísticos del texto (léxico, conectores, registro, etc.)
Texto A		
Texto B		
Texto C		

A "Un día iba en un avión a Canarias y una azafata me dijo que un pasajero me admiraba mucho y quería conocerme. Acepté. Él se acercó conmovido y me dijo: 'No sabe lo importante que han sido usted y sus libros en mi vida'. Y ahí vino la cuchillada: 'Cien años de soledad ha sido muy importante'. No me atreví a decepcionarlo y decirle que yo no era García Márquez".
Mario Vargas Llosa

B El día de playa de unos bañistas en Galicia acabó de manera insospechada. Una nube de abejas llegó este domingo por la tarde a la playa Grande de Miño (A Coruña) y estableció su colmena en una sombrilla. Alertados ante la presencia del enjambre, los socorristas se vieron obligados a llamar a un apicultor. La situación quedó resuelta en aproximadamente una hora, el tiempo que tardó el apicultor en llegar y llevarse las abejas.

C
Había estado aguardando en un recodo del camino toda la tarde por ella. Cerró los ojos un instante e imaginó que volvían a vivir juntos. La angustia lo fue abrazando lentamente. Un ruido seco de pasos rompió su letargo. Abrió los ojos. Llevaba el vestido rojo con el que la había estado soñando minutos antes. Aliviado, se alejó con rapidez en dirección contraria.

Los **textos narrativos** relatan acciones, sucesos (reales o imaginarios) protagonizados por personajes. A este tipo de texto pertenecen tanto los textos de ficción (novelas, cuentos, etc.) como los de no ficción (noticias, anécdotas, biografías, etc.). Se caracterizan por utilizar verbos de acción, una gran variedad de tiempos verbales (sobre todo pasados), conectores cronológicos, así como una gran variedad de sustantivos, adjetivos y adverbios. Todos suelen presentar una estructura de presentación, nudo y desenlace.

3 Pues

Decide si el valor de *pues* es causal o consecutivo.

1. No vine, pues me encontraba fatal.
2. Iremos en tren, pues el coche está estropeado.
3. ■ ¿El coche está estropeado?
   ● Pues iremos en tren.
4. Se trata, pues, de algo muy innovador. causal

a. causal

b. consecutivo

4 Conectores consecutivos

Relaciona las columnas y redacta una conclusión usando conectores consecutivos sin repetir ninguno.

1. Charles Chaplin era un hombre bajo d
2. Miguel de Cervantes perdió la movilidad en un brazo en una batalla a
3. J.K. Rowling era humilde y madre soltera c
4. Thomas Mann no era bien visto por el partido nacionalsocialista b
5. A Agatha Christie le encantaban los coches e

a. .... le decían el "manco de Lepanto".
b. .... emigrara a Estados Unidos.
c. .... fundó una asociación benéfica que ayuda a las familias monoparentales.
d. .... se libró de combatir en la Primera Guerra Mundial.
e. .... se compró un automóvil con sus primeros ingresos.

CULTURA

CUATRO NOVELAS NEGRAS

Del fuego a las brasas. O del poblado del Gallinero, lo peor de lo peor dentro del barrio de chabolas de Cañada Real, a la base de Herat, Afganistán, a donde los envían de sopetón para investigar la muerte de un militar español. Este es el periplo que les ha reservado **Lorenzo Silva** al subteniente Bevilacqua y la sargento Chamorro en *Donde los escorpiones* (Destino), el noveno libro protagonizado por esta pareja de investigadores de la Guardia Civil.

ROSA RIBAS (El Prat de Llobregat, 1963), tras dos novelas en las que, a medias con Sabine Hoffmann, ha viajado a los crímenes en tiempos de la posguerra, anticipándose de hecho a la serie de TV El Caso, y de la aún más reciente *Pensión Leonardo*, recupera a la comisaria Cornelia Weber-Tejedor en *Si no, lo matamos* (Grijalbo). El cuarto libro protagonizado por esta policía de Fráncfort (ciudad donde vive Ribas desde hace 25 años) hija de alemán y gallega.

Como un laberinto con distintos caminos pero una sola salida, **Eva García Sáenz de Urturi** ha construido una historia policiaca en que la psicología del asesino cobra la misma importancia que las emociones del detective para cuajar un relato negro más humano. Se trata de *El silencio de la ciudad blanca* (Planeta), donde la autora experimenta por primera vez el género de la novela negra después de escribir tres novelas fantásticas e históricas.

LUIS ROSO (Moraleja, Cáceres, 1988), sitúa su *Aguacero* (Ediciones B) en un imaginario pueblo de la sierra de Madrid a donde se desplaza el inspector Ernesto Trevejo, inspector de la Brigada Criminal, para colaborar con la Guardia Civil del lugar, desbordada por los sucesivos asesinatos de dos guardias civiles, el alcalde de la localidad y su mujer.

a ¿Te gusta leer novela negra? ¿Conoces a algún escritor famoso dentro de este género a nivel internacional? ¿Por qué se llama así el género y cómo se denomina en tu lengua? Coméntalo con tus compañeros.

b Observa las portadas y lee las sinopsis de los libros que una revista española recomienda a sus lectores para las vacaciones. Dos autores son debutantes en este género. ¿Cuáles?

c Marca en el texto las palabras que pertenecen al campo semántico "novela negra".

d ¿Cuál de estas obras te gustaría leer? ¿Por qué? Justifica tu respuesta.

e Coméntale a tu compañero/-a cuál fue la última novela negra que leíste y haz una breve sinopsis del argumento.

11

En esta unidad aprendes a...

... hablar sobre cine
... hablar soble películas
... proponer una película
... escribir una breve reseña
... valorar películas

¡Luces, cámara, acción!

En esta unidad vamos a escribir una reseña crítica y a planificar un anuncio publicitario.

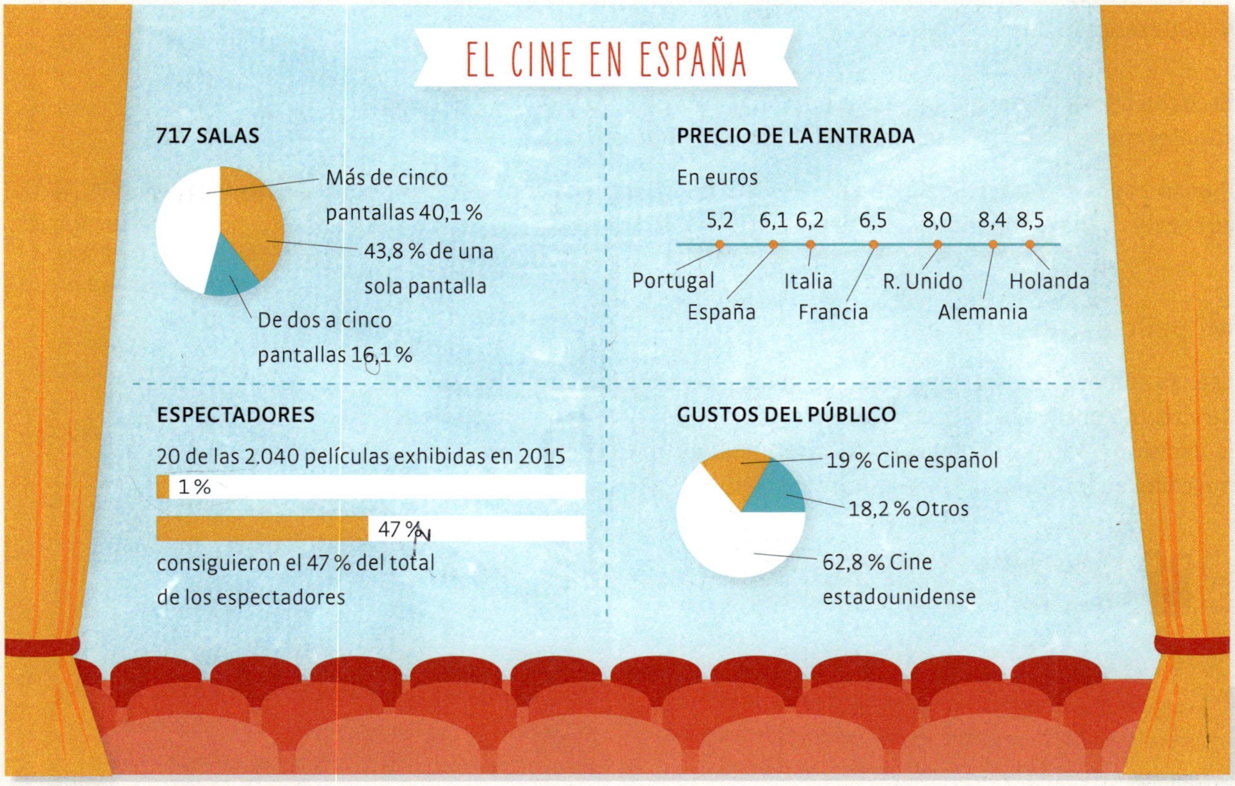

Fuente: SGAE 2016 y Observatorio Audiovisual Europeo

a Observa con atención la gráfica sobre el cine español y marca los temas a los que hace referencia. Después compara con tu compañero/-a.

- *La gráfica de líneas muestra...*
- *Sí, y en la columna de la izquierda están representados...*
- *Las barras horizontales indican... , mientras que el gráfico circular representa...*

b ¿Cómo es en tu país? ¿Crees que tienen una situación similar a la de la gráfica?

- *Yo diría que aquí... En cuanto a las preferencias...*

c ¿Cuáles de estos problemas crees que presenta el cine de vuestro país?

- ☐ pocas proyecciones en versión original
- ☐ descuentos solo en días laborables
- ☐ dominio del mercado estadounidense
- ☐ falta de películas nacionales
- ☐ falta de presupuesto
- ☐ descargas ilegales online
- ☐ pocas ayudas al cine
- ☐ gran oferta de plataformas online

- *He notado que en Alemania hay pocas proyecciones en versión original.*
- *Estoy de acuerdo, pero pienso que el principal problema...*

1 La taquilla española

a En la página de la derecha tienes algunas de las películas españolas más taquilleras de la historia del cine español. ¿Cuáles conoces? ¿A qué género piensas que pertenecen? ¿Por qué?

drama | comedia | fantasía | acción | suspense | aventura | de misterio | romántica | bélico | ciencia ficción | deportivo | del oeste | histórico | terror | música

- *Pienso que la película "El niño" es una... porque en el cartel se puede ver al fondo...*
- *Sí, y creo que... también lo es porque...*

b 17 Escucha ahora lo que opinan estas personas sobre algunas de las películas. ¿Cuáles mencionan? ¿Y qué dicen de ellas? Toma nota.

c Piensa ahora en una película que hayas visto en los últimos años y cuéntales a tus compañeros qué te pareció.

Valorar una película

Me impactó. / Me emocionó.
Me hizo pasar muchos nervios / miedo / un buen rato.
Me pareció aburridísima / un desastre / emocionante / impactante.
Los actores son magníficos / muy malos.

2 Mi película favorita

a Lee las cuatro sinopsis y decide a qué género pertenecen las películas descritas. Subraya la información y/o el léxico que te ha ayudado a tomar la decisión. ¿Sabes qué película es? Intercambia con tu compañero/-a o búscalas en Internet.

SINOPCINE

PELÍCULA 1

Laura se instala con su familia en el orfanato en el que creció de niña. Su propósito es abrir una residencia para niños discapacitados. El ambiente del viejo caserón despierta la imaginación de su hijo, que empieza a dejarse arrastrar por la fantasía. Los juegos del niño inquietan cada vez más a Laura, que empieza a sospechar que en la casa hay algo que amenaza su familia.

PELÍCULA 2

Ramón lleva casi treinta años postrado en una cama al cuidado de su familia. Su única ventana al mundo es la de su habitación, junto al mar por el que tanto viajó y donde sufrió el accidente que interrumpió su juventud. Desde entonces, su único deseo es morir dignamente. Pero su mundo se ve alterado por la llegada de dos mujeres: Julia, la abogada que quiere apoyar su lucha y Rosa, una mujer del pueblo que intentará convencerle de que vivir, merece la pena. La luminosa personalidad de Ramón termina por cautivar a ambas mujeres, que tendrán que cuestionar los principios que rigen sus vidas.

PELÍCULA 3

Dos jóvenes, El Niño y El Compi, han decidido ir a Gibraltar para introducirse en el mundo del narcotráfico. Riesgo, emociones y mucho dinero para quien sea capaz de llevar sin sobresaltos una lancha cargada de hachís que vuela sobre las olas. Jesús y Eva, dos agentes de la Policía antidroga, llevan años tratando de demostrar que la ruta del hachís es una de las principales vías de penetración de la cocaína en Europa. Su objetivo es El Inglés, el hombre que mueve los hilos desde Gibraltar, base de operaciones de los traficantes. La creciente violencia de las advertencias que reciben les indica que van por buen camino.

PELÍCULA 4

Julia (Carmen Maura), una mujer madura que trabaja en una agencia inmobiliaria, encuentra 300 millones escondidos en un piso. A continuación se traslada al apartamento de arriba y esconde el dinero, pero tiene que enfrentarse a la desquiciada comunidad de vecinos, encabezada por un administrador sin escrúpulos (Emilio Gutiérrez Caba), que hará todo lo posible para retenerla y quedarse con la fortuna.

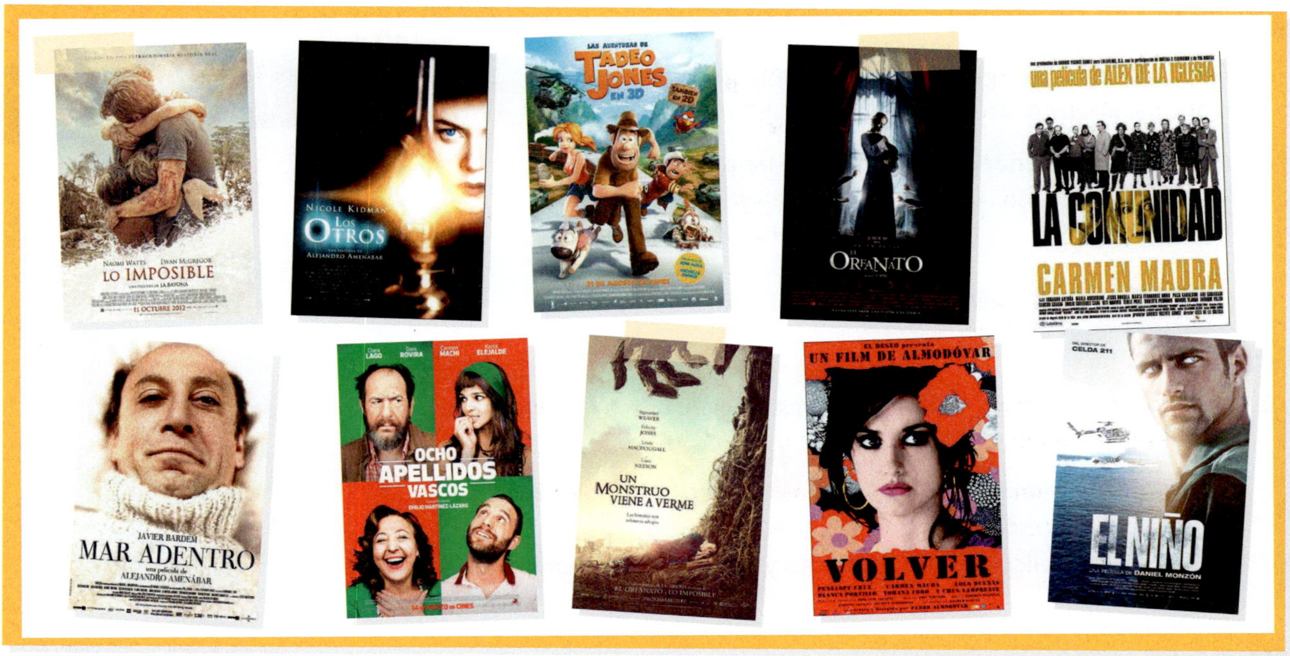

b Vuelve a leer una de las sinopsis. ¿En qué orden aparece la información?

.... Descripción del universo en que se desarrolla la acción.
.... Conflicto principal de la historia.
.... Personajes principales.

c ¿Qué película te ha marcado de manera especial? Redacta en tu cuaderno una breve sinopsis.

> **Cómo escribir una sinopsis**
> **Primer párrafo:** comienza con el nombre del protagonista y su situación al arrancar la película.
> **Segundo párrafo:** se presenta el conflicto principal de la historia.
> **Importante:** en las buenas sinopsis nunca se revela el desenlace.

3 A ver si la conoces.

18 **a** Carlos, Marta y Luis están jugando a adivinar algunas de las películas más famosas del cine español. Escucha de qué películas hablan y cómo las valoran.

b Ahora lee. ¿A qué película se refieren? Completa.

- Pues es una película **cuya trama** principal es el amor entre dos personas muy diferentes.
- Ya lo sé. Es una película divertidísima. El nombre es ....
- Pues la mía es una película **cuyos personajes** viajan a un lugar muy lejano y allí tiene lugar un sunami.
- Ah, sí, ya sé cuál es. Es una película muy emocionante. Se llama ....
- Pues mi película trata de un policía **cuyo principal** rasgo de carácter es su racismo.
- Ya lo sé... Es un personaje horrible. Es .... , ¿verdad?
- Sí, esa es. Yo salí del cine espantada.

> **Cuyo, cuya, cuyos, cuyas**
> El filme cuy**os personajes** provienen de Rusia...
> La película cuy**o tema** principal es...
> **Cuyo/-a/-os/-as** indica posesión. Concuerda en género y número con el sustantivo que le sigue.

c Adivina, adivinanza. Descríbeles una película a tus compañeros sin decir el título. Tenéis 5 minutos. Gana quien más películas haya adivinado.

4 ¿Te apuntas?

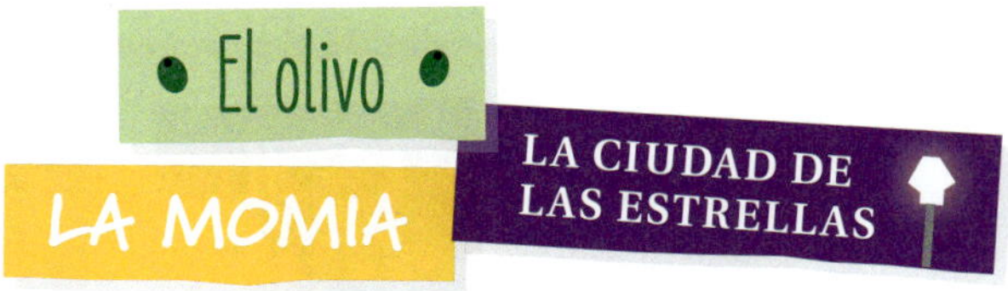

a (19) Alicia llama a su amiga Yolanda para proponerle ir al cine. ¿A qué película deciden ir?

b (19) Ahora escucha de nuevo. ¿Qué dicen de las películas?

¡Es genial! | ¡Dicen que es un rollo! | ¡Es una película alucinante! | ¡Creo que no está nada mal! | La crítica dice que es magnífica. | ¡La musica es fantástica!

c Ahora vete a la página 183 y lee la transcripción. Busca las expresiones que se utilizan para...

expresar una intención | proponer un plan y aceptarlo | expresar preferencias | delegar una decisión

d Piensa en una película, propón una cita y convence a tus compañeros para que te acompañen.

5 El olivo

a ¿Has visto alguna vez un árbol centenario o milenario? Marca todos los adjetivos que asocias con la imagen.

grueso | disforme | arraigado | fuerte | sólido | duro | blando | áspero | viejo
ancho | uniforme | flexible | joven | enorme | elegante | ligero | pesado

b (20) Escucha un fragmento de la entrevista al guionista de *El olivo* (2016) y responde a las preguntas.

1. ¿En qué se inspiró para escribir el guion?
2. ¿Qué relación se establece entre la comunidad de campesinos y el olivo?
3. ¿Cómo lo describe?
4. ¿Podrías deducir de la información el argumento de la película?

c Ahora vas a observar el avance de la película. Ordena cronológicamente los fotogramas y relaciona cada uno con un título.

1. Alma y Yayo | **2. La venta del olivo** | **3. El silencio del abuelo** | **4. En Düsseldorf**

Fuente: Copyright EOne Films Spain

d En grupos de tres. Observa el avance de la película otra vez y analiza uno de los siguientes aspectos (ponte de acuerdo primero con tus compañeros).

Música y sonido: melodía, volumen, ritmo...
Imagen: planos, personas, lugares, tiempo, luz...
Diálogos: tono de la voz, velocidad de habla, entonación...

6 Una reseña

a Lee las reseñas sobre *El olivo*. ¿Cómo se valora la película? Marca las valoraciones positivas y negativas con dos colores diferentes.

FICHA TÉCNICA
Dirección: Icíar Bollaín
Países: España / Alemania
Año: 2016
Con: Javier Gutiérrez, Anna Castillo, Pep Ambrós
Duración: 100 minutos
Género: Drama

El olivo: *edificante e ingenua* ★★★☆☆

Nadie puede discutir las intenciones de Icíar Bollaín, siempre interesada en tocar temas de carácter social, de la violencia de género a la privatización fraudulenta del agua. En su último filme, "El olivo", trata las raíces, la pérdida de valores y la invasión del espacio rural. No es un relato directo ni tampoco una metáfora, sino una progresión de acontecimientos a la que le sobra un exceso de buenrrollismo y algún pasaje innecesario como el de las blogueras alemanas. De lo que habla es interesante; la forma, demasiado ingenua.

El olivo: *las raíces mandan* ★★★★☆

La venta de un olivo bimilenario pone en marcha una reflexión sobre las raíces de la familia, la transmisión intergeneracional y el choque entre los bienes materiales y los sentimentales, entre otros temas no carentes de interés. Escrita por Paul Laverty, el guionista habitual de Ken Loach, está habitada por criaturas cercanas y reconocibles, aunque en algunos pasajes (el tramo final en Düsseldorf) sus comportamientos son chocantes, poco creíbles.

b Vuelve a leer las reseñas e identifica las frases dónde se realiza...

	Reseña 1	Reseña 2
la introducción a la obra y/o el resumen expositivo de la trama	"Nadie puede… agua."	....
el comentario crítico	....	....
la conclusión	....	....

Escribimos

Vamos a escribir una reseña crítica sobre una película que hayamos visto hace poco.

a Elige una película que te gustaría compartir con tus compañeros.

b Haz una primera lluvia de ideas y toma notas:

1. ¿Qué pasajes de la película recuerdas especialmente?
2. ¿Qué sentimientos te transmite la película?
3. ¿Sus protagonistas son creíbles?
4. ¿El argumento es previsible o sorprendente?

La reseña cinematográfica

Es un comentario crítico que sirve para informar sobre el contenido de la película, los temas principales y el/la autor/a, el/la director/a o el/la guionista. Incluye, además, una valoración positiva o negativa sobrela película.

c Ahora comienza a escribir tu reseña.

d ¿Has visto la película de tus compañeros? ¿Qué te pareció? Aporta tu opinión personal.

7 Cine y publicidad

a ¿Recuerdas algún anuncio publicitario que hayas visto últimamente? ¿Por qué te ha llamado la atención?

iluminación | decorado | banda sonora | efectos especiales | vestuario | creatividad | fotografía | personajes | originalidad | sonido

- *Una vez vi un anuncio que me pareció fantástico. Me gustó mucho...*
- *Yo recuerdo un anuncio de la marca...*

b De los conceptos siguientes: ¿cuáles relacionas con el anuncio publicitario y cuáles con el cortometraje cinematográfico? ¿Qué rasgos son comunes a los dos géneros?

promoción de productos | temas poco comerciales | breve duración | división en géneros | soporte audiovisual | mensaje | valor artístico | importancia del receptor | beneficios | música pegadiza

c *El cine y la publicidad renuevan su matrimonio* es el título del siguiente artículo. ¿Qué significa la expresión "renovar matrimonio" en este contexto? Lee y comprueba tu respuesta.

EL CINE Y LA PUBLICIDAD RENUEVAN SU MATRIMONIO

El cine y la publicidad son, siempre fueron, viejos compañeros de viaje. De manera más o menos elocuente, a través de formatos más o menos descarados, las incursiones de la segunda -el arte de convencer con productos- en el primero -el arte de narrar con imágenes- llevan décadas sirviendo de base para un beneficio mutuo a menudo no declarado, pero siempre fructífero, cuando se trata de hablar de números y no de arte.
Nuevos formatos y técnicas jalonan últimamente este cruce de caminos cine/publicidad. Uno de ellos es el de las llamadas *dramanagement movies*, películas que cuentan historias, pagadas por una empresa, que a veces ni siquiera aparece mencionada.
En un tiempo en el que ya nada está asegurado en materia de financiación y el cine y la televisión menos que ningún campo, estamos, sin duda, ante nuevas posibilidades para el audiovisual del siglo XXI: a) beneficios para las marcas publicitarias, b) financiación cinematográfica.
No faltan los casos ilustres. Parece increíble que un cineasta como Woody Allen, haya acabado en la vanguardia de la publicidad y el *marketing* en el mundo del cine.
No solo en el ya habitual *product placement*, la publicidad por emplazamiento; es decir, cuando los productos aparecen de forma visible en una película o en una serie. El neoyorquino ha ido más allá y ha entrado en el mundo del *branded content*, en que las marcas aparecen integradas en la dramaturgia de la película.
¿Está el cine español abierto a esta nueva publicidad? «Sí, y se nota, pero hay que ser claros: siempre que sea arte, funciona. Hay que trabajar, que sea maravilloso para ambas partes. Si no, el público lo rechazará».

d ¿Conoces estos términos y puedes definirlos con tus propias palabras? Si necesitas ayuda, vuelve a leer el texto.

dramanagement movies | branded content | product placement

e Las palabras del apartado anterior son anglicismos. ¿Se usan mucho en tu lengua en el mundo del cine y la publicidad? ¿Podrías mencionar algunos ejemplos?

8 Vale

a Una empresa española encargó a un conocido director de cine español un cortometraje para la campaña *Mediterráneamente*. Observa el tráiler que puedes encontrar fácilmente en Internet. ¿Qué producto se promociona? ¿Por qué crees que el cortometraje se llama *Vale*?

Ficha técnica: España 2015

Duración: 12 min.
Título original: Vale
Dirección: Alejandro Amenábar
Guion: Alejandro Amenábar, Oriol Villar
Elenco: Natalia Tena, Dakota Johnson, Quim Gutiérrez, Carles Francino, Patricia Valley
Vídeo trailer www.youtube.com

b Ahora mira el cortometraje de Amenábar y fíjate en los personajes. ¿Recuerdas cómo son? Descríbelos teniendo en cuenta los siguientes criterios: clase social, edad y físico.

c El dominio del inglés como lengua extranjera es uno de los temas principales de este cortometraje. ¿Cómo suple su desconocimiento de esta lengua el personaje protagonista?

d Lee cómo explica el director Amenábar el significado de "mediterráneamente". ¿Crees que los personajes del corto saben "vivir mediterráneamente"? ¿Por qué?

> "Hemos intentado reflejar y hacer sentir valores que están íntimamente relacionados con el Mediterráneo, haciendo especial hincapié en su oferta cultural. Vivir mediterráneamente significa salir de casa, conocer gente e impregnarse de música, cine, teatro, exposiciones… Nos gustaría que la película despertara en los espectadores ese espíritu de sociabilidad y optimismo y, por qué no, les arrancara una sonrisa."

9 ¿Eres un/a perfecto/-a cinéfilo/-a?

a ¿Tienes buena memoria? Estos son los comentarios que hicieron algunos espectadores después de ver el corto. Completa con la información que pueden haber dicho. Luego compara.

La escena más bonita de la película es **aquella en la que**…
La amiga **con la cual** Victor ve la película *¿Qué pasa con Mary?* es la más…
La escena más divertida es **donde** Víctor…
El personaje **con el cual** Víctor peor congenia es…
El chico **con el que** habla Rachel al principio de la película cocina una…
La palabra **con la que** termina la película es…

b Fíjate ahora en las palabras marcadas en 9a. ¿Cómo traduces estas palabras en tu lengua?

c Cuéntale a tu pareja las escenas y actuaciones que más te han gustado.

Oraciones relativas con preposición

Es la escena **en la que** / **en la cual** lleva un vestido.
Preposición
+ el/la/los/las
+ que / cual/-es
(registro más culto).

¡Fíjate!
Es la escena **donde** se conocen/ **en la que** se conocen / **en que** se conocen.
en + (el/la/los/las)
+ que = donde

→ *Mis recursos 1*

Comunicación hablar de recursos cinematográficos » hablar de sentimientos » reaccionar ante un relato **Gramática** Oraciones relativas con preposición » uso de los tiempo en las frases causales **Léxico** recursos cinematográficos » expresiones para hablar del sentimiento miedo

10 El suspense en el cine de Amenábar

a Lee las preguntas del público a un especialista y relaciona cada una con una de las respuestas.

1. ¿Qué importancia tiene el suspense en la obra cinematográfica de Amenábar?
2. ¿Cómo empezó su carrera?
3. ¿Por qué tiene tanta fama a nivel internacional?
4. ¿Cuál es la clave de su éxito?

El suspense en el cine de Aménabar

A ....

- La creatividad. Es un director sumamente creativo, **ya que** vivió parte de su niñez en una autocaravana. Además, cuando era pequeño pintaba, leía y tocaba instrumentos musicales **porque** sus padres no le permitían que viera la televisión.

B ....

- **Gracias a que** en 1991 ganó un premio de la *Asociación Independiente de Cineastas Amateur.*

C ....

- **Como** se acerca a géneros y subgéneros de tradición norteamericana, se ha dado a conocer internacionalmente. Empezó a ser conocido y respetado **debido a que** Tom Cruise adquirió los derechos de la película *Abre los ojos* y se convirtió en el director y protagonista de la nueva versión americana *Vanilla Sky*. Pero, quiero aclarar algo, Amenábar tiene éxito **no porque** haya rodado películas en inglés, como afirman muchos críticos, **ni porque** haya rodado con estrellas como Nicole Kidman, Rachel Weisz y Emma Watson, sino **porque** es un maestro.

D ....

- Para mí es un rasgo constante de su cinematografía, **puesto que** hay suspense desde *Tesis* de 1996 hasta en su última película *Regresión* de 2015. Asesinatos, torturas, miedo psicológico... son temas en los que se mueve con gran seguridad.

b Las estructuras marcadas en negrita introducen una causa. Fíjate en cómo se utilizan y subraya los tiempos y modos verbales que aparecen. Después lee la explicación.

El uso de los tiempos en las frases causales

... ya que **vivió** parte de su niñez en una autocaravana.
... **porque** sus padres no le **permitían** que viera la televisión.
... **gracias a que ganó** un premio.
... **puesto que** hay suspense.

Pero:
... tiene éxito **no porque haya rodado** películas en inglés.
Si la causa se niega, el verbo se usa en subjuntivo.

→ *Mis recursos 2 y 3*

c ¿Cuáles de estos recursos cinematográficos son los más efectivos para aumentar la tensión de los espectadores y crear escenas de terror? Discútelo con tu compañero/-a.

☐ ritmo e intensidad de la música ☐ iluminación ☐ montaje ☐ sonido ☐ silencio
☐ efectos visuales ☐ laberintos ☐ animales peligrosos ☐ lugares apartados

d ¿Qué sensaciones o reacciones asocias con la palabra miedo? Piensa en películas del género de terror o suspenso que conozcas. ¿Por qué las recuerdas? ¿Qué sentimientos experimentaste al verlas? ¿Qué escena te impactó más? ¿Por qué?

sudar | temblar | tener las manos frías | sentir debilidad | sentir un escalofrío | producir angustia | sentir ansiedad | ponerse nervioso | asustarse | sentir miedo

- *A mí la película que más me impresionó es... Algunas de las escenas..., por ejemplo...*

11 A flor de piel

21-23 **a** En los tres diálogos que presentamos a continuación aparece la palabra miedo, pero en uno de ellos se usa con otro significado. Lee primero los diálogos y luego escucha la audición e identifícalo. ¿De qué hablan en cada conversación?

1.
- Ay, Ana... fue horrible. Me entró tanto miedo. Yo me puse a sudar. El estómago se me encogió. Los pelos del cogote se me pusieron de punta.
- ¡Qué horror! ¡Sería espantoso!

2.
- A mí se me puso la carne de gallina. ¡Me dio un miedo! Un escalofrío me recorrió la espalda y el corazón se me subió a la garganta. Empecé a temblar y podía sentir los latidos de mi corazón.
- ¡Qué mala suerte! ¡Cómo no ibas a sentir miedo!

3.
- ¡Es bestial! ¡Monstruosa! De miedo, de verdad.
- ¡No me digas!

b Marca en el diálogo cómo se describen situaciones de miedo. ¿Cuáles tienen sentido figurado?

c Piensa en momentos reales en los que hayas sentido mucho miedo. Narra los hechos y las circunstancias. Tu compañero/-a reacciona.

- *Yo me quedé sola en casa una noche y sentí mucho miedo porque una puerta se cerró. Entonces... ¡Qué horror!*

Reaccionar al relato de una anécdota

¡Qué terrible!
¡No me lo puedo creer!
¡Madre mía! ¡Menudo susto!
¡Qué susto!

NUESTRO PROYECTO

Vamos a organizar y llevar a cabo un concurso de *Branded Content*.

a Ponte de acuerdo con tus compañeros en una marca de cerveza importante y conocida de tu país para hacer un *Branded Content*.

b Ahora discute y ponte de acuerdo con tus compañeros en...

1. un eslogan apropiado para la campaña.
2. el lugar ideal para hacer cortometraje, en el decorado y la banda sonora.
3. un argumento para la historia.
4. los personajes.
5. las actrices o los actores que necesitaréis y os gustaría contratar.

c Presentad vuestro proyecto al resto de la clase. ¿Cuál es el más original?

1 Una cosa con la que...

a Lee las frases y completa con las partículas relativas adecuadas.

1. Estrella Damm fue fundada por dos alsacianos .... las guerras centroeuropeas obligaron a huir de su país.
2. August Damm y su mujer abrieron una cervecería, ... también fabricaban la cerveza.
3. Su primera fábrica .... en Barcelona conocían como "La bohemia", la abrieron en la calle del Rosellón, en pleno Ensanche de Barcelona.
4. La receta .... se elabora la cerveza Estrella Damm es del año 1876.
5. Los cereales .... se compone la cerveza Damm son 100 % naturales.

de los que | que | a los que/a quienes | con la que | en la que

En las frases de relativo con preposición suele aparecer el artículo antes del pronombre **que**. Este artículo concuerda en género y en número con la palabra a la que se refiere y es obligatorio su uso si la preposición tiene dos sílabas. La preposición viene determinada por el verbo al que complementa el pronombre de relativo. Así, por ejemplo, en el ejercicio anterior, en la frase 4, el verbo *elaborar* necesita la preposición **con** para ser completado.

b ¿Quieres saber más sobre Estrella Damm? Transforma los pares de frases utilizando oraciones de relativo con o sin preposición.

1. Estrella Damm era en 1929 una cerveza ya muy conocida. En ese año participó en la Exposición Universal de Barcelona.
   ....
2. Para distribuir la cerveza en aquella época se utilizaban carros. Los carros estaban tirados por caballos.
   ....
3. Los envases de la cerveza Damm estaban decorados con una estrella roja. Durante la época franquista la estrella roja desapareció de los envases.
   ....

c Estrella Damm es uno de los productos más conocidos de la empresa Damm. Lee las siguientes frases sobre este grupo y elige el verbo en el modo correcto (indicativo o subjuntivo). ¿Recuerdas cuándo se usan?

1. La empresa Damm es una organización líder en los sectores en los que **opera / opere**.
2. No hay ninguna empresa en España que **compita / compite** en internacionalización con dicho grupo.
3. En estos momentos Estrella Damm busca personas recién graduadas que **quieran / quieren** incorporarse al mundo laboral de la mano de una gran compañía multinacional.
4. Hay pocas empresas en el sector que **son / sean** tan innovadoras como Damm.
5. Actualmente Damm necesita un auditor que **participe / participa** en el proceso global de consolidación del grupo.

En las frases de relativo usamos el verbo en subjuntivo cuando no sabemos si de lo que hablamos existe o cuando negamos su existencia.

2 Oraciones causales

Transforma las frases con el conector que te parezca más adecuado.

porque | como | debido a que | ya que | puesto que

1. La economía está en crisis, por lo que muchos productores realizan coproducciones con otros países.

   Muchos directores realizan coproducciones con otros países porque la economía está en crisis.

2. Las películas se exhiben pocos días y solo unas horas, por lo que las personas no asisten a las funciones de cine local.
3. El precio de las entradas ha subido, por eso muchos no pueden ir al cine.
4. El público no se siente reflejado en las propuestas del cine nacional, por lo tanto busca otras propuestas.
5. Faltan los recursos económicos para producir las películas, de ahí que muchos/-as directores/-as tengan que financiar sus obras.

3 ¿Imperfecto o indefinido? Una cuestión de perspectiva.

a Fíjate en los tiempos verbales que aparecen en estas oraciones causales: ¿Cuáles describen una situación (D), cuáles expresan una acción (A)? Decide.

1. El año pasado cerraron muchos cines porque la entrada era demasiado cara. ....
2. El público no fue al cine porque subieron el precio de las entradas. ....
3. Muchas películas no pudieron rodarse porque los productores no tenían dinero. ....
4. Debido a que la economía estaba en crisis, muchos directores empezaron a realizar coproducciones con otros países. ....

b Transforma tus oraciones causales de 2 al pasado. ¿Qué tiempo utilizas?

Cuando las causas reflejan una situación utilizamos el imperfecto. Cuando, por el contrario, expresan una acción, utilizamos el indefinido. En caso de duda: si la causa y el efecto son simultáneos, utilizamos el imperfecto. Si la causa es anterior al efecto, utilizamos el indefinido o el pluscuamperfecto.

4 Asociograma

Completa el siguiente esquema con el léxico de la unidad.

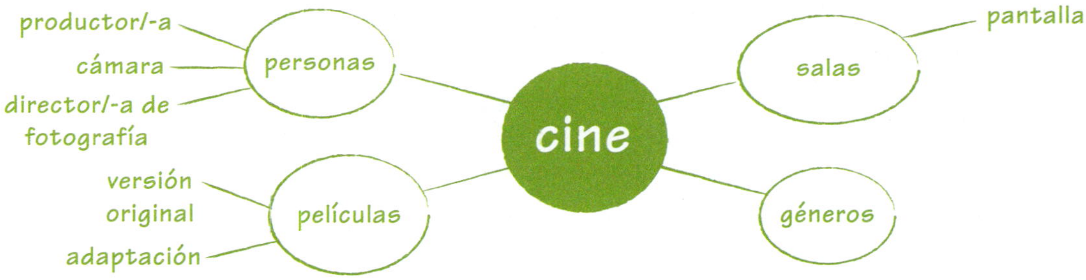

CULTURA

EL MAR MEDITERRÁNEO

a El cantautor catalán Joan Manuel Serrat se inspiró en el Mediterráneo para componer una famosa canción del mismo nombre. Hay muchas leyendas urbanas sobre el origen y el sitio en que fue compuesto este tema. ¿Cuál te parece la más acertada?

1. ☐ Serrat no quiso cantar en el festival Eurovisión de 1968 la canción *La, la, la,* por lo que se fue a un pueblo de Cataluña al lado del mar y se inspiró para escribir su canción.
2. ☐ Compuso su canción en un monasterio, donde se encerró para protestar por el proceso de Burgos y la pena de muerte.
3. ☐ En un lago de México porque echaba de menos el mar.

24 **b** Escucha ahora este programa de radio sobre Serrat y comprueba tu respuesta.

25 **c** Ahora escucharás la segunda parte del programa. ¿Quiénes han grabado la última versión de *Mediterráneo*? ¿Para quién? ¿Qué diferencia esta imagen del Mediterráneo de la del corto de Amenábar?

d Lee la letra de la canción de Serrat y si puedes, escúchala también. Marca después en tres colores diferentes las palabras que aluden a la infancia, al mar y al carácter del cantautor.

Quizás porque mi niñez
sigue jugando en tu playa
y escondido tras las cañas
duerme mi primer amor,
llevo tu luz y tu olor
por dondequiera que vaya,
y amontonado en tu arena
guardo amor, juegos y penas

Yo...
que en la piel tengo el sabor
amargo del llanto eterno
que han vertido en ti cien
pueblos de Algeciras a Estambul,
para que pintes de azul
sus largas noches de invierno.

A fuerza de desventuras,
tu alma es profunda y oscura.

A tus atardeceres rojos
se acostumbraron mis ojos
como el recodo al camino.
Soy cantor, soy embustero,
me gusta el juego y el vino.
Tengo alma de marinero...

Qué le voy a hacer, si yo
nací en el MEDITERRÁNEO

Y te acercas, y te vas
después de besar mi aldea.
Jugando con la marea
te vas, pensando en volver.
Eres como una mujer
perfumadita de brea...
que se añora y que se quiere
que se conoce y se teme.

Si un día para mi mal
viene a buscarme la parca,
empujad al mar mi barca
con un levante otoñal
y dejad que el temporal
desguace sus alas blancas.

Y a mí enterradme sin duelo
entre la playa y el cielo...

En la ladera de un monte,
más alto que el horizonte.
Quiero tener buena vista.
Mi cuerpo será camino,
le dará verde a los pinos
y amarillo a la genista...

Cerca del mar. Porque yo
nací en el MEDITERRÁNEO.

e ¿Y tú? ¿De qué elemento de la naturaleza te sientes hijo/-a? Apunta todas las palabras y todos los recuerdos que asocias a este lugar: ¿te atreverías a escribirle una canción de homenaje? Busca a otros compañeros que hayan elegido el mismo lugar y con ellos escribe una canción.

de la montaña | del río | del mar | de la pradera | del arroyo | del valle | del lago

En esta unidad aprendes a...

- ... hablar y comentar hechos históricos
- ... tomar apuntes durante una ponencia
- ... resumir los puntos más importantes de una ponencia
- ... comprender textos argumentativos algo más complejos
- ... preparar y realizar una breve presentación

América Latina ayer y hoy

En esta unidad vamos a aprender a tomar apuntes durante una ponencia y a realizar una presentación sobre un tema de la actualidad latinoamericana.

a Fíjate en la nube de palabras sobre "revoluciones". ¿Qué tres palabras asocias con el concepto "revolución"? Márcalas y en grupos comenta por qué las has seleccionado.

- *Para mí, la revolución tiene que ver con / está relacionada con...*

b ¿Qué representan las fotos? ¿Con qué palabras de la nube anterior las relacionas? Habla con tus compañeros y presenta después los resultados en el pleno.

Comunicación comentar y cuestionar informaciones » evocar situaciones imaginarias en el pasado Gramática pluscuamperfecto de subjuntivo y uso en oraciones condicionales Léxico política, sociedad y economía

1 Revoluciones

a ¿Qué revoluciones se describen en los textos? Completa las tres fichas con las palabras y expresiones que faltan. ¿Qué revolución te parece más importante?

Primavera Árabe | Revolución sandinista | ~~Revolución francesa~~ | reformas | "libertad, igualdad y fraternidad" | la burguesía | la población descontenta | la Ilustración | el absolutismo monárquico | el 25 de enero de 2011 | la dimisión | la dictadura

1. Revolución francesa

FECHA: 1789
PROTAGONISTAS: ....
CAUSAS: La influencia de las ideas de ...., las desigualdades sociales, la paralización del sector económico primario debido a las malas cosechas.
IMPORTANCIA: Supone el tránsito de la sociedad feudal a la sociedad capitalista basada en una economía de mercado. Crearon un nuevo modelo de sociedad y Estado, el Estado de derecho, democrático y nacional.
OBJETIVOS: Terminar con ....
LEMA: ....

2. ....

FECHA: Empezó ....
PROTAGONISTAS: ....
CAUSAS: El exceso de brutalidad policíaca, las altas tasas de desempleo, la carencia de viviendas y alimentos, la inflación, la corrupción, la reivindicación de un sueldo mínimo, la falta de libertad de expresión y las pobres condiciones de vida.
OBJETIVO: Conseguir .... del presidente de ese momento, Hosni Mubarak.

3. ....

FECHA: De 1978 a 1990 en Nicaragua.
PROTAGONISTA: El Frente Sandinista de Liberación Nacional (FSLN), partido político de Nicaragua.
CAUSAS: Los problemas económicos a los que se enfrentaba el pueblo nicaragüense bajo el poder de la familia Somoza.
IMPORTANCIA: Es junto con la mexicana, la cubana y la boliviana, una de las más importantes en América Latina. Trató de introducir .... socioeconómicas y políticas, pero la oposición armada apoyada por los Estados Unidos hundió al país en una guerra civil. En 1990, el Frente Sandinista de Liberación Nacional perdió las elecciones poniendo fin al periodo revolucionario.
OBJETIVO: Terminar con .... de la familia Somoza.

b ¿Qué información no sabían estos estudiantes? Márcala.

1. Yo no sabía que la burguesía hubiera empezado la Revolución francesa, pensaba que habían sido los campesinos...

2. Eso me ha sorprendido a mí también. Y además desconocía que había tanta brutalidad policíaca en Egipto.

3. ¡Hombre! Ya veo que lees muy poco la prensa... Lo que yo ignoraba es que los egipcios también reivindicaran un sueldo mínimo, eso sí que es algo nuevo para mí...

Cuestionar o declarar una información desconocida	Pluscuamperfecto de Subjuntivo
Desconocía que los jóvenes **estuvieran** contra la corrupción. Yo **no sabía que** en Egipto **había** tanta brutalidad policial. Utilizamos el **subjuntivo** cuando **cuestionamos** una información que no sabemos. Otras veces podemos **declarar** una información que no sabíamos. En este caso utilizamos el **indicativo**. **Ignoraba** que los EE. UU. **hubieran apoyado/apoyaran** a la contra. El uso del presente o pasado depende de si queremos presentar los hechos actualizados o como algo pasado. En este caso, puede utilizarse también el pluscuamperfecto.	hubiera hubieras hubiera + apoyado / salido / habido hubiéramos hubierais hubieran → *Mis recursos 1*

c Vuelve a leer las fichas de 1a y subraya la información que desconocías. Intercambia la información con un/a compañero/-a y explícale lo que te ha sorprendido.

- *Yo desconocía que...*
- *Yo no sabía que... me sorprende porque...*

d ¿Conoces otras revoluciones importantes? ¿Cuáles? ¿Cuándo tuvieron lugar? ¿Qué información desconocías?

- *Pues, mira, Peter, esto que acabas de contar es totalmente nuevo para mí.*
- *¿De verdad?*
- *Sí, sí, desconocía que...*

2 ¿Qué habría pasado si...?

a ¿Has pensado en alguna ocasión en cómo sería el mundo si no hubieran ocurrido ciertas cosas? Relaciona el comienzo de cada frase con su final y completa después el uso.

1. Si no se hubiera producido la Revolución francesa,
2. Si en Egipto no hubiera tanta corrupción,
3. Si los jóvenes egipcios no hubieran salido a la calle,
4. Si no hubiera habido una dictadura en el país,
5. Si los EE. UU. no hubieran apoyado a la contra,

a. probablemente el país no se habría hundido en una guerra civil.
b. todavía tendríamos una sociedad feudal.
c. los jóvenes no habrían salido a la calle a protestar.
d. quizás Mubarak sería todavía presidente.
e. no se habría producido la Primavera Árabe.

Evocar situaciones imaginarias en el pasado: las oraciones condicionales hipotéticas en el pasado

Si los jóvenes egipcios no **hubieran salido** a la calle...

Utilizamos el **pluscuamperfecto de subjuntivo** para expresar condiciones no probables en el pasado. Las consecuencias de dichas condiciones pueden ser en el presente o futuro: Mubarak todavía **sería** presidente. En este caso utilizamos el .... O las consecuencias pueden ser en el pasado: no se **habría producido** la Primavera Árabe. En este caso utilizamos el .... → *Mis recursos 2*

b ¿Qué sería de tu vida si...? Contesta e intercambia la información.

1. Si hubiera nacido en México, ...
2. Si no hubiera conocido a..., ...
3. Si no hubiera empezado a estudiar mi actual carrera, ...
4. Si hubiera vivido en el s. XVIII, ...

- *Si hubiera nacido en... , ... probablemente... . Y seguro que ya habría visitado... ¿Y tú?*

3 Una ponencia

a ¿Qué sabes de la Revolución mexicana? Lee e identifica los dos enunciados falsos.

- ☐ Tuvo lugar entre 1910 y 1920.
- ☐ El objetivo era transformar el sistema político dictatorial y social creado por Porfirio Díaz.
- ☐ Fue protagonizada por el campesinado y los sectores rurales del país.
- ☐ Emiliano Zapata fue líder de esta rebelión armada, cuyo lema era “Tierra y Libertad”.
- ☐ Querían derrotar las fuerzas estatales comandadas por el dictador Fulgencio Batista.
- ☐ Zapata defendió el derecho a huelga, el reconocimiento de los pueblos indígenas y la emancipación de la mujer.
- ☐ Bajo su gobierno se puso en marcha la nacionalización de las empresas estadounidenses presentes en el país.

26 **b** Escucha ahora una ponencia sobre el tema y comprueba tus respuestas.

26 **c** Lee los apuntes de un estudiante. Escucha, corrígelos (hay tres errores) y completa. ¿Qué preguntas podría formularse el estudiante después de la clase? Anótalas y escribe un resumen de la ponencia.

Preguntas sobre el tema	**Notas de clase:** 15-11-17 La Revolución mexicana
1. .... 2. .... 3.	Rev. mex. 1910 – 30 Situación del país: • minoría tenía control de la industria y de la agricultura • pobreza de los campesinos • Porfirio Díaz • la clase baja se organiza contra P. D.
Dudas 1. Francisco... ? ... Plan...? 2. Emiliano Zapata – Lema...?	**Resumen**

26 **d** Estas son algunas de las estrategias utilizadas por la profesora para facilitar la toma de apuntes. Escucha y lee de nuevo la ponencia completa (Pág. 185). Busca ejemplos en el texto.

1. Explicitar la estructura organizativa del discurso
2. Aumentar el volumen de la voz
3. Repetir o enfatizar contenidos
4. Hacer pausas
5. Realizar preguntas sobre el contenido

4 En clase

a En la clase de “Historia de América Latina” el tema de hoy es el movimiento zapatista protagonizado por Emiliano Zapata. Estas son algunas de sus frases célebres. Coméntalas.

“Es mejor morir de pie que vivir de rodillas.”

“La tierra es para quien la trabaja.”

“Quiero morir siendo esclavo de los principios, no de los hombres.”

27 **b** Escucha ahora la ponencia y toma apuntes. Tu profesor/a te dará una ficha.

c Compara tus apuntes con los de un/a compañero/-a. ¿Te parecen justificadas las reivindicaciones?

- *Yo, en cierto modo, puedo comprender que alguien se hubiera alzado... porque...*

4 ¿Hacia un mundo mejor?

a ¿Qué culturas indígenas de América Latina conoces? ¿Qué sabes de ellas? Intercambia tus conocimientos en grupo.

b Lee ahora estos dos pequeños fragmentos sobre diferentes culturas indígenas. ¿Qué problemas tienen? Subráyalos.

Triquis: en tierra de nadie

Desde sus orígenes, hacia el 1500 a.C., han sido sometidos por tribus más poderosas como los aztecas. En la actualidad, su historia no es muy distinta. Los territorios que poseen están localizados en una región muy pequeña situada al noroeste de Oaxaca, México. Las mujeres, siempre vestidas en sus tradicionales huipiles rojos, ejercen de cabeza de familia, ya que la mayor parte de los hombres emigra a las grandes ciudades para trabajar como albañiles. Se calcula que hay unos 25.000 habitantes. Como no disponen de tierras que les permitan ser autosuficientes, se ven obligados a vender sus artesanías en plazas públicas sin estar en posesión de permisos de comercio, por lo que muchas veces son víctimas del acoso de los funcionarios. Gracias a la Fundación Tinunjei, asociación que defiende los derechos de los triquis, se está reduciendo el analfabetismo.

Los wayuu: una etnia entre dos naciones

Los wayuu, asentados en la Guajira al norte de Colombia junto a la frontera con Venezuela y el Mar Caribe, han tenido que luchar siempre contra un terreno hostil y la ausencia del Estado. Ahora, además, sufren una intensa sequía desde 2011 agravada por el fenómeno de El Niño. El índice de desnutrición crónica de sus niños es del 27,9 % (frente al 13,2 % de media en Colombia). Las cabras y las ovejas que sostienen su subsistencia apenas encuentran comida. El cierre de la frontera con Venezuela en 2015 obligó a más de 2.000 wayuus a regresar del país vecino. Además, tampoco pueden comprar en Venezuela los productos básicos (hasta un 90 % más baratos) por el cambio de moneda. Pero ellos no creen en las fronteras: su casa es su tierra. La paradoja es que esta es una zona rica en recursos naturales: hay carbón, gas, sal y petróleo. Los wayuu han sido reconocidos por la Unesco como Patrimonio Inmaterial de la Humanidad por su ley ancestral basada en la figura del "palabrero" para solucionar conflictos por la vía pacífica.

c Escribe ahora una lista con los problemas que tienen las comunidades indígenas.

d ¿Cuáles son las causas de estos problemas en tu opinión? ¿Cómo crees que podrían solucionarse? Puedes buscar en Internet información sobre los programas de la Unesco "Educación Global" y "Educación para el desarrollo sostenible".

Escribimos

Vamos a tomar apuntes a partir de una ponencia.

28 **a** Escucha una ponencia sobre los triquis y los wayuus y toma apuntes. Después compara tus apuntes con los de un/a compañero/-a y compleméntalos si fuera necesario.

b Formula preguntas a partir de tus apuntes y escribe después el resumen de la ponencia.

6 Latinoamérica y la globalización

a ¿Qué ventajas y desventajas conlleva la globalización? Considera los aspectos económicos, sociales, políticos, medioambientales, tecnológicos. Toma notas. Utiliza Internet para buscar el léxico que desconozcas.

b Ponte de acuerdo con tus compañeros: ¿cuál es la ventaja de mayor importancia? ¿Cuál es el mayor problema? Presentad vuestra decisión en clase.

Hemos llegado al acuerdo de que…
No hemos podido llegar a ponernos de acuerdo…
Por unanimidad hemos decidido que…

c Lee ahora un extracto del trabajo de investigación sobre el tema en la página siguiente y contesta las preguntas.

1. ¿Es la globalización positiva o negativa para las economías de América Latina? Marca los aspectos positivos en un color y los negativos en otro.
2. ¿Cuál es la tesis del texto?
3. ¿Cuáles son los argumentos en los que la autora sustenta la tesis?

d Vuelve a leer el texto en la página sigiuenete y presta atención en los conectores necesarios para la cohesión y coherencia del texto. Márcalos y completa. Lee después la cajita referente a la atenuación y complétala con ejemplos del texto.

LA ATENUACIÓN

Para prevenir objeciones o para evitar su responsabilidad si la tesis no satisface, el/la autor/a puede utilizar distintas formulaciones que atenúen su compromiso.

1. Modalizar los argumentos o las conclusiones: ....
2. Usar las formas condicionales de los verbos: ....
3. Reemplazar expresiones que denotan a todos los del grupo por otras que engloban a un cierto número: ....
4. Sustituir adverbios como *siempre* o *nunca* por *casi siempre*, *frecuentemente*: ....
5. Usar unidades léxicas como "entre otros": ....

CONECTORES

Para organizar el texto: ....
....
Para expresar una consecuencia:
....
Para expresar un contraste: ....
....
Para focalizar una información:
....

e ¿Cómo se dice en el texto la siguiente información? Escríbelo. ¿Qué ha cambiado?

1. Ya hemos tenido ocasión de comprobar que la región latinoamericana se ha esforzado en… → ....
2. Ha contribuido de forma significativa a que mejore el crecimiento → ....
3. Aun es difícil la inserción de los países latinoamericanos en los mercados internacionales → ....
4. Las importaciones han aumentado por encima de las exportaciones → ....

La nominalización

El **aumento** de las importaciones.
El **incremento** de los flujos comerciales.
El **esfuerzo** de la región latinoamericana.

Los textos académicos se caracterizan también por el uso de sustantivos derivados de verbos o de adjetivos.

→ *Mis recursos 4*

El impacto de la globalización en América Latina

María Maesso. Universidad de Extremadura

El objetivo que nos planteamos en este trabajo fue realizar un análisis del impacto de la globalización económica en los países latinoamericanos. Sin embargo, pronto se puso de manifiesto que se trataba de un propósito excesivamente ambicioso, por lo que solamente hemos podido realizar una mera aproximación. (...)

El objeto de este epígrafe es recoger aquellos ámbitos en los que, en nuestra opinión, el proceso de inserción en la economía globalizada llevado a cabo por la región latinoamericana ha tenido repercusiones más marcadas. (...)

Inserción en el comercio internacional

Ya hemos tenido ocasión de comprobar el esfuerzo de la región latinoamericana en materia de liberalización comercial y de inserción en los mercados internacionales, lo cual ha facilitado entre otras cuestiones, la transferencia de tecnología, el aumento de la competencia y ha contribuido de forma significativa a las mejoras experimentadas en los términos de crecimiento. Sin embargo, la inserción de los países latinoamericanos, su papel en el comercio internacional e incluso la contribución del comercio al crecimiento adolecen de importantes deficiencias.

En primer lugar, es cierto que, como resultado de su estrategia liberalizadora, en la región se registra un aumento de la cuota de exportaciones e importaciones en relación al PIB, esto es, la tasa de apertura latinoamericana experimenta una sensible mejoría. Así, la proporción de exportaciones en el PIB pasa del 12 %, a principios de la década, al 19 % al final de la misma. Sin embargo, aun mayor es el aumento registrado por las importaciones que pasan del 10 al 20 % del PIB. La diferencia entre el rendimiento de las exportaciones y de las importaciones ha resultado en *déficit comerciales crecientes,* que junto con los desembolsos por pagos de la deuda y sus intereses, empeoran los saldos de la balanza por cuenta corriente. (...)

En segundo lugar, el aumento de las importaciones por encima de las exportaciones se debe en gran medida a la composición sectorial de estas últimas, excesivamente concentradas en productos primarios. Este tipo de bienes sigue la tendencia de perder importancia en los mercados internacionales y se enfrenta en muchos casos a la competencia, frecuentemente subsidiada de los países industriales (...), de ahí las dificultades de la mayoría de los países latinoamericanos para aumentar sus exportaciones a un ritmo similar al de sus importaciones. (...)

En resumen, y a pesar del optimismo que puede desprenderse del incremento de los flujos comerciales de la región, aún existen importantes dificultades en la inserción de los países latinoamericanos en los mercados internacionales. Así, aunque los efectos positivos del comercio son innegables, para que el modelo de exportaciones de los países latinoamericanos de la última década sirva como motor de crecimiento de sus economías tendrían que corregirse algunas de esas deficiencias.

Texto argumentativo

Presenta razones a favor de una tesis que podría ponerse en duda.
Tiene un inicio, un cuerpo y un final.
El **inicio** suele ser un título suficientemente extenso y con la información precisa.
El **cuerpo** incluye la tesis y sus razones.
El **final** consiste en un resumen conclusivo en el que se exponen las tesis con sus argumentos y recomendaciones.

7 La mujer en Latinoamérica hoy

a ¿A qué crees que hacen referencia estos conceptos? ¿Cuáles de ellos podrían aplicarse a la realidad de la mujer latinoamericana? Discútelo en grupos.

- ☐ cultura patriarcal
- ☐ desigualdad social
- ☐ maternidad temprana
- ☐ alto nivel de participación política
- ☐ liderazgo social y económico
- ☐ pilar de la familia y el hogar
- ☐ violencia de género
- ☐ dificultad en la escolarización
- ☐ incorporación al mercado laboral

● *Pienso que lo del espectacular nivel de participación política hace referencia a que muchas mujeres latinoamericanas son muy activas en la política, por ejemplo...*

b Un estudiante ha preparado una presentación sobre el papel de la mujer latinoamericana en la sociedad del siglo XXI. ¿A qué aspectos de 7a se hace referencia? ¿En qué contextos podrían utilizarse los adjetivos de la derecha para describir el papel de la mujer?

1. discriminada
2. maltratada
3. pobre
4. poderosa
5. marginada
6. buena gestora
7. eficaz
8. perseguida
9. comprometida
10. comprensiva
11. torturada
12. trabajadora

● *El dibujo de la fábrica imagino que hace referencia a la incorporación en el mercado laboral.*
■ *Sí, en ese contexto podría decirse que es...*

29 **c** Escucha y marca los conceptos de 7a que Rodolfo ha incluido en su presentación.

29 **d** Escucha la presentación y léela en la pág. 187. ¿Qué expresiones utiliza para...? Márcalas.

- Comprobar que el público lo escucha y entiende.
- Iniciar la presentación.
- Referirse a información de la diapositiva.
- Presentar una idea nueva.
- Ejemplificar una idea presentada.
- Terminar la presentación.

e ¿Qué te parece la presentación que ha hecho Rodolfo? Argumenta tu respuesta en grupos. ¿Sueles hacer presentaciones de este tipo?

29 **f** Escucha de nuevo y marca las opciones que Rodolfo menciona.

La mujer latinoamericana ...
1. es marginada / está marginada ☐
2. es discriminada / está discriminada ☐
3. es comprometida / está comprometida ☐
4. es maltratada / está maltratada ☐

SER o ESTAR + Participio

Es discriminada
Está discriminada
La diferencia entre el uso de *ser* o *estar* radica en si queremos hacer referencia al proceso (**pasiva de proceso**) o al resultado final (**pasiva de resultado**). Cuando es posible hacer esta distinción, los participios pueden utilizarse con **ser** o **estar**, según cuál sea la función comunicativa.

→ *Mis recursos 5*

8 Problemas con la presentación

30-33 **a** Estos son algunos contratiempos que ocurrieron durante la semana de las presentaciones. Escucha ahora a 4 estudiantes contando lo que les pasó. ¿A quién le pasó cada contratiempo? Escribe el número del diálogo.

- Se me ha olvidado el ordenador encima del escritorio, ¡vaya mala pata! ....
- He olvidado el ordenador en casa, ¡qué despiste! ....
- Se me apagó la luz durante la presentación, ¡qué gafe! ....
- Se apagó la luz en el metro, ¡qué situación tan desagradable! ....

b ¿Te ha sorprendido el uso de los pronombres en 8a? Lee la explicación a continuación y piensa cómo podrías expresar en tu lengua la involuntariedad.

c Y a ti, ¿qué cosas te han pasado a la hora de hacer una presentación? Cuéntaselo a un/a compañero/-a.

- *Pues resulta que yo una vez tenía que...*
- *¡No me digas! ¡Vaya lío! ¿Y qué hiciste?*

La involuntariedad

Se me ha olvidado el ordenador.
Se le apagó la luz.

	me	
	te	apagó la luz
Se	le	olvidó el ordenador
	nos	(**3ª persona**)
	os	
	les	

→ para evadir la responsabilidad de una acción o para indicar que algo se ha hecho sin intención ni voluntad

→ *Mis recursos 6*

34-38 **d** Escucha la segunda parte de la audición. ¿Qué ayuda piden los estudiantes? Toma nota.

	¿Qué tipo de ayuda pide?	¿Se la dan?	¿Se justifican? ¿Cómo?
Estudiante 1	....	....	....
Estudiante 2	....	....	....
Estudiante 3	....	....	....
Estudiante 4	....	....	....
Estudiante 5	....	....	....

NUESTRO PROYECTO

En grupos vamos a realizar una presentación sobre un aspecto de la actualidad latinoamericana.

1. Piensa en un tema de actualidad como, por ejemplo, la situación política de algún país concreto, las ventajas y desventajas de algún tratado comercial para Latinoamérica o la situación actual de alguna comunidad indígena.
2. Busca en Internet diferentes artículos sobre el tema elegido. Cada persona del grupo lee un artículo y lo resume para los compañeros.
3. Toma nota de la información más relevante que explica cada miembro del grupo.
4. Decide con tus compañeros qué información debería contener la presentación.
5. Prepara después una diapositiva con tu información.
6. Al final se presentan los resultados a la clase, teniendo en cuenta los recursos de 6d.

1 ¿Cuestiono o declaro?

Decide qué queremos expresar con la forma verbal marcada en negrita. Relaciona.

1. No sabía que **hubiera** tantos conflictos.
2. Desconocía que **hubiera habido** tantas revoluciones en América Latina.
3. No tenía ni idea de que todavía **hay** tanta corrupción en España.
4. No sabía que **había** tantos jóvenes dispuestos a salir a la calle en Egipto.

a. Declaro una información que no sabía (ahora lo sé)

b. Cuestiono una información (me sorprende)

1. La información es actual.
2. La información se presenta en un contexto no actual.
3. La información se presenta como algo anterior.

2 Muchas condiciones

a Relaciona en qué contexto expresarías estas condiciones.

	hoy o mañana	ayer
1. Si supiera la verdad,	☐	☐
2. Si hubiera sabido la verdad,	☐	☐
3. Si hubieras venido,	☐	☐
4. Si vinieras,	☐	☐

b Completa las frases con el condicional simple o compuesto.

1. Si hubiera crecido en un país hispanohablante, ahora .... español.
2. Si no se hubiera inventado Internet, no .... (empezar) a comunicarnos a través de correos electrónicos.
3. Si Helmut Kohl no lo hubiera propuesto, Alemania no .... reunificarse.

c ¿Con qué objetivo se ha utilizado el imperfecto o el pluscuamperfecto de subjuntivo en los siguientes casos? Relaciona.

1. Si no lo **supieras** hacer, dímelo y te ayudaré.
2. Si **fueras** tan amable de dejarme los apuntes.
3. Lo primero que haría si **fuera** el presidente de mis país, sería...
4. Si me **diesen** la beca, no me lo podría creer, sería algo maravilloso.
5. Si lo **hubiera sabido** antes, habría venido enseguida.

a. mostrar cortesía
b. referirse a algo imposible
c. manifestar prudencia
d. evitar parecer arrogante
e. expresar empatía

Con el uso del imperfecto o pluscuamperfecto de subjuntivo el hablante puede presentar las situaciones como lejanas ("allí") para conseguir un propósito concreto.

3 Nominalizamos

Lee este párrafo sobre un informe realizado por la CEPAL sobre las comunidades indígenas y complétalo con el sustantivo que falta a partir del verbo entre paréntesis.

El derecho a la salud: la .... (1. necesitan) de una mirada holística.

Para los pueblos indígenas, la salud equivale a la .... (2. coexistir) armoniosa de los seres humanos, la naturaleza, así como entre ellos y otros seres en la .... (3. buscar) del bien vivir. La .... (4. concibir) indígena de salud articula elementos físicos, mentales, espirituales y emocionales e involucra componentes políticos, económicos, sociales y culturales. A la vez, responde a las .... (5. experimentar) históricas y cosmovisiones de cada pueblo, y las .... (6. creer) y las .... (7. practicar) de salud forman parte de las normas comunitarias.

4 ¿Resultado o proceso?

Marca la opción más lógica.

1. Mientras la comida **es / está** preparada en la cocina, podemos poner la mesa.
2. Ahora que la comida ya **es / está** preparada, podemos sentarnos a comer.
3. Se espera que el tratado **sea / esté** aprobado durante la reunión en las próximas horas.
4. Por fin, el tratado ya **es / está** aprobado y todas las partes han salido satisfechas de la reunión.

Muchas veces, la distinción entre *ser* y *estar* radica precisamente en saber distinguir si se está expresando un proceso o un resultado de una acción.

5 No todos los "se" son iguales

¿Qué función cumple el pronombre *se* en cada uno de estos casos? Lee los ejemplos y completa.

Objeto indirecto (OI) | Involuntariedad | Pasiva refleja | Pronombre reflexivo | Impersonalidad | Reciprocidad

....
Se aprende muy bien español en este curso.
En mi país se come bien.

....
Se lo dijo hace una horas.
Se las compró por su cumpleaños.

....
Se ducha todas las mañanas a la misma hora.
Se inscribió para el curso de italiano.

....
Se destruyeron muchos puentes.
Se entregó el premio al mejor poema.

....
Se me han caído los papeles en la calle.
Se le ha estropeado el móvil.

....
Siempre que tienen conexión se mandan *whatsapps*.
Se miraron fijamente a los ojos antes de besarse.

Los pronombres recíprocos *(nos, os, se)* expresan la correspondencia de una acción entre dos sujetos gramaticales, es decir, se trata de acciones que se realizan mutuamente.

CULTURA

URUGUAY: UNA DEMOCRACIA PLENA

a ¿Qué información conoces de Uruguay? Intenta completar la ficha en grupo (puedes usar Internet). En comparación con otros países latinoamericanos y europeos, ¿es Uruguay un país grande?

Capital	
Población	
Moneda	
Tasa de desempleo	
Tasa de crecimiento económico	
Poblaciones indígenas	

b Uruguay es conocida como “la Suiza de América del Sur”. ¿Por qué crees que ha recibido este apelativo?

- *Pues yo pienso que quizás...*
- *O tal vez sea por...*

c Lee ahora el texto y comprueba tus hipótesis.

Uruguay: una democracia plena

“Porque aquí naides es más que naides*”

Uruguay ocupa el cuarto lugar en calidad democrática entre 129 países según un informe de The Economist Intelligence Unit (EUI) llevado a cabo por la BBC. El país menos poblado de América Latina, solo 3,3 millones de habitantes, destaca por ser la nación más democrática y una de las más progresistas del continente. La “Suiza de América del Sur”, como se ha conocido tradicionalmente, se ha ubicado entre las 20 “democracias plenas” a nivel mundial, seguida por Costa Rica y Chile en nuestro continente. Aunque todavía en materia de educación quedan algunas asignaturas pendientes, destaca por:

- presentar altos niveles de participación política
- tener bien definida la separación de poderes
- defender los derechos humanos
- gozar de menores índices de discriminación racial
- ser una sociedad más homogénea
- tener mayor cultura democrática y política
- haber un mayor consenso entre Gobierno y ciudadanos
- tener menores índices de corrupción
- gozar de un sistema de partidos bastante estable
- ser líder continental en energías renovables

Algunas fechas importantes:

1913: Se aprobó una legislación que contemplaba otorgar el divorcio solo con la solicitud de la mujer.

1919: Se designa la Navidad oficialmente como “Día de la familia” y la Semana Santa como “Semana de Turismo” a raíz de la separación de Estado e Iglesia en Uruguay, según la Ley del 23 de octubre de 1919.

2012: Segundo país de América Latina en legalizar el aborto.

2013: Primer país del mundo en legalizar la marihuana.

* Frase que tiene su origen en el siglo XIX y que es usada en Uruguay. “Naides” significa “nadie” en lunfardo.

d Según los aspectos mencionados en el texto que caracterizan una democracia plena, ¿podría considerarse tu país una democracia plena? ¿Por qué?

e ¿Sabes si el aborto, el divorcio y la marihuana están legalizados en tu país? Si, es así, ¿desde cuándo? ¿Ha sido tu país alguna vez pionero en la aprobación de una nueva ley o legislación?

Soluciones y transcripciones del libro de ejercicios descargables desde nuestra página web www.hueber.de/universo.

1 Combinaciones léxicas

a Completa con el verbo adecuado. Puede haber varias alternativas. Añade otras expresiones a cada grupo.

fomentar | destacar por | ampliar | adquirir | establecer | aprender | estudiar | fortalecer | impartir

1. .... la carrera de Derecho, Ingeniería Mecánica, ...
2. .... unos valores humanistas, el desarrollo de la personalidad, ...
3. .... nuevos contactos, relaciones interpersonales, ...
4. .... un idioma extranjero, a hacer una presentación, ...
5. .... las relaciones entre profesor y alumno, ...
6. .... horizontes, conocimientos, ...
7. .... nuevas habilidades, experiencia, ...
8. .... una clase, una asignatura, ...
9. .... su prestigio internacional, la excelencia docente, ...

b Escribe ahora el sustantivo de los verbos acompañado con un complemento.

1. estudiar → el estudio de la carrera de Derecho
2. fomentar → ....
3. ampliar → ....
4. adquirir → ....
5. establecer → ....
6. aprender → ....
7. fortalecer → ....
8. impartir → ....

c ¿Cuál es el sinónimo más adecuado de los verbos en cursiva? Márcalo.

■ ¿Ya sabes quién *recibió* (1) el premio especial al mejor vídeo divulgativo de la edición de este año?
● Pues lo desconozco, la verdad... ¿Te estás refiriendo al concurso ese que fomenta el interés por la ciencia y que ayuda a *desarrollar* (2) las habilidades comunicativas utilizando las redes sociales? ¿Cómo se llamaba el concurso?... ¿Ciencia Clip o algo así? ¿no?
■ ¡Eso es! Ese concurso de vídeos divulgativos en el que se *destacan* (3) especialmente la innovación y la creatividad del vídeo en cuestión.
● Pues creo que todavía no *se han publicado* (4) los resultados.

1. a) impulsó b) logró c) promovió d) adquirió
2. a) confirmar b) apoyar c) ganar d) mejorar
3. a) valoran b) fortalecen c) amplían d) fomentan
4. a) se han establecido b) se han decidido c) han salido d) han explicado

2 ¿Para qué necesitamos el subjuntivo?

Relaciona los usos del subjuntivo con una frase que los ejemplifique.

a. cuestionar la realidad
b. valorar la realidad
c. recomendar o aconsejar
d. hablar de algo no vivido todavía
e. expresar exigencias y/o deseos

1. **Pedimos** que los gobiernos **favorezcan** la tolerancia y el respeto.
2. Os **recomiendo** que **empecéis** a estudiar desde el primer día.
3. **Ojalá** que algún día **exista** la igualdad de género.
4. Estoy buscando un piso compartido que **sea** céntrico.
5. **Me indigna** que se **presente** la información de manera parcial.
6. He venido para que me **expliques** toda la verdad.
7. Es **probable** que algún día **sea** normal ir de vacaciones a Marte.
8. Cuando **puedas**, ven a echarme una mano, por favor.
9. **No creo** que **sea** posible aprender un idioma con una aplicación.
10. Me **parece genial** que **podamos** acceder a las becas Erasmus.

3 ¿Por qué se van de Erasmus?

a Completa con las preposiciones *por* o *para* o con las conjunciones *para que* o *porque*.

1. .... mis estudios, necesito hacer unas prácticas fuera.
2. a Irlanda .... mejorar mis conocimientos de inglés.
3. .... ampliar horizontes.
4. .... necesito salir y entrar en contacto con gente de otros países, aquí se me está quedando todo muy pequeño...
5. .... mi español sea mucho mejor. Así cuando vuelva, no tendré tantos problemas en las clase de español...

Las oraciones causales expresan una causa o un motivo, mientras que las finales expresan una finalidad o un objetivo en el futuro y se introducen por conjunciones como **para (que)**, **a fin de (que)**, **con el objeto de (que)**. Las oraciones finales exigen **subjuntivo** cuando su sujeto es distinto al de la oración principal. Si el sujeto es el mismo utilizamos el **infinitivo**.

b Lee el correo de Linda y completa después las frases.

Hola, Linda:
¿Qué tal estás? Te escribo porque estoy organizando una fiesta en mi piso el próximo fin de semana. Ya sabes que desde este semestre estoy colaborando de manera muy activa en el programa de mentoría de la uni y, es por eso, que estaba pensando en invitar a algunos de los estudiantes que han llegado este semestre. Así podrán conocer a gente de aquí y charlar un poco. ¿Te apetecería venir? Ya sabes que las fiestas sin ti no son fiestas... :-)
Pablo y Enrique ya me han confirmado que vendrán y se encargarán de la música. ¡Dime que sí!
Besitos,
Maite

1. Maite escribe a Linda para ....
2. Maite está organizando la fiesta con el fin de que ....
3. También ha invitado a Pablo y Enrique para que ....
4. Maite quiere que Linda vaya a la fiesta porque ....

4 El imperfecto de subjuntivo

a Busca las formas de imperfecto de subjuntivo y escríbelas en la lista con su infinitivo correspondiente.

fueron fuese hará comprara beberemos puso pusierais debería comprará hubiera tuviésemos vendrá pondréis venga tuviera bebiera entendiese pida comentaremos pidieran fuéramos mantenga matricularé elija ampliaría fortaleciera creyese redujeran

1. Fuese (ir o ser)
2.
3.
4.
5.
6.
7.
8.
9.
10.
11.
12.

39 **b** Escucha ahora las formas verbales y decide si son del futuro simple (FS) o del imperfecto de subjuntivo (IS).

1. .... 2. .... 3. .... 4. .... 5. .... 6. .... 7. .... 8. ....

39 **c** Escucha las formas verbales otra vez y escríbelas. ¿Dónde recae el acento? Marca la sílaba tónica y pon las tildes necesarias.

1. .... 2. .... 3. .... 4. ....
5. .... 6. .... 7. .... 8. ....

5 Recuerdos de una época

40 **a** Amalia entrevista a una profesora sobre el tema *Los cambios producidos en la enseñanza universitaria en los últimos 20 años*. ¿Sobre qué hablarán? Marca. Después, escucha y comprueba.

- ☐ clases magistrales
- ☐ convalidaciones
- ☐ trabajo en grupo
- ☐ digitalización
- ☐ mundo laboral
- ☐ inversiones
- ☐ presentaciones en PowerPoint
- ☐ dispositivos electrónicos
- ☐ estilos de aprendizaje

40 **b** Escucha de nuevo y escribe si la información es verdadera (V), falsa (F) o no se menciona (NM).

1. Antes era normal que los alumnos debatieran sus puntos de vista con los profesores durante las clases. ....
2. Antes los estudiantes esperaban que los profesores dieran clases magistrales. ....
3. Ahora los profesores son más abiertos. Les gusta que sus estudiantes participen de forma activa en las clases y que reflexionen sobre las cosas. ....
4. Los profesores de antes estaban acostumbrados a que sus estudiantes tomaran apuntes de todo lo que decían. ....
5. Antes los profesores prohibían a los estudiantes que llegaran tarde a clase. ....
6. Ahora los estudiantes esperan que las clases sean interactivas. ....
7. Antes las clases eran muy teóricas y casi no había espacio para la práctica. ....
8. En la actualidad el sistema de evaluación ha dejado de basarse en un único examen escrito. ....

c ¿Qué aspectos tratados en 5b te parecen positivos y cuáles no? ¿Qué tipo de enseñanza prefieres? Escribe un pequeño texto argumentando tu punto de vista.

d ¿Cómo ha cambiado la relación con tus padres desde que estás estudiando? Hace unos años, ¿qué esperaban y querían de ti? ¿Y tú de ellos? ¿Eran unos padres controladores, autoritarios, empáticos o sobreprotectores? Descríbelo en tu cuaderno y utiliza para ello los siguientes verbos: *esperar, permitir, prohibir, gustar, querer, obligar.*

6 ¿Quién lo diría?

a Relaciona estos enunciados con la persona que probablemente los dice. Completa la regla después.

1. Ojalá que el examen no sea muy difícil.
2. Sería conveniente que los estudiantes de intercambio asistieran al acto de bienvenida.
3. Ojalá tuviéramos más tiempo para prepararnos.
4. Me agradaría poder firmar nuevos convenios.
5. Ojalá mi piso estuviera más cerca de la universidad.

a. el rector de la universidad
b. la jefa de Relaciones Internacionales
c. un estudiante
d. un profesor que vive lejos de la universidad
e. unos estudiantes

Con la palabra **Ojalá** expresamos deseos y por eso necesitamos el subjuntivo. Si los deseos pueden cumplirse, usamos el **presente de subjuntivo** como en la frase n° ....., pero si la realización de los deseos es improbable o muy difícil utilizamos el **imperfecto de subjuntivo**, como en las frases n° ..... y n° .....

b Completa ahora con las formas del presente o imperfecto de subjuntivo.

1. Dos estudiantes muy optimistas que están hablando sobre su intercambio.

- ■ Ojalá que el alojamiento .... (1. ser) tan acogedor como se ve en las fotos de Internet.
- ● ¡Sí! Y ojalá que en los meses de invierno no .... (2. hacer) tanto frío como dicen.
- ■ Y ojalá que la gente .... (3. estar) dispuesta a ayudarnos cuando nos surjan problemas...
- ● ¡Ojalá, ojalá, ojalá!

2. Dos estudiantes que se han perdido en un bosque.

- ■ Oye, pero ¿tú sabes dónde estamos?
- ● Ojalá .... (4. poder) decírtelo, pero me siento tan perdido como tú...
- ■ ¿Y qué hacemos? ¿Funciona tu móvil? El mío no...
- ● ¡Qué va! Ojalá .... (5. haber) cobertura, sería todo más fácil.
- ■ Uffff, ¡y qué sed tengo! Ojalá nos .... (6. quedar) agua, y algo de comer, y ...
- ● ¡Yo lo que quiero es que nos encuentren lo antes posible!
- ■ Ojalá que así .... (7. ser).

c Escribe ahora tres deseos que crees que pueden cumplirse y tres que son muy improbables. Utiliza la palabra *Ojalá*.

Ojalá el chino fuera más fácil para mí... Ojalá...

7 El intercambio

¿Cómo quieres que sea tu universidad de intercambio? ¿Y la ciudad y su gente? Termina las frases teniendo en cuenta algunos de los criterios de la página 8, actividad 1a.

Considero conveniente que haya acceso público .... También sería idóneo
que la gente sea agradable .... Pero sería una lástima
que no haya sitios de deporte cerca .... y también me desagradaría
que no tendría tiempo libre .... Sería de gran ayuda
que la gente hablaría ruso ....

8 DELE Un programa de mentoría

Lee el siguiente texto y contesta las preguntas 1–3 según la información del texto. Selecciona la respuesta correcta (a / b / c).

¿QUIERES TENER UN MENTOR?

Los Telémacos son los nuevos alumnos que deciden apuntarse al programa de mentoría para poder adaptarse con rapidez a la vida universitaria.

UNIVERSIDAD COMPLUTENSE MADRID

¿POR QUÉ SER TELÉMACO?

Cuando se llega a primero de carrera son muchas las dudas que a uno se le pasan por la cabeza: ¿Cómo son los profesores?, ¿Cómo se contesta a un examen tipo test?, ¿Cómo se puede usar la biblioteca?, y un largo etcétera. Son cuestiones que uno mismo puede ir solucionando, pero ¿por qué no usar la experiencia de los alumnos que ya han pasado por ello?, hacer eso significa no tener que ir solo, tener a alguien que te ayude de forma clara y sepa darte el apoyo que necesitas. Si quieres tener un mentor, ponte en contacto con el coordinador del programa de mentoría en tu centro de estudios. Su correo lo tienes en la página principal de esta web.

BENEFICIOS QUE PODRÁS OBTENER

- Una adaptación más rápida
- Rendimiento más elevado
- Mayor satisfacción
- Menor abandono
- Mayor participación en la vida universitaria
- Mayor autoestima
- Mejora de competencias concretas
- Mayor implicación en actividades de ocio
- Mayor autoeficacia

1. Un mentor …
   - ☐ a) asesora a los estudiantes extranjeros que llegan nuevos.
   - ☑ b) sabe cómo funciona la vida estudiantil.
   - ☐ c) dispone de un correo electrónico al que puede escribir cualquier estudiante para poder ser Telémaco.

2. Un telémaco…
   - ☐ a) tiene que apuntarse al programa de mentoría nada más llegar a la universidad.
   - ☐ b) suele tener dudas sobre el funcionamiento de ciertas cuestiones académicas.
   - ☑ c) puede escribir al correo electrónico del coordinador del programa para cualquier cuestión.

3. Una de las ventajas del programa de mentoría es que …
   - ☐ a) los telémacos pueden saber las respuestas de los exámenes.
   - ☑ b) favorece la integración en las actividades de tiempo libre.
   - ☐ c) puede disminuir el estrés académico.

9 ¿Hiciera o haga?

a Relaciona los pares de frases de la izquierda con los de la derecha. Los verbos marcados en negrita te ayudarán.

1. Y Juan, ¿va a estar en la reunión?
2. Y Juan, ¿estuvo en la reunión de ayer?

a. No, no creo que **estuviera**, aunque no estoy seguro.
b. No, no creo que **esté**, aunque no estoy seguro.

3. Elías me pidió que **hiciera** un pastel...
4. Elías me pidió que **haga** un pastel...

a. para la fiesta del pasado fin de semana.
b. para la fiesta del próximo fin de semana.

5. ¿Y qué te recomendó el doctor cuando tuviste la gripe?
6. ¿Y qué te recomendó el doctor con esta tos que tienes?

a. Que no **fumara**.
b. Que no **fume**.

El uso del presente o imperfecto de subjuntivo en las oraciones subordinadas no depende tanto del tiempo del verbo de la oración principal (presente o pasado), sino de la actualidad o validez de los deseos, recomendaciones o información que se cuestiona en las oraciones subordinadas.

b Completa ahora esta conversación con las formas del presente o imperfecto de subjuntivo de los verbos entre paréntesis. ¿En qué casos pueden usarse las dos formas?

- ¡Markus! ¿Ya tienes alojamiento para tu intercambio?
- Sí, sí, me lo confirmaron la semana pasada. La coordinadora de Relaciones Internacionales me recomendó que .... (1. empezar) a buscar lo antes posible y así lo hice. ¿Y tú?
- Todavía no, es que todavía estoy dudando, no sé a qué país irme. Mis padres me aconsejaron que .... (2. elegir) la universidad según su prestigio internacional, pero para mí otros criterios son más importantes...
- Pues pronto cierran el plazo de inscripción. Sería una lástima que .... (3. dejarse) perder una oportunidad como esta. ¡Decídete ya!

10 Unos consejos

¿Qué les recomendarías a estas personas? Lee sus problemas y escríbeles unos consejos.

1. Llevo todo el fin de semana estudiando sin parar. Ya me está saliendo humo de la cabeza.

Te recomendaría que...

2. Mi sueño es la vuelta al mundo pero estoy sin blanca.

Te aconsejo que...

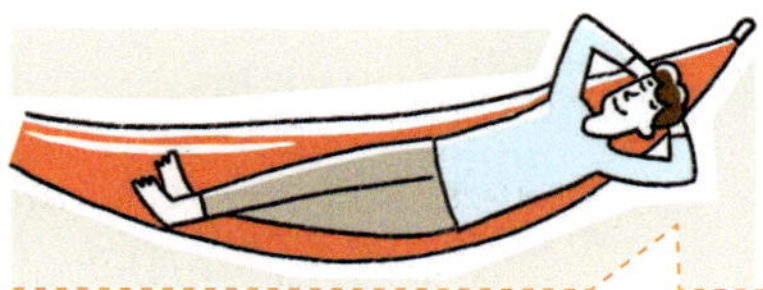

3. Mis padres quieren que empiece a estudiar ya, pero yo prefiero alargar mi año sabático un año más.

Te aconsejaría que...

Con el condicional simple podemos suavizar o atenuar nuestras afirmaciones o enunciados. Este uso es el llamado uso de cortesía o de modestia.

11 DELE Un correo electrónico

Completa el siguiente correo electrónico con las palabras más adecuadas.

Asunto: .... (1) de una beca

.... (2) Sra. González:

Soy Sebastian Fetel y actualmente estoy .... (3) el tercer semestre de la carrera de Informática en la Universidad de Colonia, Alemania.

Me .... (4) en contacto con usted porque acabo de informarme de que en el departamento de lenguas modernas de su universidad conceden .... (5) a los estudiantes extranjeros de español. .... (6) tengo la intención de realizar un intercambio Erasmus en su universidad, le agradecería que me .... (7) información detallada sobre los requisitos a cumplir para poder optar por la beca.

Asimismo, ... (8) ruego me .... (9) una relación de los cursos de español que ofrecen, así como las fechas y la duración de los mismos. Actualmente tengo el nivel B2.1.

.... (10) a la espera de su repuesta.

Saludos cordiales,

Sebastian Fetel

1.	a) petición	b) pregunta	c) solicitud
2.	a) Hola	b) Estimada	c) Querida
3.	a) cursando	b) impartiendo	c) aprendiendo
4.	a) dirijo	b) pongo	c) escribo
5.	a) becas	b) cursos	c) créditos
6.	a) Porque	b) Como	c) Debido
7.	a) enviará	b) enviaría	c) enviara
8.	a) la	b) yo	c) le
9.	a) mande	b) mandaría	c) manda
10.	a) Estoy	b) Soy	c) Quedo

12 En la universidad

a Completa con los verbos correspondientes. A veces necesitas una preposición.

sacar | impartir | matricularse | inscribirse en | suspender o aprobar | hacer | escribir | pasar

....
- un diez ...... Matemáticas
- buenas o malas notas
- un cinco pelado
- matrícula de honor

....
- un examen ...... Geografía
- el curso

....
- una clase ...... inglés
- la asignatura de Álgebra

....
- una presentación
- dos exámenes parciales
- un examen oral

....
- ...... cinco asignaturas
- antes de empezar el semestre

....
- un correo electrónico
- un trabajo
- un comentario de texto

....
- un curso ...... japonés
- la uni
- la Facultad de Ciencias

....
- las asignaturas
- la lista ...... clase
- una hoja para firmar
- los exámenes

b Completa con las formas adecuadas de algunos de los verbos anteriores.

1. Si se .... un cuatro en España, se .... la asignatura.
2. Para tener derecho a .... a las clases tengo que .... la asignatura previamente.
3. ■ ¿Habéis .... ya los exámenes escritos?
   ● No, todavía no. Empiezan la semana que viene.
4. Como .... a clase no es obligatorio, en nuestras clases no se .... lista, ni tenemos que firmar la hoja de asistencia.

13 Hablando se entiende la gente

a Marca la función comunicativa de las siguientes expresiones.

	Preguntar por la opinión	Indicar sorpresa	Indicar suposición	Atenuar y/o mostrar escepticismo	Mostrar acuerdo
1. Sí, es cierto pero...	☐	☐	☐	☐	☐
2. ¡Vaya!	☐	☐	☐	☐	☐
3. ¡Qué dices!	☐	☐	☐	☐	☐
4. Es posible, aunque...	☐	☐	☐	☐	☐
5. ¿Cómo lo ven ustedes?	☐	☐	☐	☐	☐
6. ¡Eso es!	☐	☐	☐	☐	☐
7. Pueder ser, al fin y al cabo...	☐	☐	☐	☐	☐
8. ¿Qué te parece la idea de...?	☐	☐	☐	☐	☐
9. ¡Cierto!	☐	☐	☐	☐	☐
10. Puedo imaginarme que...	☐	☐	☐	☐	☐
11. No sé, al fin y al cabo...	☐	☐	☐	☐	☐

41-43 **b** Escucha tres diálogos y marca cómo reaccionan las personas. Escribe en la tabla las expresiones que te han ayudado a reconocer sus reacciones.

REACCIONES	1	2	3
con sorpresa	☐	☐	☐ ....
de acuerdo	☐	☐	☐ ....
en desacuerdo	☐	☐	☐ ....
con escepticismo	☐	☐	☐ ....
con empatía	☐	☐	☐ ....

Muchas veces otros elementos suprasegmentales como la entonación, el tono de voz, la melodía o el ritmo del enunciado nos ayudan a interpretar las intenciones de los hablantes.

c Reacciona utilizando algunas de las expresiones anteriores.

1. Considero que sin una estancia en el extranjero es muy difícil encontrar un buen trabajo después de los estudios, ¿no?

   .... (muestras desacuerdo)

2. La gran mayoría de estudiantes Erasmus disfruta muchísimo de su experiencia y se lo pasa genial en el país de acogida.

   .... (muestras acuerdo aunque con escepticismo)

14 ¡Eso es!

a Fíjate en estas frases y en la información subrayada. En algunas de ellas aparecen los pronombres neutros *lo*, *eso*, *esto*. ¿Qué función piensas que tienen? ¿Para qué se usan? ¿Y en qué contexto (formal o informal)? Después lee la explicación.

Lo de la falta de conciencia ecológica es un hecho. informal
La cuestión del impacto medioambiental queda resuelta.
Eso de introducir el pago de las bolsas de pago será bienvenido.
Esto de fomentar las habilidades comunicativas ayudará a muchos estudiantes.
El tema de los automóviles eléctricos es cada vez más recurrente en los medios de comunicación.

Los pronombres neutros **lo**, **esto**, **eso** en combinación con la preposición **de** se utilizan en un discurso oral para referirse a un tema ya mencionado. Se pueden combinar con un infinitivo (*eso de introducir...*) o con un sustantivo (*lo de la falta de conciencia...*). Mientras que el pronombre **lo** es más general, los demostrativos **esto** o **eso** se utilizan para actualizar (*esto*) o para distanciarse (*eso*) del tema en cuestión.

b Estos son algunos titulares aparecidos en una revista estudiantil. ¿Cuál es tu opinión al respecto? Escríbela utilizando *lo de*, *esto de* o *eso de*.

1. **Organizan un torneo de fútbol entre los estudiantes Erasmus**
2. **Han contratado a un cocinero de un hotel de cinco estrellas para la cantina de la universidad**
3. **A partir del próximo semestre, el wifi dejará de ser gratuito en todo el recinto universitario**
4. **Invitan a Barack Obama para que dé una charla sobre relaciones internacionales**
5. **Debido a la contaminación medioambiental, se prohíbe ir a la universidad en automóvil en los días pares**

Lo de / Eso de / Esto de tener que pagar por el wifi me parece... porque...
Eso del / Lo del wifi en el recinto universitario lo considero... porque...

c En cada conversación hay un error. Corrígelo.

1. ■ ¿Tienes ya la fotocopia compulsada de tu partida de nacimiento necesaria para la inscripción?
   ● Creo que sí, pero de todos modos voy a comprobar eso en cuanto llegue a casa.
2. ■ Mira, aquí pone que en esta universidad es posible elegir los cursos según la lengua impartida...
   ● ¡Genial! Para muchos estudiantes lo es importante, sobre todo si su nivel de español no es tan bueno.
3. ■ ¿Qué opinas sobre el tuteo entre profesores y estudiantes?
   ● Bueno, esto del tuteo está determinado culturalmente, al menos yo veo esto así.

A diferencia de los pronombres **esto** y **eso**, el pronombre **lo** no puede realizar la función de sujeto gramatical de la oración, sino la de objeto directo (OD) del verbo.

d Traduce a tu lengua materna los siguientes diálogos.

1.
■ ¿Lo sabes?
● ¿Qué? ¿Lo de Manuel?
■ ¡Sí! Claro me lo dijo él mismo.

2.
■ Esto de aquí, ¿qué significa?
● ¿Lo que está marcado en rojo?
■ No, eso no, lo de arriba, lo que está en negrita.
● ¿Esto?
■ Sí, eso es.

15 ¿Quién lo ha hecho?

a Decide quién es el sujeto de los verbos subrayados. Relaciona y completa la cajita después.

1. Lamento que **hayas suspendido** el examen. 2. Lamento **haber suspendido** el examen.	a. yo b. tú
3. Pedimos que **estés** presente en la reunión. 4. Pedimos **estar** presentes en la reunión.	a. nosotros b. tú
5. Celebra que **hayan aceptado** su propuesta. 6. Celebra **haber aceptado** su propuesta.	a. ellos b. él

b ¿Qué podrías decir en estas situaciones? Termina las frases.

1. Tu compañero de piso ha tenido un accidente con su bici.
   "Siento mucho ...."
2. Has ganado el premio por el mejor trabajo de investigación.
   "Me siento orgulloso de ...."
3. Tu mejor amiga ha ganado el premio por el mejor trabajo de investigación.
   "Me siento orgulloso de ...."
4. Han cerrado la cafetería a la que solías ir a desayunar.
   "¡Qué pena ....!"
5. Has cerrado la puerta de tu piso con las llaves dentro.
   "Siento muchísimo ...."

16 ¡Qué raro!

a Andrés, Merche y Cati se ven todos los miércoles, pero hoy Andrés no ha acudido a ninguna de las citas. Sus dos amigas hablan por la noche al respecto. Completa los diálogos con las formas verbales correspondientes.

1. ¡Qué raro! No me explico que esta mañana Andrés no .... en el gimnasio.

2. ¡Rarísimo! También me extraña que no .... a la clase de Antropología. ¡Es su asignatura preferida!

3. ¿Y qué me dices de nuestro encuentro semanal? ¡Es sagrado! No es normal que no .... en la cafetería con nosotras. Todos los viernes comemos juntos y nos ponemos al día de todo...

4. ¿Tú crees que le ha pasado algo? A mí también me ha sorprendido que no .... en el grupo de teatro. Hoy tenían ensayo general...

5. Mmmm me estoy empezando a preocupar.

b Este es el mensaje de voz que Andrés ha mandado a Merche y Cati. Complétalo con las formas del infinitivo compuesto que faltan. ¿Por qué no fue a clase?

Hola chicas, estamos a viernes, 16 de junio, ya son casi las doce de la noche y bueno, estoy seguro de que os habéis preguntado dónde me he metido durante todo el día. La verdad es que me siento bastante mal por no haberos dicho nada y por no .... con vosotras en la cantina. Espero que podáis perdonarme... es que... bueno también me siento fatal por no .... en el grupo de teatro... Y además me he perdido la clase de Antropología, eso sí que me fastidia .... la clase de Antropología, con lo que me gusta esta asignatura... En fin, que hoy ha sido un día diferente, hoy he tenido una visita sorpresa de Carla y hemos decidido hacer una excursión al lago.

44 **c** Escucha ahora el mensaje de voz y comprueba tus respuestas.

17 Así se escribe

a Cuándo escribes un texto, ¿en qué orden se dan las siguientes fases? Ordénalas numéricamente.

- ☐ redactar un primer borrador
- ☐ hacer un esquema
- ☐ hacer una evaluación final
- ☐ revisar el borrador
- ☐ buscar ideas
- ☐ corregir
- ☐ analizar y reflexionar sobre el tema
- ☐ redactar un segundo borrador
- ☐ redactar la versión final

b Estas son algunas de las recomendaciones para aprender a escribir. ¿Cuáles sueles hacer tú? Márcalas.

- ☐ leer el texto o borrador en voz alta para ver cómo suena
- ☐ hablar con compañeros sobre el tema y hacer juntos una lluvia de ideas
- ☐ dejar leer el texto a un/a compañero/-a para que me dé su opinión

Otros: ....

c Estos son algunos aspectos a considerar en la evaluación de un texto escrito. ¿A qué categoría corresponden? Marca.

	Adecuación	Coherencia	Cohesión	Corrección
1. **Presentación:** ¿hay márgenes, separación de párrafos y un título? ¿Este es congruente con el texto?	☐	☐	☐	☐
2. **Información:** ¿contiene los datos relevantes e imprescindibles? ¿Hay defecto o exceso de información? ¿Hay información contradictoria? ¿La información sigue un orden lógico?	☐	☐	☐	☐
3. **Conectores:** ¿Se usan bien los conectores o marcadores del discurso?	☐	☐	☐	☐
4. **Registro apropiado:** ¿Hay expresiones demasiado vulgares o técnicas? ¿El tratamiento de tú o usted es apropiado en el contexto?	☐	☐	☐	☐
5. **Gramática y sintaxis:** ¿Es el uso de los modos, indicativo o subjuntivo, correcto? ¿Es la elección del léxico adecuada o correcta? ¿Hay errores en el uso de pronombres entre las frases? ¿Las palabras están ordenadas de forma lógica y comprensible?	☐	☐	☐	☐
6. **Propósito comprensible:** ¿Se ha conseguido el objetivo comunicativo?	☐	☐	☐	☐
7. **Párrafos:** ¿Cada párrafo trata de una idea distinta?	☐	☐	☐	☐
8. **Puntuación:** ¿Están las comas y los puntos bien puestos?	☐	☐	☐	☐

d ¿Qué tipo de errores ha cometido este estudiante? Corrígelos.

En marzo 2016 tomé la decisión de irme de Alemania a Ecuador para empezar mi tercer viaje grande. Antes no hablé ni un poco del idioma español. Visitando una escuela "Cristóbal Colon Spanish School" en Quito por cuatro semanas y viviendo con una familia nativa pudiera practicar mucho, lo que estudié. Mas tarde en el viaje encontré a una chica limeña, Brenda, que desde hace un año es mi novia. Juntos practicamos mucho, todos los días e en todos los lugares. Yo la enseñé el Aleman y ella me cuenta mucho de su cultura y su idioma. Visitandola en Lima por tres meses en 2017 tenía una profesora privada de las escuela "idiomas del mundo" durante de cinco semanas. Brenda empezará estudiar la Matematica en la TU de München, empezando en el 1 de Octubre 2017.

Para asegurarte del significado de una palabra puedes hacer uso del diccionario online de la Real Academia española www.rae.es. Si tienes dudas, puedes consultar también el sitio web www.fundeu.es.

1 ¿Tú lo sabes?

a Relaciona las expresiones de la izquierda con sus sinónimas de la derecha.
¿Cuáles de ellas pertenecen al lenguaje coloquial? Subráyalas.

1. informarse de/sobre un acontecimiento
2. enterarse de algo
3. desconocer algo
4. proporcionar información
5. mantenerse informado/-a
6. hacerse eco de algo
7. no saber ni papa / ni jota
8. no saber de la misa la mitad

a. no saber algo o no disponer del conocimiento
b. dar información
c. haber escuchado algo
d. estar al día
e. mostrar interés y apoyar la difusión de un hecho
f. ponerse al día de lo que está pasando
g. hablar sobre algo sin tener conocimiento suficiente
h. ser muy ignorante

b ¿Qué palabra o expresión es sinónima de las expresiones en negrita? Márcala.

1. No, a mí no me gusta nada leer la prensa **del corazón.**
   ☐ a) amarilla ☐ b) rosa ☐ c) negra

2. Los periodistas de sucesos informan sobre **hechos** que se salen de lo habitual como los homicidios, los robos, los siniestros y los hechos delictivos de cualquier naturaleza.
   ☐ a) noticias ☐ b) asuntos ☐ c) acontecimientos

3. Los programas de variedades y entrevistas, los programas de debate y concursos son programas que **divierten** a la gente.
   ☐ a) entretienen ☐ b) molestan ☐ c) impactan

4. ■ ¿**Te has enterado de** lo de la tormenta tropical que ha azotado parte de las Islas Canarias?
   ● ¡No, qué va! Lo desconocía…
   ☐ a) Has oído ☐ b) Has comprendido ☐ c) Has sabido

5. Cada vez me gusta menos ver las noticias en televisión, ya que solo informan sobre acontecimientos negativos que **pasan** en el mundo.
   ☐ a) hay ☐ b) salen ☐ c) suceden

6. El Presidente **puso de manifiesto** su intención de visitar a los soldados estacionados en zonas conflictivas.
   ☐ a) destacó ☐ b) planteó ☐ c) desveló

2 Secciones de un periódico

¿En qué secciones de un periódico podrían aparecer los siguientes titulares? Escríbelas.

1. **La compraventa de viviendas crece el 20 % en junio**

2. Yulimar Rojas, primer oro para Venezuela en el mundial de atletismo

3. **Las redes sociales pueden saber tu orientación sexual aunque no las uses**

4. Editores iberoamericanos piden un libro sin fronteras

5. **Crucero de lujo termina a oscuras y entre piratas**

6. Convocadas las elecciones a la presidencia para el próximo 22-N

3 ¿Cómo se informan?

45 **a** Cuatro personas explican cómo les gusta informarse. Toma notas y completa la tabla.

Persona	¿Cómo se informa?	¿Por qué?
1	....	....
2	....	....
3	....	....
4	....	....

Para expresar **cómo** hacemos las cosas utilizamos el **gerundio**: Me informo escuchando la radio. Para expresar cómo no lo hacemos, utilizamos la preposición **sin** + **infinitivo**: Me informo sin leer el periódico impreso.

b Completa ahora las frases con *gerundio* o con *sin* + *infinitivo*.

1.
- ■ ¿Qué hiciste las vacaciones pasadas?
- ● Pues nada especial, me pasé una semana .... (estudiar) y .... (salir) mucho porque tuve que estudiar para los exámenes de septiembre.
- ■ ¡Vaya!

2.
- ■ He dejado de fumar y ya llevo tres semanas .... (probar) un cigarrillo y debo decir que me siento mucho mejor.
- ● ¡Enhorabuena!

3.
- ■ ¿Qué te pasa? Te veo algo aturdida…
- ● Pues que Ana está molesta conmigo porque .... (yo/quererlo) reenvié un correo a su ex con unas fotos suyas.
- ■ ¡Uf! Pues vaya faena, yo intentaría explicárselo, al fin y al cabo .... (hablar) se entiende la gente.

4.
- ■ ¿Cómo piensan ir ustedes a la fiesta de la inauguración?
- ● Pues .... (andar) porque no queda muy lejos.
- ■ Nosotros también, ¿vamos juntos?

5.
- ■ ¡Mira! ¿Has leído esto? Dice que la policía pilló a unos ladrones .... (robar) un cuadro en el Museo del Prado.
- ● A esto yo lo llamo pillados con las manos en la masa.
- ■ ¡Desde luego!

6.
- ■ Hay que ver cuántos idiomas hablas… ¡Estoy impresionado!
- ● Es que por el trabajo de mis padres crecí .... (viajar) de un país a otro y .... (vivir) muchas aventuras, también. Una vez, sin .... (comerlo) ni .... (beberlo) nos vimos envueltos en un caso de contrabando de drogas. ¡Fue terrible!
- ■ ¡Menuda aventura!
- ● ¡Ni que lo digas!

c ¿Y tú? ¿Cómo hiciste o haces estas cosas? Completa.

1. Me mantengo al día de lo que sucede en el mundo ....
2. He aprendido el español ....
3. Como estudiante puedo ganar algo de dinero ....
4. Pienso que la mejor forma de aprender una lengua extranjera es ....

d ¿Cómo pasó? Reescribe las frases utilizando el gerundio.

1. Vi a Gabriel que hablaba con unos desconocidos.
   Vi a Gabriel ....
2. Se rompió la clavícula mientras bajaba una pista negra en los Alpes.
   Se rompió la clavícula ....
3. Durante el trayecto a Mérida charlamos sin parar.
   Nos pasamos el trayecto a Mérida ....
4. Estaba de vacaciones en La Habana cuando me propusieron hacer un reportaje fotográfico.
   Me propusieron hacer un reportaje ....

e ¿Cómo traduces en tu idioma las siguientes expresiones que han aparecido en 3b?

1. Pillar a alguien con las manos en la masa
2. Hablando se entiende la gente
3. Sin comerlo ni beberlo
4. ¡Menuda aventura!
5. ¡Ni que lo digas!

4 Imagínalo

a Fíjate en las fotos y decide a qué imagen corresponde la información de la tabla, y si la información se supone o se sabe.

	Foto	Lo sé.	Lo supongo.
1. Se ven muchas personas esperando. Algunas llegarían el día anterior.	....	☐	☐
2. Me imagino que estas personas estarán descontentas por algo.	....	☐	☐
3. Deduzco que la foto es en un aeropuerto por los letreros que se ven al fondo.	....	☐	☐
4. Quizás habrá una huelga de pilotos o del personal de seguridad.	....	☐	☐
5. La gente que está en un primer plano está reivindicando algo.	....	☐	☐
6. Creo que algunos pasajeros ya habrán perdido su vuelo.	....	☐	☐

1.

2.

b ¿Cuáles de las hipótesis anteriores se refieren a hechos presentes? ....

¿Y cuáles a hechos que ya han sucedido? ....

Para hacer hipótesis sobre **hechos presentes** podemos utilizar **el futuro simple**, mientras que para hablar de hipótesis sobre **hechos que ya han ocurrido** podemos utilizar el .... o el .... según el contexto en que estos hayan ocurrido.

c ¿Por qué se han dormido estas personas? Escribe 3 hipótesis sobre hechos presentes y 3 sobre hechos pasados.

1. ....
....
....

2. ....
....
....

3. ....
....
....

5 ¿Dónde lo habré metido?

a ¿En qué situaciones o contextos haríamos estas reflexiones? Relaciona.

1. No encuentro las fotos.
2. No llevo reloj.
3. Andrés no se ha presentado a clase esta mañana.
4. Andrés no fue a la reunión el martes pasado.

a. Es posible que ayer estuviera saliendo con amigos hasta muy tarde.
b. ¿En qué carpeta las habré guardado?
c. Igual ya serán las cinco o cinco y media.
d. Pues probablemente tendría otras cosas más importantes que resolver.

b ¿Qué dirías o cómo reaccionarías ante estas situaciones hipotéticas? Termina las frases.

1. Uno de tus mejores amigos te deja de hablar y tú no te explicas por qué.
Quizás ....
2. A mitad del semestre tu profesor de idiomas cancela todas las clases.
A lo mejor ....
3. El/La presidente de tu país dimite inesperadamente de un día para otro.
Es probable que ....

6 Una noticia

a Esta noticia está desordenada. Lee y completa las terminaciones de los participios o adjetivos según su concordancia. Después ordena las partes de manera lógica (A–E). ¿Cuál es el titular? ¿Y la entradilla? ¿Y el cuerpo de la noticia?

A. Cabe señalar que Virgilio Martínez ha publicado un libro en el que desvela los secretos del restaurante *Central*. El libro, homónimo al restaurante, fue presentad..... (1) en diversas ciudades de los Estados Unidos, como parte de la gira promocional de *Central*, el año pasado.
En esos encuentros, se promovieron las virtudes culinari..... (2) del país, con el objetivo de posicionar la identidad de la cocina peruana a nivel global. Además, ha realizado una charla sobre las técnicas innovador..... (3) de la gastronomía peruana en la prestigiosa Universidad de Harvard.

B. Pero eso no es todo, ya que la revista *Restaurant* publicó la lista de los 50 mejores restaurantes del mundo, y el local de Virgilio Martínez, llamad..... (4) *Central* ocupó el puesto cinco.
La lista de los mejores lugares para comer es encabezad..... (5) por el restaurante neoyorquino *Eleven Madison Park*, seguid..... (6) por el restaurane *Osteria Francescana*, de Italia y en tercer lugar se ubicó el *El Celler de Can Roca*, de España.

C. Peruano Virgilio Martínez es reconocid..... (7) como "el mejor chef del mundo".

D. El peruano Virgilio Martínez acaba de dejar en alto a la gastronomía peruana. El chef ganó el premio *Chef Choice Awards 2017*, por lo que ha sido reconocid..... (8) por sus colegas como "el mejor chef del mundo".

E. Orgullo nacional. Martínez acaba de ganar el premio *Chef Choice Awards 2017*. Además, su restaurante se encuentra entre los cinco mejor..... (9) del mundo.

b Marca en la noticia anterior la información principal y la secundaria. Utiliza para ello varios colores.

c Escribe ahora el resumen de la noticia.

Recuerda: El resumen debe ser conciso y breve y estar escrito en tus propias palabras. Cuando resumas un texto, evita copiar expresiones o frases literales del texto original.

En la noticia publicada .... se informa sobre .... Asimismo, se pone de manifiesto que .... Para terminar, se destaca ....

7 Dicho de otro modo

a Lee lo que dijeron estas personas y busca en el texto de la noticia cómo el periodista transmitió esta información.

1. ¡Fíjate! Han sido los propios colegas quienes han reconocido a Virgilio Martínez como el mejor chef del mundo.

2. La lista de los mejores lugares para comer la encabeza el restaurante neoyorquino *Eleven Madison Park*.

3. El libro, que se llama igual que el restaurante, lo presentaron en diversas ciudades de los Estados Unidos.

....
....

b Y ahora tú. ¿Cómo crees que un periodista publicaría esta información? Escríbelo usando la forma de la pasiva perifrástica.

1. ¿Sabes? Hace más de dos años que inauguraron el inicio de la construcción del gran canal interoceánico en Nicaragua...

El inicio de la construcción del gran canal interoceánico en Nicaragua fue inaugurado hace más de dos años.

2. Los campesinos se han organizado para mostrar su rechazo, pero la policía nicaragüense reprimió la marcha anticanal organizada por el Consejo Nacional en Defensa de la Tierra, el Lago y la Soberanía.

3. Y además está esta ley, la 840. La ley 840, también conocida como la Ley Canalera, la había aprobado el gobierno de Nicaragua en 2013 después de revelarse su inviabilidad económica.

4. Aun así, con esta ley expropiarán los terrenos a los campesinos de manera indiscriminada.

5. Al parecer, las leyes nacionales no las puedan aplicar a los inversionistas chinos, así que no recibirán acciones penales por el incumplimiento de las obligaciones adquiridas.

6. Y como siempre, en este tipo de situaciones el Gobierno asegura que recompensarán a aquellos que tengan que desplazarse con mejores condiciones que las que tenían.

8 Cambio de perspectiva

a En cada una de las siguientes frases se presenta la misma información, pero con una intención comunicativa distinta. ¿Cuál es? Relaciona.

1. Presentan un móvil plegable.
2. *Tantún* presenta su móvil plegable.
3. El móvil plegable será presentado.
4. Se presenta el móvil plegable.

a. Se destaca al agente que realiza una acción. (Construcción transitiva)

b. Se presenta el objeto del verbo como el tema del enunciado (el agente deja de ser interesante). (Construcción pasiva perifrástica)

c. Se presentan ocurrencias de hechos ("crónicas de eventos") y se desfocaliza el agente. (Pasiva refleja)

d. Se desconoce el agente o quién ha realizado la acción. (Construcción impersonal)

b ¿Cuál es la intención comunicativa del periodista en los siguientes enunciados? Pon la letra *a*, *b*, *c* ó *d* al lado de cada frase, según las intenciones comunicativas vistas en 8a.

.... 1. Los atletas fueron recibidos con un fuerte aplauso al entrar en el estadio olímpico.
.... 2. Aplaudieron a los deportistas nada más entrar en la pista.
.... 3. Un público entregado aplaudió con entusiasmo a todos los participantes de la competición.
.... 4. Después de guardar un minuto de silencio por las víctimas del accidente se aplaudió.
.... 5. Con más de 80 millones de visitantes, se registrará una cifra récord de turistas en España.
.... 6. España registra una cifra récord de 80 millones de turistas este año.
.... 7. Registraron cuidadosamente todas las entradas y salidas del edificio.
.... 8. Los vientos más fuertes del ciclón fueron registrados en la península yucateca.

c Identifica la intención comunicativa de estos titulares y reescribe la información cambiando dicha intención comunicativa.

1. **Tres ONGs han suspendido los rescates a inmigrantes antes las restricciones impuestas por Libia.**

2. **Descubren cerca de Barcelona restos de los primeros humanos del Neolítico en la Península Ibérica.**

3. **La ley que elimina el discurso del odio fue aprobada en Alemania el pasado viernes.**

1. ....
2. ....
3. ....

9 *¿Ser o estar?*

Completa el siguiente texto con las formas correctas de *ser* o *estar*.

Los "ninis" .... (1) jóvenes que ni estudian ni trabajan. Según la última publicación de Eurostat, la oficina estadística comunitaria, Italia ocupa la primera posición con una tasa del 31,1 %, seguida de Grecia.
España .... (2) en el quinto lugar junto a Chipre con un porcentaje del 22,2 %. Indudablemente, ... (3) un problema que no solo afecta a la propia generación, sino también a la de los padres quienes sostienen económicamente a los hijos que .... (4) desempleados o sin empleo. Muchas veces estos jóvenes sienten el rechazo de la sociedad .... (5) estigmatizados y se les recrimina que .... (6) unos vagos cuyo único interés .... (7) no hacer nada. La realidad es, en muchas ocasiones, muy diferente. Los "ninis" no .... (8) felices de encontrarse en esta situación, pero la situación que ven a su alrededor .... (9) desprovista de perspectivas. ¿Para qué estudiar si después voy a terminar en el paro? Se preguntan muchos. Que la situación laboral .... (10) mal no es nada nuevo, pero un cambio de actitud por su parte .... (11) muy bien.

10 Conectores

Sustituye los conectores subrayados por *a pesar de que, ahora bien, sin embargo* o *aunque.*

1. Muchas son las previsiones sobre el fin del periódico en versión papel aunque / .... nadie se ha atrevido hasta ahora a fijar una fecha.
2. El ciberperiodismo aporta innumerables beneficios respecto a los medios tradicionales, como por ejemplo, su carácter multimedial e interactivo, su capacidad de fragmentar la audiencia o la rapidez de la difusión del conocimiento, entre otros. No obstante, / .... tiene algunos inconvenientes destacables como la sobreinformación y la tendencia a la banalidad de la información.
3. La irrupción de las redes sociales ha sido crucial por la viralidad con la que se propaga la información, de calidad y de interés general. Pese a ello / ...., el mal uso de las redes sociales conlleva la difusión de información falsa, bulos y rumores.
4. Si bien / .... es cierto que la crisis económica ha afectado al sector periodístico, no hay que dejar de ser riguroso ni desviarse de los principios éticos.

11 Aunque lo supiera, no te lo diría.

a Relaciona las frases con el significado que expresa el verbo marcado en negrita.

1. Aunque **es** muy buen periodista, no tiene posibilidades de ascenso en nuestra redacción.
2. Aunque **sea** muy buen periodista, no tiene posibilidades de ascenso en nuestra redacción.
3. Aunque **fuera** muy buen periodista, no tiene posibilidades de ascenso en nuestra redacción.

a. Queremos expresar un argumento o problema real de manera subjetiva, es decir, nuestra intención comunicativa es valorar (no importa).
b. Presentamos un argumento o problema como algo hipotético o improbable.
c. Queremos declarar objetivamente un problema o argumento porque nuestra intención comunicativa es informar.

Los verbos de las oraciones concesivas expresan un argumento, problema u obstáculo, real o hipotético, para los verbos de la oración principal, aunque este problema no es realmente fuerte porque la oración principal siempre se cumple. El uso del indicativo o subjuntivo depende de la intención comunicativa del hablante.

b Relaciona las frases concesivas con su significado de la derecha.

1. Quiero salir contigo aunque...
a) .... (tener) 15 años más que yo.
b) .... (tener) 15 años más que yo.
c) .... (tener) 15 años más que yo.

1. Incluso en el caso de que tengas 15 años más.
2. Es un hecho objetivo: 15 años más que yo.
3. Eres mayor que yo pero no me importa.

2. No me casaría con esa persona aunque...
a) .... (ser) millonaria.
b) .... (ser) millonaria.
c) .... (ser) millonaria.

1. Tiene muchos millones, lo sé pero no me importa ni me condiciona.
2. He visto su cuenta bancaria y el saldo tiene muchos dígitos.
3. No es posible que sea millonaria.

12 Escribimos una tesis

Lee los siguientes argumentos. ¿En qué tesis se apoyan? ¿Cómo terminarías este texto?

El uso de dispositivos electrónicos antes de dormir afecta al sueño

Un 40 % de los adolescentes tienen hábitos incorrectos del sueño como usar dispositivos electrónicos antes de dormir lo que puede provocar insomnio o trastornos del sueño, según investigaciones recientes.
Si bien es cierto que los jóvenes entran en contacto a una edad cada vez más temprana con diferentes dispositivos electrónicos, los daños ocasionados por estos no deberían subestimarse.
Las tabletas y demás dispositivos generan una luz azul que estimula la parte del cerebro que regula las alertas. Es un proceso similar al tipo de alertas que se activan cuando se recibe un susto.

Por ello, es muy importante que

La tesis de un discurso puede presentarse al principio o bien al final después de haber desarrollado varios argumentos como en el texto anterior.

13 DELE El editorial de un periódico

a Lee el texto que aparece a continuación y marca en color azul la tesis, en color verde, el/los argumento(s) a favor, en color rojo el/los argumento(s) en contra, en color marrón, la conclusión y en amarillo, la introducción. Escribe después una frase que resuma la información principal de cada párrafo.

TURISMO SIN MALESTAR

La presión turística se corregirá con regulación urbana y tasas moderadas

Los ingresos turísticos están **sosteniendo con firmeza** la fase actual de crecimiento económico. El mercado turístico está creciendo a más del 4 % anual, muy por encima del PIB, Producto Interior Bruto, (3 %) y las proyecciones para este año indican que se superará el récord de visitantes (75,3 millones). Hoy, **la aportación del turismo** al PIB es superior al 11 %. Son razones más que suficientes para valorar el turismo como un factor de creación de riqueza que debe ser cuidado y respetado. Pero en este horizonte de progresión sostenida empiezan a aparecer problemas de masificación, concentración y de preocupación social que deben ser corregidos antes de que la incomodidad se convierta en rechazo.
El turismo tiene efectos secundarios económicos y sociales. Presiona sobre las infraestructuras, mercados y servicios en zonas muy localizadas, tanto dentro de las ciudades como en las zonas costeras del Mediterráneo. Algunos precios al por menor o los alquileres suben **de forma desaforada**, pero otros, como el valor de la vivienda, caen en picado; aumentan los puntos negros del transporte; aparecen conflictos entre los comerciantes y hosteleros con los Ayuntamientos en torno a la regulación de los espacios públicos; **se aprecian** deficiencias en la seguridad; el llamado *turismo de borrachera* indigna a las comunidades de vecinos y aumenta la suciedad en las calles. Estas son algunas de las razones por las cuales el turismo se ha convertido en uno de los principales problemas de los barceloneses.

No se trata de culpar al turismo, sino de que la acción pública corrija los daños más evidentes. Las autoridades turísticas (nacionales o locales) tienen que elaborar planes concretos para evitar la concentración turística en barrios específicos o **paliar sus efectos** más negativos. Por desgracia, los intentos de ofrecer un turismo distinto del sol y playa **no han dado los frutos esperados** o lo hacen muy lentamente, mientras que continúan los operadores que promocionan un turismo barato, basado en el alcohol y el sexo y concentrado en espacios reducidos, de bajo valor añadido que genera escándalo y **deterioro económico**.

Durante **decenios** se ha supuesto que la modernización y ampliación de las plazas hoteleras era suficiente para **acomodar** un creciente número de visitas. No es así. Los Ayuntamientos de las zonas que han apostado por el negocio turístico tienen que mantener ahora las inversiones privadas; pero al mismo tiempo están obligados a racionalizar la gestión de un número creciente de visitantes. Es imperativo complementar la descongestión de las zonas más abigarradas con inversiones públicas en infraestructuras y servicios; mantener calles y plazas en condiciones de uso para todos los ciudadanos; evitar la acumulación de bicicletas y otros vehículos en las aceras y evitar, mediante normas claras, el abuso de los mercados irregulares de vivienda.

Los medios para revertir **el malestar incipiente** que provoca el turismo son conocidos: racionalización inmobiliaria y urbanística y aplicación de tasas específicas para disuadir el **turismo de avalancha** y financiar el deterioro de los servicios públicos. Pero estas decisiones deben tomarse de forma coordinada entre las Administraciones y con el máximo diálogo entre agentes económicos y ciudadanos.

El País

b Marca las opciones correctas según la información del texto.

1. El autor...
- ☐ a) está de acuerdo con el modelo turístico actual.
- ☐ b) rechaza la masificación derivada del desarrollo turístico.
- ☐ c) hace hincapié en la necesidad de corregir el modelo turístico actual.

2. El turismo en Barcelona...
- ☐ a) está siendo un problema porque los hosteleros están indignados con el turismo de borrachera.
- ☐ b) se basa en el concepto de sol y playa.
- ☐ c) molesta a los ciudadanos lo que provoca sus quejas.

3. El turismo barato...
- ☐ a) es rentable para Barcelona y España porque cada año se consigue un nuevo récord de visitantes.
- ☐ b) está siendo especialmente promocionado por los turoperadores.
- ☐ c) aporta más del 11 % al PIB.

4. El autor exige...
- ☐ a) que las autoridades públicas hagan las inversiones necesarias en infraestructuras.
- ☐ b) que no haya vehículos aparcados en las aceras.
- ☐ c) que los ciudadanos puedan usar las calles y plazas como antes.

c Relaciona según el significado que expresan.

1. sostener con firmeza
2. la aportación (del turismo)
3. de forma desaforada
4. apreciarse
5. paliar los efectos
6. no dar los frutos esperados
7. el deterioro económico
8. el decenio
9. acomodar
10. el malestar incipiente
11. el turismo de avalancha

a. atenuar o suavizar las consecuencias
b. empeoramiento o daño
c. turismo de masas
d. preocupación que está empezando
e. observarse
f. mantener de manera sólida
g. período de diez años
h. colocar
i. la contribución
j. excesivamente
k. obtener resultados no previstos

14 Turismo sostenible

Estos son los argumentos a favor y en contra del turismo sostenible. Complétalos con otros argumentos que consideres importantes y no estén en la lista. Escribe una carta al director mostrando tu apoyo al turismo sostenible, a pesar de los argumentos en contra, como solución al problema de la masificación turística o turismo de masas.

A favor

- Puede ayudar al desarrollo de regiones deprimidas.
- Se preserva la autenticidad de la comunidad local.
- Se evita la masificación y mejora la calidad ofrecida en la visita.
- Está comprometido con el medio ambiente. Permite reducir la cantidad de residuos y emisiones que produce.
- Genera empleo local sostenible y tiene un impacto económico positivo en la zona de acogida. Los turistas suelen gastar más.
- Incrementa la experiencia de viaje.
- Mejora la imagen del país proyectada al exterior.
- ....

En contra

- Existe una gran variedad de certificaciones de sostenibilidad que desborda al sector turístico.
- Muchas empresas del sector están interesadas en ofrecer productos baratos.
- El precio de los servicios turísticos es mucho más elevado.
- Hay un aumento exponencial del turismo (en 2015 hubo casi 1.200 millones de turistas) por lo que la demanda aumenta considerablemente.
- Falta de desarrollo e infraestructuras que permita conectar ciudades con zonas rurales.
- Requiere de fuertes inversiones económicas.
- Falta una consciencia ecológica entre muchos empresarios y población civil.
- ....

15 DELE El buen periodismo

46-51

Vas a escuchar a seis personas que opinan sobre el buen periodista. Escucha la audición dos veces. Selecciona el enunciado (A–H) que corresponde con el tema del que habla cada persona (1–6). Hay ocho enunciados, solo seis encajan. Tienes 20 segundos para leer los enunciados.

A. La sociedad confía en el buen periodismo para estar informada. Asimismo, se valoran la ética y la moral de los periodistas.
B. El carácter intrínsecamente competitivo del periodismo hace que muchos profesionales dejen a un lado su ética y revelen un secreto.
C. Es importante saber escribir bien, ser creativo y ser capaz de sintetizar.
D. Aunque lo que se pueda entender por periodista ha cambiado a lo largo de los últimos años, hay algo que continúa siendo importante: contar la verdad de los hechos.
E. Un buen periodista es aquel que sabe interpretar los acontecimientos que están sucediendo.
F. Incluso exagerando los acontecimientos y las noticias es posible informar sin faltar a la verdad.
G. Los programas de humoristas que de manera satírica informan sobre las noticias no se consideran una forma de periodismo porque faltan a la verdad.
H. A un periodista le puede resultar realmente muy difícil ser objetivo porque está condicionado por sus propias ideologías y convicciones.

PERSONA	ENUNCIADO
Persona 1	
Persona 2	
Persona 3	
Persona 4	
Persona 5	
Persona 6	

16 Así se escribe

¿Cómo se escriben los números en español? Consulta la página online www.fundeu.es y corrige los posibles errores de las palabras subrayadas.

1. Se inauguró la vigésimasegunda edición de la feria del mueble en Alicante.
2. El XXI aniversario de la fundación del centro de idiomas.
3. Alfonso X el Sabio vivió en el siglo 13.
4. Las 1^{ras}. Jornadas del Español se celebrarán el próximo veinticinco de abril.
5. Mañana empieza la inscripción para el 2° concurso de escritura creativa.
6. Consiguieron más de 2500 tuits en menos de una hora.
7. Unas 15 mil personas asistieron al último concierto de Juanes.

1 ¡Vaya reacciones!

a Lee las siguientes reacciones. ¿En cuáles de ellas el interlocutor reacciona de manera directa (RD) y en cuáles atenúa su mensaje (AM)? Marca los elementos utilizados para atenuar el mensaje.

.... 1. Discrepo contigo. Está demostrado que con las revoluciones tecnológicas se da una nueva composición de empleo y que, por ejemplo,...

.... 2. Desde luego, pero yo diría que eso depende de otros factores también.

.... 3. Ahí no te doy la razón. No puedes generalizar de esta manera...

.... 4. ¿De verdad lo crees? Yo me inclinaría a pensar que con la Industria 4.0 se abre un nuevo abanico de posibilidades.

.... 5. Entiendo tu punto de vista aunque no lo comparto del todo. El tema es mucho más complejo...

.... 6. ¿De veras? Pues yo no lo veo así. Aunque sí que afectará básicamente a los empleos con menor cualificación, pero por otro lado, se crearán nuevos puestos, puestos relacionados con el mundo de la tecnología...

.... 7. Bueno, no cabe duda de que en muchos medios transmiten esa idea, creo que el tiempo lo dirá...

Lo que yo veo es que con la Cuarta Revolución se van a perder muchos puestos de trabajo. Estoy pensando en el trabajo realizado por obreros o por mano de obra menos cualificada...

b ¿Qué intención comunicativa muestran los mensajes anteriores? Pon el número en la casilla correspondiente.

acuerdo total	acuerdo parcial	desacuerdo	ni acuerdo ni desacuerdo

c Reacciona según tu punto de vista.

1. Creo que la mejor manera de aprender un idioma es con un chatbot. Yo estoy encantada con el que tengo...

   ....
   ....

2. No tengo ninguna duda de que el profesor de idiomas como tal es insustituible. Ningún robot puede reemplazar esa parte emocional y empática del profesor...

   ....
   ....

d 52-55 Escucha ahora estas reacciones y presta atención a la entonación. ¿Reaccionan de manera directa o atenúan el mensaje? Márcalo con una cruz.

	1	2	3	4
Reacción directa				
Atenuación				

2 En el trabajo

¿Qué unidad léxica no es sinónima? Táchala.

1. ■ ¿Quién **es el encargado de** esta sección?
   ● La Sra. Jiménez, pero ahora mismo está ausente.

   a. es el responsable de
   b. es el dueño
   c. lleva

2. En su nuevo trabajo Amelia **realiza** una tarea que le exige mucha disciplina.

   a. se da cuenta de
   b. ejerce
   c. lleva a cabo

3. ■ En este puesto tendrás que **redactar** algunos informes para nuestra sede central en Bogotá.
   ● De acuerdo.

   a. escribir
   b. componer
   c. revisar

4. Cada vez más jóvenes **consiguen** su primer puesto de trabajo a una edad más tardía.

   a. logran
   b. obtienen
   c. reciben

3 Una entrevista

Relaciona las respuestas de la entrevista sobre la Inteligencia Artificial (IA) con las preguntas previas. Después escribe las formas correctas del indicativo o subjuntivo de los verbos entre paréntesis.

Con el estreno de la película de ciencia ficción *Droid, una mente artificial* se ha vuelto a abrir el debate sobre la Inteligencia Artificial. Asimismo, deja en el aire una serie de preguntas inquietantes que queremos abordar con el científico Pedro Álvarez.

1. Pregunta ....
Si bien es cierto que .... (existir) ciertos riesgos y que nos encontramos ante el mayor proceso de transformación que la humanidad jamás ha vivido, no considero que .... (deber/nosotros) ser tan alarmistas. Sería conveniente que no .... (cometer) el error de dejarnos llevar por el sensacionalismo.

2. Pregunta ....
Todo depende de cómo .... (ir) evolucionando. Sin duda alguna, el desarrollo incontrolado de la IA .... (poder) llegar a ser muy destructivo, pero no hay que confundir la ficción con la realidad. Aunque los robots actuales .... (ser) todavía muy primitivos, debemos empezar a plantearnos otras cuestiones como: ¿queremos que los gobiernos los .... (controlar) o si, por el contrario, no sería mejor que las compañías privadas .... (ejercer) el control de los robots?

3. Pregunta ....
Sinceramente, no se trata de desarrollar cualquier tecnología, deberíamos ser capaces de desarrollar una tecnología que .... (ser) amigable y que .... (mejorar) nuestras vidas. La IA no puede dejarse en las manos de cualquiera.

A. Hawking advirtió hace un tiempo que el desarrollo completo de la Inteligencia Artificial podría significar el fin de la especie humana. ¿No cree que llevaba razón?

B. En Inteligencia Artificial, ¿todo vale?

C. ¿Cree usted que la Inteligencia Artificial puede llegar a ser una amenaza para el hombre?

4 Cualquiera puede hacerlo

a Decide si las siguientes afirmaciones sobre la entrevista anterior son verdaderas o falsas. Corrige las falsas.

	V	F
1. Hoy día la ciencia dispone de la tecnología para desarrollar **cualquier** robot.	☐	☐
2. Pedro Álvarez plantea la cuestión de si **cualquiera** debería controlar los robots.	☐	☐
3. La IA podría llegar a ser peligrosa.	☐	☐
4. **Cualquiera** que lea la entrevista obtendrá una impresión alarmista sobre el futuro.	☐	☐

b ¿A qué se refieren las palabras de 4a marcadas en negrita? Escribe el número.

☐ un robot concreto
☐ todas las personas
☐ un robot, pero no importa cuál
☐ una persona, no importa quién

Cualquier indica la indiferencia de seleccionar uno u otro elemento de un grupo (cualquiera debería controlar los robots, una persona pero no importa quién). Se utiliza tanto para sustantivos masculinos como femeninos. Ante un sustantivo se utiliza la forma cualquier.

c Marta habla de su gato Chato. Indica qué afirmaciones no son lógicas. Márcalas.

1. ☒ Puede dormir a cualquier hora del día: por la mañana, por la tarde o por la noche. Da igual.
2. ☐ Come cualquier cosa. Solo sardinas o hígado.
3. ☐ Come cualquier cosa. Desde sardinas, hasta hígado, jamón, lo que sea.
4. ☐ Se duerme en cualquier sitio, especialmente encima de la manta rosa.
5. ☐ Se duerme en cualquier sitio: en la cama, en el sofá o encima de la manta rosa.
6. ☐ Cualquiera puede acariciarlo. Le encantan los amigos de Marta.
7. ☐ Cualquiera puede acariciarlo, es decir, o Marta o yo.

d Marta espera visita de dos amigas, Carmen y Laura. Cuando Laura llega Marta está todavía en el cuarto de baño arreglándose. Completa lo que le dice con *cualquier/a* o *un/a*.

● Oye Laura, siéntate en .... (1) sitio, donde más te guste... enseguida termino y estoy contigo... Por cierto, ¿te apetece tomar algo? Tengo cervecitas en la nevera, coge .... (2). Están bien fresquitas... Pues Carmen me escribió hace unos diez minutos, creo que puede llegar en .... (3) momento, estaba en .... (4) atasco... Y recuerda, cuando llegue, podemos hablar de .... (5) tema, pero de Julio ni una palabra... todavía no lo ha superado... la pobre... ¿Está Chato por ahí? Dale .... (6) una galleta de salmón si quieres...

■ ¡Marta! ¿Tienes todavía para mucho?

5 Mirando al futuro

Termina las frases según tus deseos, ideas o planes.

1. Puedo imaginarme trabajar en un país extranjero tan pronto como
....
2. En mi país la desigualdad social disminuirá en cuanto
....
3. No habrá paz mundial hasta que
....
4. Empezaré a mandar solicitudes de empleo después de
....

6 Después de que vinieras tú

a Relaciona de manera lógica los inicios de las frases de la izquierda con un final de la derecha.

1. **Antes de que** Colón llegara a América,
2. **Después de que** Watt pudiera mejorar la máquina de vapor,
3. **Hasta que** no haya un acuerdo internacional sobre las emisiones de CO_2,
4. **Antes de que** se inventara la imprenta,
5. **Después de que** se inauguraran las rutas comerciales hacia Asia,
6. **Después de** crear Internet,

a. la Revolución francesa empezó.
b. la difusión de la información fue rapidísima.
c. en Europa no se conocían los tomates.
d. se empezó a cultivar la naranja en Europa.
e. será difícil detener el deshielo de los polos.
f. los textos se escribían únicamente a mano.

b ¿Qué expresiones de las marcadas en negrita expresan...? Escríbelas y completa la información de su uso después.

1. anterioridad: .... 2. límite: .... 3. posterioridad: ....

Con las expresiones temporales *después de*, *antes de* y *hasta* podemos utilizar el infinitivo, cuando el sujeto de las dos oraciones es el mismo o cuando nos referimos a información general, o el subjuntivo. Utilizamos el .... de subjuntivo cuando la información referida es en el pasado, mientras que si queremos hablar de información no vivida necesitamos el .... de subjuntivo. Con la expresión *hasta que* también es posible utilizar las formas del pasado (No empezó la conferencia hasta que llegaste).

c Completa las frases con las siguientes expresiones temporales:

hasta que | después de que | después de | tan pronto como | antes de que

1. .... haber leído buena parte de la bibliografía empezó a escribir su trabajo de investigación.
2. .... no logró convencerla, estuvo insistiendo en la necesidad de hacerlo.
3. ¡............................ obtengas el resultado, dímelo! Estoy muy impaciente.
4. .... pudiera terminar el discurso ya había sido interumpido en dos ocasiones.
5. .... le fuera otorgado el galardón, decidió unirse a la celebración.

d Transforma estas dos frases en una manteniendo su significado previo.

1. Idearon una aplicación que resuelve los deberes. Dos meses después ya pudieron comercializarla.
   Dos meses después de que ....
2. ¡Primero terminas de ver la película y después te vas!
   No te vayas hasta que ....
3. Lo hicieron jefe de la sección. Un año antes había empezado a trabajar para la empresa.
   Un año antes de que ....
4. Terminó la carrera universitaria en junio y medio año más tarde empezó un máster en Buenos Aires.
   Medio año después de ....
5. Me fui de la fiesta a las once de la noche. Paco llegó a medianoche.
   Antes de que ....

7 Uno de preposiciones

Completa con las preposiciones *a*, *de* o *en*.

1. tener miedo ..... fracaso
2. adaptarse ..... los nuevos tiempos
3. ser responsable ..... un departamento
4. incorporarse ..... trabajo
5. dedicarse ..... las matemáticas
6. acostumbrarse ..... una nueva vida
7. encargarse ..... llevar las cuentas
8. confiar ..... un buen amigo
9. fijarse ..... un detalle
10. disfrutar ..... las vacaciones

8 Los chatbots

a Lee el siguiente texto expositivo y decide qué conector es el más adecuado en cada caso. Escribe después un título.

....

En primer lugar / Resulta indiscutible que el desarrollo de la inteligencia artificial está cada vez más presente en nuestras vidas y con el paso del tiempo su presencia irá en aumento gracias al impulso aportado por los gigantes tecnológicos. Precisamente / Igualmente ayer Facebook anunció la llegada de los bots a Messenger, en definitiva / pero, ¿qué es un bot y para qué sirve? ¿por qué se han puesto de actualidad los bots?
Empecemos primero con su significado. Un bot es un software de inteligencia artificial diseñado para realizar una serie de tareas sin requerir ayuda del ser humano, por ejemplo / pongamos por caso, hacer la reserva de la mesa de un restaurante o marcar una fecha en un calendario. El modelo más frecuente es el chabot, un robot capaz de simular una conversación con una persona utilizando un lenguaje muy natural, ya que / por lo tanto puede interpretar las demandas del usuario y recomienda las soluciones más relevantes. En segundo lugar / Sin embargo, las ventajas no son solo para los usuarios, pero / sino también para las empresas, puesto que / a causa de pueden ahorrar mucho tiempo y dinero con su ayuda. Algunos de los chatbots más famosos son Siri de Apple o Cortana de Microsoft.
En definitiva / por último, parece claro que con los bots se abren las puertas a nuevos modelos de negocio que las grandes empresas de tecnología no van a desaprovechar.

b Marca las partes del texto: introducción, desarrollo y conclusión. Escribe después una frase que resuma la información más importante de cada una de ellas.

Una de las estrategias de escritura del texto expositivo es utilizar la primera persona plural para que el lector se sienta incluido. Se trata de un mecanismo de empatización con el lector.

9 El sector cuaternario

a Fíjate en cómo se ha organizado la información en este texto expositivo y escribe en las líneas el número o los números de la(s) estrategia(s) utilizada(s) para la organización de la información.

1. Definición o descripción 2. Clasificación o tipología 3. Comparación o contraste 4. Pregunta y respuesta 5. Problema y solución 6. Causa y consecuencia 7. Ilustración o concreción

TECNOLOGÍA Y SECTORES DE PRODUCCIÓN

¿Qué entendemos por sector cuaternario? Antes de dar respuesta a esta pregunta deberíamos abordar los tres sectores económicos básicos.
.... **En primer lugar,** está el sector primario o agropecuario, **es decir,** el que se dedica a la explotación de las fuentes primarias, como los recursos naturales, renovables o no renovables. **En segundo lugar,** el secundario o sector industrial en el que se transforman las materias primas extraídas del sector primario en bienes elaborados o semielaborados. **Y para terminar,** el terciario o de prestación de servicios. ....
Sin embargo, existe también un sector que, aunque se clasifica aparte y es de reciente incorporación, **resulta crucial** para el avance actual de la economía, sobre todo en los países desarrollados, y que se caracteriza por requerir una mano de obra altamente cualificada. ....
Se trata del denominado sector cuaternario que engloba una parte de la economía basada en el conocimiento y que incluye servicios principalmente intelectuales, **tales como** la generación e intercambio de información, la tecnología, la consultoría, y la investigación y desarrollo.
.... El sector incluye así a todas las empresas de informática y TIC (tecnologías de información y comunicación), asesoría para empresas y de la investigación y desarrollo (I+D).
.... Esta última ocupa un campo dirigido hacia la reducción de costes, aprovechamiento de los mercados, la producción de ideas innovadoras, nuevos métodos de producción y métodos de fabricación. .... Este sector incluye, **por lo tanto,** las actividades vinculadas al desarrollo y la investigación de nuevas tecnologías, unas tecnologías punta que se aplican después a todos los sectores de la economía y que se basan, **principalmente,** en la investigación científico-tecnológica. .... Se trata, **entre otras,** de la microelectrónica, la informática, la robótica, la aeroespacial, las telecomunicaciones y la biotecnología. .... **Además de** la tecnología, el sector también engloba medios de comunicación, la cultura y el gobierno, por lo que puede ser clave en el desarrollo de las generaciones futuras, **ya que** incluye también la educación.
Cabe destacar que el sector de las tecnologías de la información y la comunicación ha estado en el centro del cambio económico a lo largo de estos últimos años y ha desempeñado una función clave **gracias a** su contribución al rápido crecimiento tecnológico y al de la productividad. Este sector ha contribuido, **sin duda,** al desarrollo e incorporación de las nuevas tecnologías en el conjunto de actividades económicas, algo esencial en el proceso de creación de valo, que ha propiciado, **asimismo,** cambios importantes en las formas de producción, organización y otras actividades de las empresas (aunque el problema no se presenta de forma explícita). ....
Está claro, además, que su desarrollo fomenta la innovación y la creación de conocimiento, lo que repercute en el proceso de desarrollo tecnológico y en el de creación de valor de la economía mundial.

b Estas son algunas marcas lingüísticas y textuales de un texto expositivo. Completa los ejemplos de la tabla con otros del texto anterior, que están marcados en negrita.

Modalizadores asertivos	Evidentemente, Resulta indiscutible que, …………
Reformulaciones	Dicho de otro modo, En otras palabras, …………
Ordenadores de la información	Para empezar, …………
Ejemplificación	como por ejemplo, …………
Conectores de causa-consecuencia	en consecuencia, …………
Para destacar información	Especialmente, …………

c ¿Qué estilo caracteriza a los textos expositivos? Marca la información correcta a partir de las observaciones realizadas de los dos textos anteriores. Busca ejemplos en el texto.

- ☐ Se priorizan las estructuras copulativas y comparativas.
- ☐ La información se presenta de manera objetiva.
- ☐ Se incluyen frases negativas.
- ☐ Se prefiere el uso del presente y las formas no personales del verbo.
- ☐ Los adjetivos suelen preceder a los sustantivos.
- ☐ Se incluye una opinión personal del autor.

10 Todo son excusas

Marcelo no pudo hacer estas cosas. Completa sus excusas con el condicional simple o el compuesto según el contexto.

1.
- ● ¿Mandaste al final la solicitud de prácticas?
- ■ Pues no, no pude, la ………… (mandar) ayer pero se me estropeó el ordenador…
- ● ¿Y no pudiste repararlo?
- ■ ¡Qué gracioso! Lo ………… (hacer) si pudiera o tuviera idea de ordenadores…
- ● ¿Y qué hiciste?
- ■ Llamé al técnico y me dijo que ………… (venir) hoy a mirárselo.

2.
- ● ¿Qué les pareció el concierto?
- ■ Pues al final no tuvo lugar por la lluvia. Nosotros ………… (ir), la lluvia no nos importaba, pero por las alarmas meteorológicas los organizadores ………… (tener) problemas con la aseguradora.
- ● ¡Vaya!

11 Pues si yo...

Lee los comentarios de estas personas y reacciona como sería en tu caso.

MIRIAM: Vivo en un pueblo pequeño donde, por ser muy tranquilo, puedo desconectar del estrés de la ciudad donde trabajo.

VICTORIA: Mis notas en la universidad han mejorado mucho desde que me diseño un plan de estudios mensualmente.

JULIÁN: Me gusta hacer yoga y meditación. Medito todos los días. Así, por ejemplo, no me pongo tan nervioso durante los exámenes.

BELÉN: Mientras desayuno escucho la radio y así empiezo el día bien informada.

1. *Pues si yo viviera en un pueblo como el de Miriam, también* ....
2. ....
3. ....
4. ....

12 ¿Qué harías o habrías hecho tú si...?

Termina las siguientes frases según tus experiencias u opinión.

1. Si me diera cuenta de que mis estudios no son lo que me esperaba ....
2. Cambiaría de trabajo si ....
3. Ya habría hecho un viaje por América Latina si ....
4. Si tuviera la oportunidad de cenar con el presidente de mi país ....
5. Si supiera hablar español como un nativo ....

13 Si yo fuera presidente...

Completa con las formas adecuadas según el contexto.

- Y tú Marisa, ¿cómo te imaginas tu futuro profesional?
- ¡Uy! No sé... es difícil. No tengo nada claro. Me gustaría trabajar en el extranjero y si realmente .... (irse), preferiría un país de habla hispana.
- Pero ya estuviste tres semanas en Chile el año pasado...
- ¡Cierto! Pero de poco me sirvió para mi español. .... (aprender) mucho más si no fuera tan vaga. Lo reconozco. Ahora no .... (tener) tantos problemas en el curso de conversación... Y volviendo al tema del futuro profesional, cuando .... (empezar) a trabajar, ... (querer) poder conciliar la vida privada con la laboral.
- ¡La conciliación! Si fuera tan fácil...

14 DELE Interpretamos un gráfico de barras

Trabajas para una empresa de dispositivos electrónicos. Tu jefe te ha pedido que escribas un texto sobre el uso de Internet de los españoles en el último trimestre del año.
En el texto debes incluir y analizar la información que aparece en el siguiente gráfico:

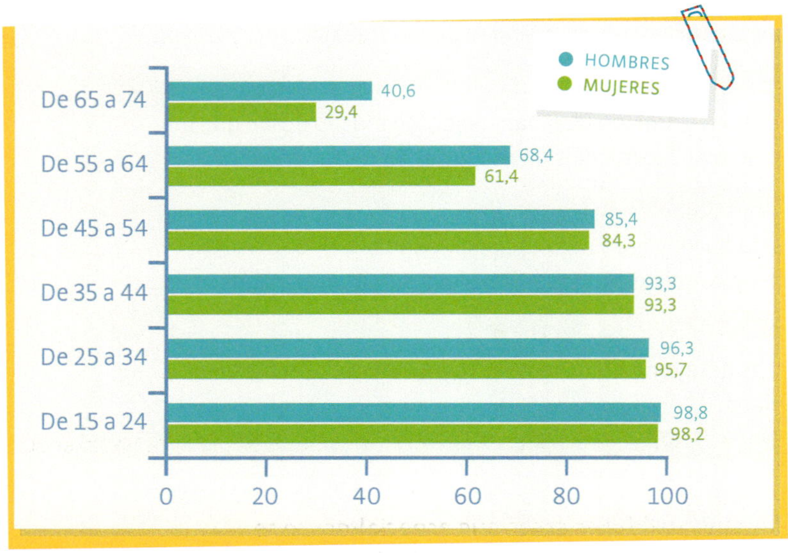

Redacta un texto (entre 150–180 palabras) en el que deberás:

1. Comentar las edades más frecuentes de los usuarios, en contraste con los grupos de edad que menos usan internet.
2. Exponer posibles explicaciones.
3. Comentar e identificar el género (masculino y femenino) de los principales usuarios.
4. Expresar tu opinión sobre la información general recogida en el gráfico.
5. Elaborar una conclusión.

15 Comunicación no verbal

a Relaciona las frases de la derecha con las de la izquierda de manera lógica. Conjuga después los verbos entre paréntesis.

En una entrevista de trabajo:

1. Sería conveniente que inclinaras la cabeza
2. Debes mantener la espalda recta
3. Intenta transmitir seguridad
4. Muestra las palmas de las manos mientras hablas,
5. Te recomendaría que mantuvieras los pies en el suelo
6. No deberías mantener el contacto visual directo
7. Asiente con la cabeza mientras escuchas

porque
para que
ya que
para

a. el entrevistador no .... (sentirse) intimidado.
b. .... (poder) responder mejor las preguntas.
c. el entrevistador .... (saber) que le estás entendiendo.
d. .... (ser) una señal de honestidad.
e. el entrevistador no .... (creer) que eres inseguro.
f. esta postura .... (hacerte) parecer enérgico y vivaz.
g. el entrevistador .... (ver) que estás interesado.

b Escribe ahora tres recomendaciones personales para un estudiante que tiene su primera entrevista de trabajo en unos días.

Te aconsejaría que... Nunca... Es importantísimo que...

16 Carácter y personalidad

a Completa la tabla con los sustantivos o adjetivos que faltan.

sustantivo	adjetivo	≠	adjetivo	sustantivo
ambición	ambicioso		desinteresado	desinterés
......	......		indiscreto	......
responsabilidad	......		......	......
......	sincero		......	......
tacañería	......		......	......
......	......		humilde	......
......	......		......	impuntualidad
......	constante		......	......
......	......		pesimista	......
......	......		indeciso	......
pereza	......		......	......

En el sitio web www.wordreference.com/sinonimos puedes consultar antónimos y sinónimos de palabras en español.

b Para trabajar en la Caravana del Agua, ¿qué cualidades crees que especialmente se requieren? ¿Por qué? Escribe un pequeño texto argumentando tu opinión.

56 17 DELE Después de la entrevista

Escucha la conversación entre Chechu y Neus, una chica integrante del proyecto Caravana del agua, sobre la entrevista realizada a Sandra. Indica si los enunciados se refieren a Neus (A), a Chechu (B) o a ninguno de los dos (C).

	A	B	C
1. Sandra se ha mostrado muy natural y espontánea.	☐	☐	☐
2. Puede congeniar con el resto del equipo.	☐	☐	☐
3. Ha estado floja en algunas preguntas.	☐	☐	☐
4. A pesar de su juventud tiene un buen currículum.	☐	☐	☐
5. No es la persona adecuada para el proyecto.	☐	☐	☐
6. Parece una persona muy empática.	☐	☐	☐

18 Debilidades y fortalezas

Lee las unidades léxicas siguientes, ¿son debilidades (D) o fortalezas (F)? Decide. Añade una o dos más.

D la impuntualidad | .... el compromiso con la empresa | .... la capacidad de adaptación | .... no saber trabajar en equipo | .... la capacidad de ser proactivo | .... la falta de conocimiento | .... la creatividad | .... la curiosidad | .... el compañerismo | .... la irritabilidad | .... la desorganización

19 Una carta de presentación

a ¿Qué información se incluye en el cuerpo de la carta de presentación? Relaciona.

Remitente
Lugar y fecha

Destinatario
Saludo:
Párrafo n°1
Párrafo n°2
Párrafo n°3
Párrafo n°4
Despedida

Firma
Anexos

a. resumen del perfil profesional y académico

b. solicitar una entrevista

c. por qué envías la carta

d. referencia a la empresa, por qué quieres cambiar, expectativas y aportaciones personales

b ¿En qué párrafos incluirías la siguiente información?

.... Tengo el agrado de dirigirme a Ud(s). con el objetivo de...
.... Como podrán ver en el CV adjunto...
.... Me considero una persona capaz de trabajar en equipo y muy motivada para aceptar nuevos retos.
.... Me dirijo a Ud(s). con el fin de...
.... Por estos motivos, les solicito una entrevista para poder comentar mis aptitudes.
.... En respuesta a su anuncio publicado en la página web infojobs.com en el que solicita un biólogo nuclear, tengo el gusto de remitirle mi CV para...
.... Durante estos últimos años adquirí experiencia en el campo del análisis de datos ejerciendo de analista.
.... Estoy particularmente interesado en el puesto...
.... Creo tener la capacidad necesaria para ocupar el puesto vacante, ya que...
.... Estoy convencido de que mis aportaciones supondrán un gran enriquecimiento para su empresa.
.... Con sumo gusto les hago entrega de mi CV y quedo a su disposición confiando en que pronto podré suministrale personalmente más información sobre mi perfil.
.... He desempeñado la función de...
.... Estaría encantada de acudir próximamente a su empresa para...
.... En el año 2016 terminé mis estudios de Ingeniería Económica en la Universidad Autónoma de Barcelona.

c Hay un saludo y una despedida que no serían adecuados en una carta de presentación. ¿Cuáles son? Márcalos.

☐ Muy Sr. Mío:
☐ Distinguidos Sres.:
☐ Estimado Sr. Pérez:
☐ Querido Sr. Pérez:
☐ Reciba un saludo cordial,
☐ Les saluda muy atentamente,
☐ Reciban un fuerte abrazo,
☐ Con mis más cordiales saludos,

20 Una entrevista de trabajo

a Escribe las preguntas que un entrevistador podría hacer a un candidato que ha respondido lo siguiente y decide cuál es, en tu opinión, la respuesta más adecuada.

1. ¿..?
- ☐ Me gustan los retos, me gusta crecer a nivel profesional y pienso que este trabajo podría ser una buena oportunidad para mí.
- ☐ En realidad me interesan todos los trabajos. Llevo dos años desempleado y lo que quiero es trabajar.

2. ¿..?
- ☐ Considero que por mi CV y mi experiencia tengo un perfil que destaca por lo que no se arrepentirán de haber confiado el puesto en mi persona.
- ☐ Tengo amplia experiencia trabajando en el sector de la automoción. Además, siempre he destacado por mi capacidad de resolver problemas.

3. ¿..?
- ☐ Necesito cambiar de trabajo. En mi empleo actual no hay un buen clima de trabajo y las relaciones entre algunos compañeros son algo tóxicas.
- ☐ Como le comentaba anteriormente, llevo ya algunos años en la misma empresa, y me gustaría asumir nuevos retos.

4. ¿..?
- ☐ Puedo imaginarme cobrar entre unos 30.000€-40.000€ anuales.
- ☐ 40.000€ anuales. Por menos de eso no estaría dispuesto a cambiar de trabajo.

5. ¿..?
- ☐ Yo diría que soy una persona organizada y me gusta especialmente trabajar con gente. Mis compañeros siempre han destacado el entusiasmo y optimismo que aporto a los retos que me son encomendados.
- ☐ Soy una persona optimista, muy optimista, que nunca ve el lado oscuro de las cosas. ¡Ah! Y soy muy inteligente.

6. ¿..?
- ☐ Soy algo lento, pero porque me gusta que las cosas salgan bien. Intento no cometer errores y, por eso, a veces me demoro un poco.
- ☐ Realmente no tengo puntos débiles, quizás tiendo a ser perfeccionista.

57 **b** Escucha y comprueba tus respuestas.

21 Así se escribe

¿Qué significan estas siglas? Escríbelo. Puedes consultarlo en internet.

1. Dpto.: .... 2. I+D+i: ....
3. AI: .... 4. RR.HH.: ....
5. EE.UU.: .... 6. UE: ....
7. S.A.: .... 8. S.L.: ....

Cuando la palabra abreviada es plural, las siglas se duplican como en RR.HH o EE.UU.

1 Expresiones idiomáticas

a En estas expresiones idiomáticas se usa la palabra *cuento* siempre con un sentido diferente. Relaciónalas con los significados de la derecha.

1. Eso **es un cuento chino**. No me lo creo.
2. Ese comentario **no viene a cuento**.
3. **¡Le echa mucho cuento!** Solo tiene un resfriado.
4. **Dejémonos de cuentos** y empecemos a trabajar.
5. No sé cuándo se solucionará el conflicto. **Es el cuento de nunca acabar.**
6. Siempre **ha vivido del cuento**. Yo creo que no ha trabajado nunca.
7. Este chico **es un cuentista**. Nada de lo que dice es verdad.
8. **Es cuento largo**. Podríamos hablar horas.

a. No venir al caso. No ser adecuado.
b. Un embuste o mentira.
c. Un asunto interminable.
d. Dejarse de rodeos e ir a lo sustancial de algo.
e. Asunto del que se puede hablar mucho.
f. Exagerar o simular algo que se dice o hace.
g. Vivir a costa de los demás, sin trabajar.
h. Ser un/-a mentiroso/-a...

b Completa los diálogos con una de las expresiones en letra cursiva del ejercicio anterior. No te olvides de conjugar los verbos.

1.
- ¿Y dónde trabaja Juan?
- No hace nada. Dice que es escritor y ni estudia ni trabaja.
  ....

2.
- ¿Has resuelto ya el problema con tus vecinos?
- No, es .... Todo es muy complicado, ya te contaré.

3.
- Bueno ¿y te reconciliaste con tu novio?
- Sí, y estoy muy feliz, pero eso es un .... Tendríamos para horas.

2 Actividades, géneros y profesiones

a Clasifica las palabras en la categoría correspondiente.

cuento | editor | novela rosa | escritor/a | ensayo | autor/a | conferencia | cómic | poeta | cuentacuentos | taller | poesía | lectura | recital de poesía | novela negra | guía de viaje | dibujante | mesa redonda | firma de libros | Jam sesión

LIBROS Y GÉNEROS ....
....

PROFESIONES ....
....

ACTIVIDADES ....
....

b Completa la lista de verbos con uno de los sustantivos.

editar, publicar, imprimir, distribuir ....
componer, hacer, recitar, declamar ....
inaugurar, cerrar, participar en, exponer en ....
interpretar, analizar, resumir, citar ....
obtener, recibir, ganar, otorgar ....
dibujar, pintar, ilustrar, diseñar ....

un poema | un premio | un texto | un libro | una feria | un cómic

3 ¿Qué hacer en la Feria de La Habana?

a Relaciona las columnas.

captar	contactos
establecer	opiniones
firmar	libros
intercambiar	clientes
otorgar	con el público
interactuar	un premio
informarse sobre	temas actuales

58 **b** ¿Son estas informaciones sobre la Feria de La Habana verdaderas o falsas? Escucha la entrevista y marca.

	V	F
1. La Feria de La Habana se celebrará del 8 al 15 de marzo en la sala San Carlos de la Cabaña.	☐	☐
2. Se cobrará la entrada a las diferentes salas.	☐	☐
3. Se trata del encuentro del libro más importante en el país.	☐	☐
4. Las editoriales podrán captar nuevos clientes y establecer contactos con nuevos autores.	☐	☐
5. La feria tiene carácter nacional.	☐	☐
6. Las firmas de libros tendrán lugar en las numerosas librerías.	☐	☐
7. Durante el evento tendrán lugar recitales de poesía, conciertos de cantautores, cuentacuentos y otras actividades.	☐	☐
8. El cuentacuentos se realizará el viernes 8 de marzo a las 4:30 de la tarde.	☐	☐

4 El público opina

Transmite las opiniones del público no especialista que asistió a la feria desde un contexto *no actual*.

1. "No creo que haya que mejorar muchas cosas. Solo hubo algo que no me gustó. A muchas actividades no se podía acceder gratuitamente y había que pagar. Para el próximo año todas las actividades deberían ser gratuitas." *Laura Salmón*

Laura dijo que ....
....
....
....

2. "Es necesario que haya, para los próximos años, actividades de más diversión para integrarse al libro. La gente quiere que su recorrido por los diferentes stands se convierta en un paseo." *Gisela García*

3. "Me da mucha pena que los niños y los jóvenes no participen mucho en la feria. Para el próximo año hay que integrar a estos grupos. Es que hay que incentivar la lectura desde edades tempranas." *Enrique Rabasa*

4. "Para mí, hubo ausencias importantes. Faltaron autores nacionales e internacionales. La gente quiere que sus autores favoritos firmen sus libros. Quieren conocerlos, conversar con ellos." *Alejandra Dueñas*

5 Una entrevista

Lee los comentarios de Marta Guzmán sobre la entrevista que le hizo a Carolina Margolles y reconstruye las respuestas de la entrevistada haciendo los cambios pertinentes.

1. ¿A qué edad comenzaste a contar cuentos y por qué?
2. ¿Qué pueden hacer nuestros hijos para ser más creativos?
3. ¿Qué le ha parecido la feria?
4. ¿Es cierto que ya quiere retirarse? Dicen que quiere dedicarse solo a la escritura.
5. ¿Qué espera Carolina Margolles de la vida?

Carolina Margolles es una persona encantadora. Me **comentó** que había comenzado a escribir cuentos a los 10 años. Me **dijo** que su principal consejo para que la creatividad de los niños aumentara era que empezaran a contar cuentos desde pequeños, que hablaran todas las noches con sus muñecos, su almohada y que les narraran historias. La feria le encantó… solo **criticó** una cosa… que los autobuses que transportaban a los niños no llegaran a tiempo a las actividades. **Negó** además que quisiera retirarse, por el contrario, **afirmó** que esperaba seguir contando cuentos y me **confesó** que su sueño era que cuando tuviera 80 años, sus nietos o bisnietos, le contaran historias maravillosas. Es majísima, la verdad.

6 El verbo ideal

Además de *decir* existen otros verbos con los que podemos transmitir las intenciones de otras personas. Elige el verbo ideal para transmitir la información.

negar
mencionar
aconsejar
recordar

1. "Pero, ¿quién ha dicho semejante locura? No pienso irme a vivir a Francia. Eso no está en mis planes por ahora."
Negó que

responder
mencionar
recomendar
confesar

2. "Y ahora le voy a confesar algo muy penoso, que no le he contado a nadie. Esa noche perdí el tren que me llevaba a La Habana porque tomé otro en dirección contraria, ¡A Santiago de Cuba!"

....

....

aconsejar
comentar
confirmar
confesar

3. "¡Y tratad de no llegar tarde a las actividades culturales! Es que se llenan normalmente y después no se escucha nada."

....

....

preguntar
pedir
recomendar
declarar

4. "¿En qué sala es la lectura de Julián Mitjans?"

....

....

prometer
informar
recordar
mencionar

5. "Y con seguridad el próximo año se publicará la segunda parte de mi novela *Destinos*. Es una deuda que tengo con mi público y que voy a cumplir."

....

....

7 Un libro para una isla desierta

59 **a** Dos participantes de un programa de radio nos hablan de dos libros. Toma nota del nombre de los autores, del país y de las obras. ¿Cómo las valoran?

Autor: ....
Nacionalidad: ....
Libro: ....
Valoración: ....

Autor: ....
Nacionalidad: ....
Libro: ....
Valoración: ....

b Lee ahora las opiniones de algunos estudiantes sobre las obras anteriores. ¿Están de acuerdo con los participantes del programa? Transmítelas desde un contexto no actual.

"Con toda sinceridad, yo no niego que sea la obra más importante de la historia de la literatura y que inaugure el género de la novela, pero me parece que la mayoría de las personas no entiende todas las referencias literarias que aparecen. **En dos palabras**, no es un libro para cualquier lector."

Manuel Díaz dijo que ...

"Pues, a decir verdad, la novela no me gustó nada. No es que no tenga valor literario, sino que se queda muy por debajo de otras obras de la autora. En mi opinión, los diálogos no son creíbles. **En resumen**, la peor de sus novelas."

Amalia Pérez dice que ...

Los reformuladores recapitulativos *(en dos palabras, en resumen)* son usados con frecuencia en el discurso directo para condensar y reforzar la información dada. Otros reformuladores son: *en una palabra, en pocas palabras, en resumidas cuentas, a fin de cuentas.*

c Completa la biografía de Elena Poniatowska con los verbos en pasado.

ser | nacer | compaginar | permanecer | tener | comenzar | publicar | huir | andar | obtener | salir | rechazar | convertirse | recibir

1 .... el 19 de mayo de 1933 en Francia. Cuando 2 .... 10 años, sus padres 3 .... a México a causa de la Segunda Guerra Mundial. En 1949, 4 .... enviada a estudiar en un internado religioso en Estados Unidos. A su regreso, 5 .... a trabajar en el periódico *Excélsior* escribiendo crónicas sociales. En 1955 6 .... a la luz su primera novela, *Lilus Kikus* y desde entonces 7 .... la literatura con el periodismo. En 1965 8 .... toda la región de Polonia en compañía de su madre, mientras su primer hijo 9 .... interno en Suiza. En 1971 10 .... el premio literario Xavier Villaurrutia por *La noche de Tlatelolco*, novela que trata los testimonios de la revolución estudiantil de 1968, pero lo 11 .... en una carta abierta al periódico mexicano *Excélsior*. En la década de los 90 12 .... *Todo México* (1990), *Tinísima* (1991), *Paseo de la Reforma* (1997), *Todo empezó en domingo* (1998), *Cartas de Alvaro Mutis a Elena Poniatowska* (1998), *Las soldaderas* (1999), *Juan Soriano y Niño de mil años* (1999). El 7 de febrero de 2011 13 .... el Premio Biblioteca Breve que otorga la editorial española Seix Barral, por su novela *Leonora* y el 19 de noviembre de 2013, Elena Poniatowska Amor 14 .... en la cuarta mujer que recibe el Premio Cervantes.

8 La expresión

a Lee otra vez el cuento *La expresión* de la página 46 y subraya en el texto las formas verbales del pasado que aparecen. Busca ejemplos para cada uno de los siguientes usos.

1. Narra un acontecimiento en un momento concreto.
2. Describe una acción habitual.
3. Describe la situación, el contexto en el que transcurre una acción.
4. Expresa una acción o descripción anterior a otra.

Recuerda: con **el pretérito indefinido** nos referimos a acciones terminadas en un período de tiempo determinado *(Cuando cumplió los veinte años.)*. Con **el pretérito imperfecto** describimos situaciones, personas, cosas o lugares *(Milton Estomba era alto y nervioso.)* y expresamos acciones habituales en el pasado *(Antes de cada concierto ensayaba frente al espejo.)*. Con **el pretérito pluscuamperfecto** hablamos de una acción o descripción anterior a otra pasada *(Milton Estomba se olvidó de todos los nocturnos que habían figurado en su repertorio.)*

b Corrige aquella información que sea falsa.

1. A los siete años ya había empezado a tocar la Sonata N° 3 Op. 5 de Brahms para el público.
2. Después de cumplir los veinte años Milton empezó a preocuparse por sus gestos y su expresión.
3. Primero, Milton Estomba daba un recital de gestos y expresiones y después tocaba el piano lo que era acogido por el público con gran entusiasmo.

c Realiza un asociograma del vocabulario del cuento a partir de estos conceptos.

Público y sus reacciones | Música | Expresiones faciales

9 Un microrrelato

a En este microrrelato faltan los verbos. Colócalos en el tiempo verbal del pasado adecuado.

venir | ejecutar | estar (2x) | dar | poner | agitar | sonreír | salir | ser | sentir | dejar | leer

• SIRENA •

La piscina ....(1)con sirena. Nos .... (2) cuenta enseguida, en realidad nada más .... (3) al jardín, el día de la mudanza, dispuestos a limpiar el agua de musgos desvaídos y mariposas suicidas. Allí .... (4) ella. Su cara de muñeca de feria nos .... (5) desde el fondo de nuestra maravillosa, diminuta piscina en forma de alubia, y la .... (6) mirando un rato sin saber qué decir, mientras .... (7) para nosotros sus ejercicios rutinarios, como una Esther Williams con sobrepeso que no se resignara a olvidar las cámaras acuáticas de antaño. Ella .... (8) quien rompió el hielo. .... (9) (nosotros) un burbujeante "hola" en sus labios rojo mercromina, y entonces Carmen .... (10) la mano torpemente, como si fuera una aleta. Yo me .... (11) ligeramente incómodo, igual que si la vecina de enfrente me hubiera sorprendido espiándola con mis prismáticos, así que .... (12) la boca en forma de "o" varias veces a guisa de saludo y .... (13) caer disimuladamente el cazamariposas verde, junto a la escalerilla.

Microrrelato de Patricia Esteban

b ¿Cuál es el argumento principal? ¿Qué te ha parecido el microrrelato? Escribe una valoración personal del microrrelato.

> Este microrrelato narra la historia de...
> La historia me parece/ no me parece...

c ¿Qué otro cuento de la literatura universal tiene como protagonista una sirena? Busca en Internet la historia y reléela. Redacta un resumen del argumento.

10 Mortadelo y Filemón: un cómic con historia

a Lee estas valoraciones sobre el cómic *Mortadelo y Filemón* y decide cuáles pertenecen al lenguaje coloquial. ¿Cuántas expresiones sinónimas de *reírse mucho* encuentras?

> De verdad, que con Mortadelo y Filemón yo me río a carcajadas. Es que te caes de la risa con los disfraces que usa. ¡Se convierte en cada cosa!

> Mi hijo que tiene 7 años se troncha de la risa con los porrazos y las caídas. Son situaciones tan increíbles.

> Mi marido y yo nos desternillamos de la risa con los inventos del profesor Bacterio y con la señorita Ofelia, que no se queda muy atrás. Son como para morirse de risa.

> La capacidad de Ibáñez de añadir diferentes *gags* en una sola viñeta es un caso insólito. Casi todos sus dibujos contienen detalles surrealistas que mueven a la risa.

b ¿Qué están haciendo Mortadelo y Filemón en la imagen de la página 43? Escribe una pequeña descripción de su aspecto físico teniendo en cuenta la expresión de sus rostros y los gestos.

Futuro

11 La historia del cómic en España

a Lee este texto sobre la historia del cómic en España y completa los huecos del ejercicio con los fragmentos que faltan. Escribe el número correspondiente sobre la línea de puntos.

Historia del cómic español

Para algunos expertos del cómic el origen de la historieta en España se remonta a los manuscritos de las Cantigas de Santa María del siglo XIII. ……… En las 420 canciones que componen las Cantigas se encuentran características formales propias del cómic actual como la estructura en viñetas.

Pero será a principios del siglo XX que surgirán los primeros títulos como *En Patufet* (1904), publicación editada en catalán, y *Gente Menuda*, suplemento infantil del Diario ABC. En 1916 y 1917, respectivamente, nacerán las revistas Charlot y TBO que serán las que iniciarán la publicación de cómics en España. ……… TBO publicará especialmente historietas de autores nacionales y, en menor medida, de creadores extranjeros y obtendrá un gran éxito debido a su bajo precio durante la década de los veinte.

……… Surgirán así historietas de carácter propagandístico de un bando y otro. Con el fin de la Guerra Civil española, aparecerá la censura y continuará publicándose solo *Flechas y Pelayos* bajo la protección económica oficial, aunque reaparecerán otras que habían desaparecido con el inicio de la guerra como TBO, que volverá a publicarse en 1941.

En 1962 la censura prohibirá las series de superhéroes, aunque habrá excepciones como *El capitán Trueno*, el héroe más importante de la historieta española.

Con la muerte de Franco, la caída de la dictadura y la llegada de la transición surgirán nuevas revistas que incorporarán la historieta gráfica con el fin de hacer un retrato satírico de hechos y personajes de la actualidad, así por ejemplo, *El víbora* y *El jueves*, destinadas ambas a un público adulto.

……… La producción editorial de historietas se centrará en la traducción de comic-books estadounidenses y de manga japonés, aunque desde 2003 se está produciendo una cierta recuperación del mundo del cómic. En los momentos actuales ya se habla de una época de oro por la renovación en el diseño y la ilustración.

1. Dichas composiciones métricas fueron elaboradas en los talleres que dirigía Alfonso X "el Sabio" y narran los milagros vinculados a la intervención de la Virgen María.
2. El declive del cómic en España, comenzará con el desarrollo de los videojuegos y la subida del precio del papel.
3. El inicio de la Guerra Civil española, el 17 de julio de 1936, supondrá una crisis para la historieta pues se convertirá en un medio al servicio de cada bando: republicanos y nacionalistas.
4. Esta última dará nombre al género en España pues desde entonces se conocerá como tebeo.

b Como puedes observar, el futuro imperfecto se usa en la historia anterior para contar hechos ocurridos en el pasado. Ahora resúmela usando los verbos en pasado.

12 Personajes de historietas

Relaciona las frases y únelas utilizando *por lo que, de ahí que, de manera que, así que.*

1. Tiene poderes sobrenaturales
2. Es muy curiosa
3. Es vulnerable a la kryptonita
4. Tuvo mucho éxito desde el principio
5. Se interesa por la política y los idiomas
6. Combate las injusticias
7. Es el personaje de historieta más importante para los argentinos

a. quiere trabajar de intérprete en las naciones unidas.
b. puede volar.
c. la exposición a la radiación de este metal verde anula sus poderes de Superman y lo inmoviliza.
d. es la primera escultura del Paseo de la Historieta de Buenos Aires.
f. se crearon otros personajes similares como Batman y el Hombre Araña.
g. siempre tiene preguntas para sus padres.
h. reflexiona con profundidad sobre hechos diferentes como los derechos humanos o la situación de los países en vía de desarrollo.

13 Marcadores consecutivos

a Lee la carta que el director de un periódico le manda al historietista Norberto Ávalos. Complétala con los marcadores *así que, por ese motivo, de ahí que* o *por lo que.*

Estimado Sr. Ávalos:

Me dirijo a usted porque estamos interesados en su trabajo. La manera en que (a) **cuenta** las historias de Supercali es excepcional. La misma opinión tengo de sus dibujos y del diseño de los personajes. ....,desearíamos (b) **contar** con usted para la tira cómica de nuestro periódico. Le parecerá raro que un diario que (c) **cuenta** con tantos años al servicio del público no tenga todavía una sección de este tipo, pero hasta ahora no habíamos tenido la oportunidad de hacerlo. A partir de abril dejará de publicarse la columna de gastronomía, ... (d) **contaremos** los domingos con un espacio para la tira cómica. La idea de introducir una historieta en el periódico es un viejo y anhelado deseo de nuestra redacción, ... (e) **contemos** los días para que nuestro sueño se haga realidad. Siempre lo (f) **hemos contado** entre los mejores historietistas del país, ...fue la primera persona en la que pensé. (g) **Cuento** por hecho que aceptará nuestra propuesta y le prometo que podrá (h) **contar** con el apoyo de toda la redacción.

Es espera de sus noticias, se despide de usted atentamente,

Juan Carlos López Popa

b En el correo anterior se repite el verbo *contar*. Relaciona cada uso con las definiciones.

1. Numerar o computar las cosas. .....
2. Referir un suceso verdadero o fabuloso. .....
3. Tener en cuenta a alguien. .....
4. Considerar a alguien. .....
5. Tener un número de años. .....
6. Tener, disponer de una cualidad o de cierto número de personas o cosas. .....
7. Confiar o tener por cierto que alguien o algo servirá para el logro de lo que se desea. .....
8. Tener la seguridad de algo. .....

14 Tan, tanto

Combina las siguientes columnas y forma frases con sentido.

Tenía		solo	que no le dirigió más la palabra.
Se sentía	tan	sed	que se fue a vivir en un piso compartido.
Se comportó	------	------	que bebió dos litros de agua.
Poseía	tanto	mal	que la copa se partió.
Brindó con	tanta	fuerza	que salió corriendo del salón.
Se asustó		dinero	que se le enrojecieron los ojos.
Lloró			que lo repartía a manos llenas.

15 DELE Los jóvenes y la lectura

60-64

a Escucha los comentarios y marca si las afirmaciones siguientes son verdaderas o falsas.

	V	F
1. El Estado no diseña programas efectivos para que los jóvenes tengan acceso a las letras.	☐	☐
2. Las nuevas tecnologías ofrecen plataformas a los usuarios en donde la lectura pasa a un segundo plano.	☐	☐
3. El hábito de la lectura es responsabilidad de la sociedad y no de los padres.	☐	☐
4. Los jóvenes no asisten a las bibliotecas.	☐	☐
5. La escuela ha contribuido a que el hábito de lectura se pierda.	☐	☐

b Ahora lee el texto de la página derecha donde se afirma lo contrario y complétalo con la opción correcta. Después coloca los títulos en el párrafo correspondiente.

	a)	b)	c)
1.	a) con	b) a	c) por
2.	a) convivir	b) a convivir	c) conviviendo
3.	a) con	b) de	c) por
4.	a) gastan	b) ganen	c) gasten
5.	a) son	b) sean	c) serán
6.	a) en cuanto a	b) en cuanto	c) cuando
7.	a) de	b) a	c) por

A. ¿En qué forma leen?

B. El debate de digital vs. impreso

C. La lectura en los jóvenes

D. Uso de Internet y dispositivos

Los jóvenes sí leen y lo hacen por gusto

Ocho de cada 10 jóvenes mexicanos leen ......1...... gusto y no por obligación, de acuerdo con los resultados arrojados por la Primera Encuesta Nacional sobre Consumo de Medios Digitales y Lectura entre jóvenes, que se llevó acabo con el objetivo de identificar las conductas, el consumo y efecto que tienen los medios digitales en este sector.

El aumento del acceso a Internet ha generado una migración de los medios tradicionales hacia los digitales, pero sólo en algunos casos. Hasta ahora los medios tradicionales y digitales siguen ......2......
Contrario a lo que se piensa, los jóvenes se acercan a la lectura ......3...... iniciativa propia. En línea tienden a leer noticias, blogs, tips, reseñas y tutoriales por la funcionalidad y corto formato. El formato predilecto sigue siendo PDF. En cambio siguen prefiriendo la literatura, como novelas y cuentos, en versión impresa.
Seis de cada 10 (62 %) jóvenes leen textos desde Internet, una de las razones del consumo de libros en línea es que son gratuitos. En promedio los jóvenes ......4...... 512 pesos en libros digitales y los universitarios 871 pesos al año. El 57 % de los jóvenes gasta 836 pesos anuales en libros impresos, mientras que los universitarios 1,280 pesos.

El smartphone es el dispositivo más importante para los jóvenes al que agregan valor funcional y emocional. El comportamiento de los jóvenes en Internet modifica sus hábitos de lectura. Ocho de cada 10 (87 %) jóvenes de zonas urbanas del país son usuarios de Internet y 85 % lee textos desde su smartphone.
Los smartphones hacen que los contenidos digitales más leídos ......5...... más breves, visuales y diversificados.
Ocho de cada 10 (84 %) tiene servicio de Internet en su hogar y se conecta a la red en promedio 6.1 horas entre semana y 8.1 horas los fines de semana.
Los principales usos de los medios digitales entre los jóvenes son la comunicación interpersonal y la convivencia en redes sociales. Se determinó que 87 % chatea, 85 % convive en redes sociales, 55 % investiga temas de interés personal y 42 % busca informarse sobre noticias.

El estudio también refleja que 61 % de los encuestados en México prefiere leer artículos, blogs y noticias, mientras que 49 % lee tips o consejos, 46 % prefiere buscar reseñas de cine y música y 31 % prefiere los comics o historietas.
Los jóvenes pasan prácticamente 30 % de su tiempo interactuando con recursos digitales.
......6...... literatura se refiere, 34 % de los jóvenes prefiere las novelas, 23 % la poesía y 28 %, los cuentos.
Cinco de cada 10 jóvenes recurren al libro impreso para leer literatura. De los encuestados, 66 % declaró leer libros impresos, mientras que el 34 % restante prefiere en digital.
Estos datos muestran claramente que medir la lectura por el número de libros comprados no es una muestra ciertamente fidedigna en relación al comportamiento lector entre la población joven, esto sugiere que es importante replantear las estrategias para acercar a este sector que representa la lectura.

El acceso ......7...... libros en formato digital es principalmente gratuito a través de Internet, pero de acuerdo a las cifras, sólo 11 % de los jóvenes prefiere comprar por este medio, teniendo una inversión anual de 512 pesos; mientras que en el sector de los universitarios la cifra alcanza 15 % siendo la inversión anual de unos 871 pesos.
La encuesta deja ver con claridad que actualmente el consumo de materiales de lectura es una práctica cotidiana entre los jóvenes y que hay un mayor acercamiento a la lectura por elección propia, puesto que la lectura no está concebida únicamente como el consumo de libros.

El Economista

c ¿Y en tu país? Escribe un pequeño texto sobre los hábitos de lectura de los jóvenes.

16 Sentimientos

a Clasifica los siguientes sentimientos en positivos (+) o negativos (-) y añade dos más a cada lista.

euforia | enfado | admiración | afecto | tristeza | odio | optimismo | gratitud | satisfacción | indignación | amor | agrado | impaciencia | envidia | venganza | celos | desamor

SENTIMIENTOS POSITIVOS	SENTIMIENTOS NEGATIVOS

b Lee los siguientes versos. ¿Con qué sentimientos los relacionas?

1. ....

Pablo Neruda (1904–1973)
De otro. Será de otro. Como antes de mis besos. Su voz, su cuerpo claro. Sus ojos infinitos.

2. ....

Federico García Lorca (1898–1936)
Tengo miedo a perder la maravilla de tus ojos de estatua, y el acento que de noche me pone en la mejilla la solitaria rosa de tu aliento.

3. ....

Carilda Oliver Labra (1922)
Te borraré con una esponja de vinagre, con un poco de asco. Te borraré con una lágrima importante o un gesto de descaro.

4. ....

Jaime Sabines (1926–1999)
Espero curarme de ti en unos días. Debo dejar de fumarte, de beberte, de pensarte. Es posible. Siguiendo las prescripciones de la moral en turno. Me receto tiempo, abstinencia, soledad.

17 Definiendo

a Relaciona cada palabra con su definición y escribe después el adjetivo y el verbo correspondientes.

diversión | conmoción | emoción | compasión | desánimo | impresión | ~~tristeza~~

	adjetivo	verbo
1. Tristeza Sentimiento que sentimos al recibir una mala noticia que provoca un estado de ánimo pesimista.	....	entristecerse
2. .... Recreo, pasatiempo, solaz.	....	....
3. .... Alteración del ánimo intensa y pasajera, agradable o penosa.	....	....
4. .... Movimiento o perturbación violenta del ánimo o del cuerpo.	....	....

	adjetivo	verbo
5. .... Desaliento, falta de ánimo.	....	....
6. .... Efecto o sensación que algo o alguien causa en el ánimo.	....	....
7. .... Sentimiento de pena, de ternura y de identificación ante los males de alguien.	....	....

b Redacta una definición para cada uno de estos sustantivos y escribe el verbo y el adjetivo correspondientes.

1. frustración ....
adj: ....
verbo: ....

2. odio ....
adj: ....
verbo: ....

18 Así se escribe

65

a Escucha las palabras y fíjate en su ortografía. Después decide a qué grupo pertenecen.

tuit | escáner | blog | líder | manager | estándar | club | fútbol | chatear
zapear | mitin | ballet | tip | cómic | copyright | bluyín | airbag | jazz

Las palabras de origen extranjero se han adaptado a la lengua española de distintas formas:

1. Se escriben y pronuncian como en la lengua originaria: ....
2. Se escriben como en la lengua original pero se adaptan a las reglas de la pronunciación española: ....
3. Se mantiene la pronunciación de la lengua originaria, pero se adaptan a la ortografía española: ....
4. Se mezcla la palabra extranjera con una terminación española: ....

Y en otras ocasiones simplemente se traducen como *perrito caliente* (hot dog), *comida rápida* (fast food), *baloncesto* (basketball), *nube* (cloud).

b Relaciona estos extranjerismos con la palabra en español.

e-book	libro electrónico
tablet	empresa emergente
check in	tableta
jet lag	wifi
e-book reader	desfase horario
duty free	lector de libro digital
wi-fi	facturación o registro
start-up	libres de impuestos
low cost	bajo coste

1 De cine

a Las siguientes palabras derivan de la palabra *cine*. Relaciona cada una con su significado.

1. cinefilia
2. cinéfilo
3. cinemateca
4. cinematográfico
5. cineasta
6. cinematógrafo
7. cinematografía

a. *m.* Aparato que permitía la grabación y proyección de películas cinematográficas.
b. *adj.* Aficionado al cine.
c. *m. y f.* Persona que trabaja en la industria artística del cine, en función destacada.
d. *f.* Afición al cine.
e. *f.* Lugar donde se conservan las películas para su estudio y exhibición o sala en la que se proyectan los filmes.
f. *f.* Captación y proyección de imágenes fotográficas en movimiento.
g. *adj.* Perteneciente o relativo a la cinematografía.

b Completa las oraciones siguientes con los términos de 1a.

1. La .... de Madrid exhibe una de las grandes obras del maestro brasileño Glauber Rocha en su ciclo "Los lunes al cine".
2. Los estudios .... más conocidos internacionalmente están en Estados Unidos.
3. La .... de las nuevas generaciones me convence de que el "séptimo arte" nunca va a desaparecer.
4. El .... fue un invento de los hermanos Auguste y Louis Lumière.
5. Es un .... incorregible. ¡Puede ver hasta tres películas seguidas!
6. El .... Vicente Aranda recibió el Premio Nacional de .... en 1988.

c Fíjate en la lista de palabras que encuentras a continuación, ¿qué sufijo comparten? Escríbelos. Después lee la información en la siguiente página y completa.

1. -filia
cinefilia
bibliofilia
hispanofilia
francofilia

2. ....
cinéfilo
bibliófilo
anglófilo
germanófilo

3. ....
cinemateca
ludoteca
discoteca
biblioteca

4. ....
cineasta
gimnasta
iconoclasta
entusiasta

5. ....
cinematográfico
topográfico
biográfico
demográfico

6. ....
coreografía
fotografía
bibliografía
cartografía

7. ....
cinematógrafo
telégrafo
bolígrafo
biógrafo

Algunas palabras poseen un sufijo que se añade al final de la raíz y matiza su significado. Los sufijos .... significan amor o simpatía, la terminación .... depósito o lugar para guardar algo, ... denotan campo de estudio y el sufijo .... puede significar escritura o persona o aparato que escribe o registra. El sufijo .... equivale a profesión o persona dedicada a algo.

d Redacta cinco frases con las palabras de **1c**. Usa el diccionario en caso necesario.

Le interesan mucho la historia y la cultura alemanas. Es una excelente germanófila.

2 Decálogo del perfecto cinéfilo

Lee el decálogo y completa con las palabras de la caja.

espectador | butaca | fila | versión | películas | cartelera | estreno | argumento | sala | proyección

1. No apoyarás los pies en la .... del otro.
2. Verás la película en .... original y/o subtitulada y evitarás las dobladas.
3. No irás al cine solamente el día del ....
4. Preferirás siempre la experiencia de estar en una .... de cine a verla en casa.
5. No verás exclusivamente .... taquilleras.
6. No te sentarás en primera ....
7. Conocerás todas la películas en ....
8. No te perderás ningún .... cinematográfico.
9. No hablarás ni harás ruidos desagradables durante la ....
10. No contarás el .... de la película mientras la ponen.

3 ¿Cuál no?

¿Por cuál de estas palabras no puedes sustituir los verbos y expresiones marcadas?

1. En el cine Villa Clara **exhiben** una película buenísima. ¿Te animas a venir conmigo?
   a) dan b) pasan c) observan d) ponen
2. Ariadna Gil **da vida** al personaje Jane Eyre en el teatro.
   a) encarna b) protagoniza c) interpreta d) aclara
3. La acción **tiene lugar** en un pueblo apartado de provincias.
   a) se desarrolla b) progresa c) ocurre d) acontece
4. Icíar Bollaín **rodó** el cortometraje *Baja, corazón* en 1993.
   a) filmó b) planeó c) dirigió d) hizo
5. En el examen final de Teoría y análisis del discurso audiovisual los estudiantes tendrán que **analizar** un largometraje.
   a) proyectar b) valorar c) examinar d) estudiar

4 Dos sinopsis

a Las siguientes sinopsis están desordenadas. Léelas con atención y ordénalas.

... En el seno de esta trama social, estas tres generaciones de mujeres sobreviven al viento, al fuego e incluso a la muerte, gracias a su bondad, su audacia y a una vitalidad sin límites.

... La película está dirigida por Pedro Almodóvar y cuenta con un reparto formado por Penélope Cruz, Carmen Maura, Lola Dueñas, Blanca Portillo, Yohana Cobo, Chus Lampreave, Antonio de la Torre y Carlos Blanco, entre otros.

... Raimunda es una mujer de carácter, emprendedora y atractiva, con un marido en el paro y una hija en plena adolescencia. Como la economía familiar es muy precaria, Raimunda tiene varios trabajos. Su hermana Sole trabaja en una peluquería y es un poco mayor. Su marido la abandonó y vive sola. Su madre ha muerto en un terrible incendio, pero parece que no se ha ido del todo cuando resulta que hace una inesperada visita a sus hijas y a alguien más.

... En ella un productor de cine, Costa, y un comprometido director planean un proyecto de grandes proporciones, cuyo rodaje se deberá llevar a cabo en la hostil selva de Bolivia. La película que tienen pensada versa sobre la llegada de los navíos españoles al continente suramericano, tratando de mostrar con la mayor crudeza y veracidad posible, el ensañamiento de los soldados hispanos con los indígenas bolivianos.

... Lo que estos idealistas cinematográficos no pensaban es que en ese inhóspito lugar les esperaba una aventura que hará tambalearse todo su mundo. Estallará la Guerra del Agua, y el pensamiento de uno y la frialdad del otro empezarán a venirse abajo, forzándoles a hacer un viaje hacia sus sentimientos, pero en sentido opuesto.

... La directora Icíar Bollaín, une sus fuerzas con el guionista habitual de Ken Loach, Paul Laverty, para traernos esta epopeya con tintes dramáticos, protagonizada por un elenco internacional encabezado por Luis Tosar y Gael García Bernal.

b Ahora señala en ambas sinopsis las partes en que se describe:

1. el contexto en que se desarrolla la acción
2. el conflicto principal
3. los personajes principales

c Completa las siguientes oraciones sobre las películas anteriores usando los pronombres relativos *cuyo/-a/-os/-as*

1. El largometraje .... trama principal es la muerte es *Volver*.
2. El filme .... actores principales son Gael Bernal y Luis Tosar es *También la lluvia*.
3. La película .... géneros son el melodrama y la comedia está dirigida por Pedro Almodóvar.
4. Raimonda, la mujer .... madre es un fantasma, fue protagonizada por Penélope Cruz.
5. El drama social, ... título hace referencia a la privatización del agua en Bolivia, fue dirigido por Icíar Bollaín.
6. La cinta, ... actrices principales son Penélope Cruz, Carmen Maura y Lola Dueñas, se convirtió en una de las películas más taquilleras de España.

5 El olivo en Alemania

a *El olivo* es una coproducción entre España y Alemania. Lee la reseña que apareció en un periódico alemán. Señala en el texto la introducción, el resumen de la trama, el comentario crítico y la conclusión.

Die große Entwurzelung

Von Thomas Klingenmaier – 26. August 2016 – 09:27 Uhr

An einem kleinen Beispiel erzählt die spanische Regisseurin Icíar Bollaín von den tiefen Konflikten Europas. Ein deutscher Konzern hat einer spanischen Bauernsippe einen alten Baum abgekauft und in die Firmenzentrale verpflanzt. Das empfinden manche als Verlust der Seele und Sieg der Kaltherzigkeit.

Stuttgart - Genoptimierte Agrarfarmen sehen anders aus. Die knorrigen alten Olivenbäume, die sich in Icíar Bollaíns Spielfilm „El Olivo" aus trockener spanischer Erde erheben, sind schwerer mit Symbolik als mit Früchten beladen. Ihr schrundiges Äußeres erzählt von der Notwendigkeit der Geduld, vom Überlebensvorteil der Bescheidenheit, vom Unabdingbaren tiefer Verwurzelung. Ramón (Manuel Cucala), der alte Mann, dem die Bäume gehören, ist ihr ebenbürtiges Spiegelbild. Man könnte auch sagen, er sei der Inbegriff großstädtischer Vorstellungen einer magischen rustikalen Erdverbundenheit, eines harschen Paradieszustands, in dem der Mensch im Schweiße seines Angesichts pflegender Partner der Schöpfung bleibt. Seiner Enkelin Alma (Anna Castillo) hat Ramón viel von seinem Wesen vermitteln können, aber andere in der Familie sind weniger wertefest. Die roten Zahlen der Bilanzbücher schieben sich vor ihren Blick, und so verkaufen sie den ältesten Baum, mehr mythologische Weltenesche als schlichtes Plantagengewächs, an einen deutschen Konzern. Der braucht ein starkes Symbol für sein Wirken, doch „El Olivo" lässt keinen Zweifel an der Natur dieses Geschäfts. Der Baum steht nun nicht mehr in Würde für das, was eine Gesellschaft prägt, er wird Instrument einer Lüge. Was niemanden überraschen dürfte: Alma wird immer zorniger und bricht schließlich nach Deutschland auf, um den Baum heimzuholen.

Süden gegen Norden

Das Drehbuch zu „El Olivo" stammt von Paul Laverty, der seit „Carla's Song" aus dem Jahr 1996 dem Briten Ken Loach Drehbücher liefert. Loach und Laverty, die Film als Waffe im Kampf um eine bessere Welt begreifen, scheuen sich nicht, die Konflikte einer Geschichte auf griffige Gut-Böse-Konfrontationen zu reduzieren. Auch Bollaín fordert wie schon in ihrer ersten Zusammenarbeit mit Laverty, „Und dann der Regen", eine eindeutige Stellungnahme vom Zuschauer.

„El Olivo" stellt ein armes, aber menschliches, naturverbundenes und von Familienstrukturen und Solidarität geprägtes Europa des Südens gegen ein deutsch bestimmtes, kaltschnäuziges, zynisches, entfremdetes Europa der Profitpriorität. Das lässt den Charakteren wenige Chancen, über Strichmännchentiefe hinauszukommen.

Aber Bollaín und ihr Team ringen dem simplen Konzept dauernd starke Kinobilder ab, Szenen eines hässlichen Gewinnlerwohlstands in Spanien, einer arroganten Machtkultur der Finanzwirtschaft, eines sich formierenden Volkszorns. „El Olivo" ist also durchaus sehenswert, denn aus aller hier vernachlässigten Komplexität der Welt filtern sich manchmal eben doch klare Fragen heraus. Wie die, ob wir einen Baum stehenlassen oder herausreißen sollen.

El Olivo – Der Olivenbaum. Spanien, Deutschland 2016. Regie: Icíar Bollaín. Mit Anna Castillo, Manuel Cucala, Javier Gutiérrez, Pep Ambrós. 99 Minuten. Ab 6 Jahren.

b Léela otra vez y resume en español para los lectores hispanohablantes las valoraciones críticas y la conclusión final.

6 DELE Una valoración negativa

66

Pedro Almodóvar es un conocido director de cine español muy apreciado a nivel internacional. Escucha lo que dice un crítico sobre su película *Los amantes pasajeros* (2013). Marca la respuesta correcta.

1. La película *Los amantes pasajeros*:
   a) provoca la hilaridad de los espectadores. ☐
   b) no consigue hacer reír. ☐
   c) logra solo que el público sonría. ☐

2. Pedro Almodóvar:
   a) siempre ha realizado muy buenas comedias. ☐
   b) no domina muy bien el arte de la comedia. ☐
   c) es un maestro haciendo comedias. ☐

3. La película le produce al crítico:
   a) vergüenza por la temática que trata. ☐
   b) vergüenza ajena. ☐
   c) poca vergüenza. ☐

4. El director manchego:
   a) sabe promocionar muy bien sus películas. ☐
   b) no revela muchos datos de sus películas antes del estreno. ☐
   c) oculta al público sus proyectos. ☐

5. Pedro Almodóvar ha recibido:
   a) numerosos reconocimientos internacionales pero nunca un doctorado *honoris causa*. ☐
   b) tres doctorados *honoris causa*. ☐
   c) un doctorado *honoris causa* por la universidad de Oxford. ☐

6. La taquilla de sus películas:
   a) está descendiendo en los últimos años. ☐
   b) nunca descenderá. ☐
   c) va en aumento porque su público es muy fiel. ☐

7 El cine social de Icíar Bollaín

a El siguiente texto contiene información biográfica sobre la cineasta Icíar Bollaín. ¿Cómo fue su trayectoria artística antes de ser directora? ¿Qué hizo? Lee el texto.

Icíar Bollaín nació en 1967 en Madrid. Entró en el mundo del cine de adolescente, descubierta en su escuela por un director, que buscaba a una niña que protagonizara su película. A este primer papel tan paradigmático para la historia del cine español, le siguen varios, unos más afortunados que otros, que Bollaín alterna con sus estudios de Bellas Artes. En 1991 se junta con otros colaboradores para montar *La Iguana*, una productora de cine independiente. En su primer cortometraje *Baja, corazón* (1993) muestra su habilidad para el diálogo directo y para captar lo cotidiano que caracterizará sus largometrajes. Y será ese intento realista el que vertebra toda su obra: es evidente en *Flores de otro mundo* (1999) en la cual la directora se asoma a temas candentes de la sociedad española actual, pero hasta entonces invisibles en su versión femenina – la inmigración, la desertización de las zonas rurales, la violencia – a través de tres mujeres y su lucha por conseguir lo más básico: la aceptación del otro, el respeto y la dignidad. Con su tercer largometraje, *Te doy mis ojos* (2003) Bollaín ahonda en el tema de la violencia, de nuevo en su acepción doméstica, tal vez la más trivializada e invisible de las violencias.
En *Mataharis* (2007), su cuarto trabajo, vuelve al tríptico femenino para reflexionar sobre la tensión entre vida privada y mundo laboral, entre confianza y control, entre silencios y desamor.

b ¿Qué películas menciona la biografía? ¿Cómo se llaman? ¿ En qué año se estrenaron? ¿Qué tema tratan?

8 ¿Filme o película?

a Relaciona estos extranjerismos relacionados con el mundo del cine con la palabra en español.

1. biopic
2. blockbuster
3. indie
4. making of
5. performance
6. ranking
7. remake
8. soundtrack
9. script
10. tráiler
11. target, target group
12. thriller
13. western

a. cine independiente
b. espectáculo, representación o actuación
c. (nueva) versión o adaptación, según el caso.
d. banda sonora
e. cine del Oeste (wéstern)
f. película de suspense, en América, de suspenso
g. público, público objetivo
h. guion, libreto, argumento, en el mundo del espectáculo
i. lista, tabla clasificatoria o escalafón (ranquin)
j. biografía o película biográfica
k. cómo se hizo, así se hizo, tras las cámaras
l. avance
m. éxito de taquilla

b ¿Y qué palabras se usan en tu lengua para estos extranjerismos? Haz una lista como la anterior para cada término.

9 Vale, de acuerdo

a El verbo *valer* tiene diferentes significados en español. Relaciona la columna de la izquierda con los significados de la derecha.

1. Mi permiso de residencia en el extranjero ya no vale. Ha caducado este año.
2. Es un encanto ese chico, vale su peso en oro.
3. Estos libros son carísimos. Valen 10 euros cada uno.
4. Vale y hasta la próxima.
5. La película es excelente. Vale la pena verla.
6. Está muy mayor y ya no se vale por sí mismo.
7. El examen final vale tres créditos.
8. Me valí de esta aplicación para poder abrir el programa.
9. Vale, de acuerdo.
10. No, no tires ese armario. Vale para guardar los trastos.

a. tener un precio determinado
b. una cosa equivale en número o significación a otra
c. tener vigencia
d. ser útil para realizar cierta función
e. resaltar las virtudes de una persona
f. ser interesante o importante
g. usar algo con tiempo y ocasión. Servirse de algo
h. tener capacidad para cuidarse por sí misma
i. como fórmula de despedida
j. mostrar acuerdo o conformidad

b *Vale* es también el título del cortometraje dirigido por Alejandro Amenábar y se usa con mucha frecuencia en el corto para aceptar invitaciones. Y, ¿para qué se utilizan las siguientes expresiones? Ordena las frases en la caja.

Sí, gracias | No, lo siento | Otro día es que... | Venga (*España*) | Vale | ¡Vamos! | ¿Por qué no...? | ¿Te animas a...? | ¿Te apetece? | No, ni pensarlo... | De acuerdo | ¿Te apuntas a...? | ¡Buena idea! | ¡No te hagas de rogar! | ¡Genial! | ¡Ni hablar! Tengo que... | Vale, pero...

aceptar	rechazar	convencer	invitar
....	....	....	....
....	....	....	....
....	....	....	....
....	....	....	....

c Relaciona las invitaciones de la derecha con las reacciones de la izquierda.

1. ¿Cervezas y tapas hoy por la tarde?
2. Venga, ¡no te hagas de rogar!
3. ¿Te animas a venir conmigo a la exposición?
4. ¿Por qué no vamos juntos el domingo a ver *También la lluvia*?
5. ¿Te apuntas a la disco el sábado?

- Vale, pero solo hasta las 12.00.
- No, ni pensarlo. No soporto las artes plásticas.
- Ni hablar, tengo que terminar un proyecto.
- Genial, buena idea. Me encanta el cine de Bollaín.
- Vale.

10 Una escena de película

Todas estas acciones las realiza un personaje de una película de acción. Combina los elementos de las columnas y tendrás la escena completa.

1. El personaje se dirigió a un caserón
2. La puerta
3. Allí lo esperaba el hombre
4. Pasaron a una habitación
5. El personaje reconoció a una mujer
6. Por instinto tocó el arma
7. Le invitaron a sentarse en una silla
8. Le presentaron a las personas
9. Entonces le explicaron el motivo

en | a | con | de | por

el | la | los | las

donde | cual | quien | cual | que

a. había tres personas esperando.
b. entró en la casa que era muy antigua.
c. parecía abandonado.
d. parecía un trono.
e. quedado la noche anterior.
f. había tenido una pelea dos años atrás.
g. llevaba en el bolsillo de su pantalón.
h. atracaría el banco más importante de la ciudad.
i. el atraco no podía fallar.
j. quedado la noche anterior.

11 ¿Quién hace qué?

¿Cuáles de estas opciones son correctas? Márcalas.

1. El productor es **quien / el que / el quien** acompaña el proyecto desde la idea hasta el final de todo el proceso.
2. El coproductor es una empresa **a que / quien / la que** se asocia a la productora con el fin de conseguir la financiación para la realización del proyecto.
3. El asistente de producción se ocupa de encontrar los lugares **en las que / donde / en los que** se realizará el rodaje.
4. El ayudante de dirección es la persona **con quien / con que / con cual** trabaja el director.
5. El director de casting puede ser una persona o en la mayoría de los casos se trata de una agencia, **a la cual / a la que / a quien** se le contrata por el servicio de la búsqueda de actores, figurantes y extras.
6. El director de arte es la persona encargada de diseñar **lo que / la que / el que** se ve físicamente en una película.
7. El utilero o atrezzista se encarga del manejo de los objetos de decoración **que / quienes / cuales** serán utilizados por los personajes.

12 Un personaje

Completa el análisis de un personaje del cortometraje *Vale* con los pronombres relativos que faltan. En algunos casos necesitarás también usar preposiciones o adverbios.

El personaje .... (1) se enamora Víctor lo protagoniza Dakota Johnson. Ella interpreta una turista de habla inglesa .... (2) todos intentan conquistar. Ella aparece desde la primera escena en una azotea .... (3) la descubren los amigos de Víctor, pero Víctor la conocerá al día siguiente en una villa de Ibiza .... (4) tiene lugar una comida. Rachel no sabe hablar español y el inglés .... (5) Víctor intenta cortejarla deja mucho que desear. El chico .... (6) habla Rachel al principio de la película tiene más contacto con ella porque domina muy bien el inglés. Sin embargo, Víctor logra conquistarla con sus conocimientos sobre cine y cultura que ha adquirido antes del verano en conciertos, obras de teatro o exposiciones de arte. Ella comienza a acercarse a él. La escena más romántica es aquella .... (7) Víctor y Rachel se sientan a conversar en el muelle comercial de Marina Ibiza. Con dificultad, Víctor le pregunta si quiere ver las estrellas con él. La palabra castellana .... (8) Rachel responde es "vale".

13 ¿Qué es?

Define los siguientes términos usando oraciones de relativo con preposición.

pantalla	Es la superficie sobre la que se proyectan las imágenes de cine.
taquillera	Es la persona ....
butaca	....
cartelera	....
espectador	....
fila	....
cámara	....
sala	....

14 ¿Indicativo o subjuntivo?

a Lee el siguiente diálogo y marca la opción correcta.

- ¿Vemos una película después de la cena?
- Sí, pero por favor, quiero una película que no **es / sea** muy densa.
- Bueno. ¿Busco una que **haya sido / ha sido** éxito de taquilla este año?
- Vale, digas lo que **digas / dices**, no pienso ver hoy cine independiente ni de autor. Estoy agotada…
- Bien, ganas como siempre. ¡Otra vez cine de entretenimiento! He leído buena crítica sobre *Un monstruo viene a verme*. Es una película que **trata de / trate de** un niño de doce años que crea un mundo de fantasía para escapar de los problemas que tiene en casa.
- No, ya la tengo. Me hablaron de una película de animación que se **llama / llame** *Atrapa la bandera*. Trata de…
- Sí, ya… la conozco. Ana, busque la que **busque / busco** siempre se impone tu gusto.

Recuerda: Las oraciones de relativo exigen .... cuando el antecedente es conocido, en cambio exigen .... cuando el antecedente no es conocido.

b En los siguientes anuncios de un periódico faltan algunos verbos. Complétalos con los verbos de la caja en el tiempo y modo correctos.

aparentar | tener lugar | hablar | narrar | realizar | tener | deber | saber (2x)

1. Se precisa mujer de 65 años que .... conducir moto para spot publicitario en Madrid. El rodaje .... el domingo 29 de octubre.

2. Se busca para ópera en Madrid niños de 11 a 13 años que .... bien inglés y .... cantar y bailar.

3. Buscamos actores y actrices para película ambientada en los años setenta, que .... el viaje de ocho amigos en busca de la felicidad.

4. Buscamos candidatos para un cortometraje que se .... en el Polo Sur. Los interesados .... estar dispuestos a trasladarse.

5. Se necesita un actor que .... 30 años para un cortometraje. Se precisa que .... vehículo propio.

15 El miedo

Lee lo que dicen algunos expertos sobre el miedo y une y transforma las frases con un conector de causa.

1. Sentimos miedo. Nuestro material genético contiene información que nos obliga a temer determinados fenómenos.

....

2. Algunos miedos son innatos. No son aprendidos.

....

3. No es posible educar a los seres humanos a no tener miedo. Las personas tenemos miedos innatos como el temor a la muerte.

....

4. Tememos en muchas situaciones. Nuestro cerebro manda una respuesta de alerta para que el cuerpo reaccione ante esa situación.

....

5. El miedo puede ser algo bueno. Constituye un mecanismo de defensa.

....

6. Reaccionamos con temor. Nuestro cerebro ha guardado ciertas circunstancias como amenazantes.

....

16 Una noche en la isla de El Hierro

a ¿Imperfecto o indefinido? Un director de cine nos cuenta cómo y por qué el lugar de las vacaciones de su infancia le inspiró para crear su película *El monstruo de El Hierro.* Lee el texto y decide en qué tiempo y modo tendría que contar la historia.

¿Por qué rodé *El monstruo de El Hierro*? Es una vieja historia. Soy andaluz pero mi familia y yo antes **viajábamos / viajamos** siempre a Santa Cruz de Tenerife, la capital de Canarias. Dos semanas después de nuestra llegada, **cogíamos / cogimos** el ferry y **partíamos / partimos** a la isla El Hierro donde **acostumbrábamos / acostumbramos** a pasar unos días ya que mi familia **tenía / tuvo** una finca apartada. A mí la finca me **impresionaba / impresionó** muchísimo. No porque **fue / fuera** un lugar demasiado apartado, sino porque siempre **sentía / sentí** miedo cuando **oscurecía / oscureció**. Una de esas noches **inspiró / inspiraba** mi película *El monstruo de El Hierro.* Como **era / fue** muy tarde, ya los niños nos **habíamos acostado / acostábamos** y los mayores **seguían / siguieron** en el jardín. **Abrí / abría** los ojos porque **escuché / escuchaba** un ruido y entonces lo **vi / veía**. **Era / fue** enorme. **Intenté/intentaba** gritar pero no **pude / podía** porque no **tenía / tuviera** voz. **Cerré/cerraba** los ojos todavía más fuerte. Una voz conocida, tierna, me **susurró / susurraba**: “Soy yo, mamá, has tenido una pesadilla.” Después de esa noche, **vino / venía** tantas veces a verme durante mi infancia que **aprendí / aprendía** a quererlo. Gracias a su constancia, gané el primer premio Goya de mi carrera cinematográfica.

b Lee el texto otra vez. ¿Has tenido un sueño recurrente en el que hayas sentido mucho miedo? Narra tu anécdota o sueño usando conectores causales.

17 DELE El cine latinoamericano

Lee el texto y rellena los huecos con la opción correcta. Marca la opción elegida en la lista que tienes a continuación del texto.

EL DESPEGUE DEL CINE LATINOAMERICANO

La venta de entradas y los ingresos en taquilla crecen un 40 % desde 2009. Las películas nacionales logran colarse entre las más vistas en cada país.

Felipe Betim

El cine latinoamericano, que siempre ha vivido a la sombra de las producciones europeas y, sobre todo, de Hollywood, ha conquistado cada vez más su espacio en los últimos cinco años. El sector sigue dominado por Estados Unidos, pero ....1.......... se producen más y mejores películas. Además, todo el sector cinematográfico en América Latina ha registrado datos positivos en ese mismo periodo, ...2.......... se encuentra estable en EE UU o en descenso en Europa. Según datos del Observatorio Audiovisual Europeo, la venta de entradas y la facturación en taquilla han aumentado en media un 40 % ....3.......... 2009 y 2013.

Este resultado positivo ha sido impulsado por ocho países de la región, ...4.......... destacan México, Brasil y Argentina. Cada uno tiene sus propias políticas para estimular el sector, pero todas se han desarrollado a partir de una idea central: "Están haciendo políticas de desarrollo cinematográfico que son constantes. Se trata ....5.......... medidas que apoyan el sector y hacen que circule más el dinero", opina Mariela Besuievsky, socia de la productora española Tornasol Films y responsable de la producción de diversas obras en Latinoamérica.

México es el país ....6.......... el cine ha tenido más éxito en los últimos cinco años en América Latina. En 2009 se vendieron un total de 178 millones de entradas, una cifra que en 2013 ....7.......... hasta 248 millones. La facturación en taquilla también ha crecido, de 563,4 millones de dólares en 2009 a 911,2 millones en 2013. Este incremento se debe, en parte, al aumento del precio de las entradas, siempre ....8.......... el informe del observatorio.

No solo los beneficios han mejorado, ...9.......... que gran parte de ellos vienen ahora de las producciones nacionales. En 2009, 66 obras ....10.......... . En 2013, 127 películas nacionales se ....11.......... en las 5.547 pantallas del país –es decir, 46,9 pantallas por cada millón de habitantes, la mayor proporción del continente–. "Hay una ley de incentivos fiscales que ha impactado toda la cadena de producción del sector cinematográfico", explica Martha Sosa, productora de la exitosa *Amores Perros*, entre otras obras.

Pero para esta veterana del cine mexicano, una de las ventajas del incentivo fiscal es que el productor no depende de la ayuda directa del Gobierno, sino que han participado muchos fondos extranjeros. Algo que, ...12.......... su opinión, "es mucho más saludable".

"Hay que subrayar que no se trata solo de un *boom* comercial, sino también de creatividad. Todos los proyectos son evaluados antes de recibir incentivos y solo los mejores ....13.......... logran. Es un proceso muy sofisticado que nos ha costado mucho construir", finaliza Jorge Sánchez, director del Instituto Mexicano de Cinematografía.

Los demás países que han presentado resultados positivos son Argentina, Colombia, Venezuela, Peru, Chile y Uruguay. Parte del éxito de la región es debido también a un incentivo a las coproducciones. "Hay películas que son producidas entre Argentina y España, o Argentina y Brasil... Facilita el desarrollo", explica Besuievsky. Los desafíos siguen ....14.......... la búsqueda por una distribución más justa y el acceso a las obras, muchas veces dificultado por las televisiones. "Hay muchas preocupaciones por el mundo digital y en cómo los ciudadanos tendrán acceso al contenido", sostiene Jorge Sánchez.

El País

1. a) por última vez	b) cada vez	c) a la vez
2. a) durante	b) mientras	c) cuando
3. a) entre	b) de	c) a partir de
4. a) por los cuales	b) a los cuales	c) de los cuales
5. a) a	b) de	c) con
6. a) donde	b) al que	c) del que
7. a) disminuyó	b) extendió	c) aumentó
8. a) según	b) en cuanto a	c) por
9. a) pero	b) sino	c) por
10. a) han producido	b) produjeron	c) fueron producidas
11. a) distribuirán	b) han distribuido	c) se distribuyeron
12. a) para	b) de	c) en
13. a) la	b) lo	c) le
14. a) siendo	b) ser	c) sido

18 El cine de mi país

Redacta un texto informativo de 170 palabras aproximadamente sobre el cine de tu país en el que tengas en cuenta.

a) Temáticas fundamentales
b) Actores y actrices más destacados
c) Directores de renombre internacional
d) Éxitos de taquilla

19 Así se escribe

a Fíjate en las palabras marcadas, unas llevan tilde, otras no. ¿Por qué? Reflexiona y completa la regla.

1. ¿**Qué** deseas?
2. Ya verás **qué** bien vas a salir.
3. La actriz, **que** ha interpretado varias películas nacionales, filmó su primer cortometraje.
4. Es una película **que** me recuerda mi niñez.
5. La situación es que no hay con **qué** filmar.
6. No sé **qué** es.

Las palabras ...., **cuál/-es**, **cómo**, **cuánto/-a/-as/-os**, **cuándo**, **dónde** y **adónde** se escriben con acento cuando tienen sentido exclamativo o .... Los relativos son normalmente átonos y se escriben sin .... Cuando los relativos introducen subordinadas relativas sin antecedente se admite tanto la forma tónica como la átona.

b Coloca el acento donde sea necesario.

1. Me gustaría saber **donde** vive el director de cine Guillermo del Toro. ¿**Donde** vive?
   Que yo sepa en los Ángeles, en Estados Unidos. ¿Pero sabías que fue en Segovia **donde** se rodó la película *El laberinto del fauno*?

2. ¿**Quien** es Cecilia Roth?
   Es la actriz a **quien** Almodóvar le dio el papel de Manuela en *Todo sobre mi madre*.
   Sí, eso lo sé, pero te he preguntado **quien** es ella. ¿Sabes algo de su biografía?

3. ¿**Cual** de estos carteles vas a usar?
   La verdad no sé **cual** elegir. Uno con el **cual** pueda despertar el interés de los espectadores.

1 Palabras y conceptos

a ¿Con qué unidades léxicas relacionarías los conceptos de la caja? Clasifícalas.

Edad Media | la ley de la oferta y la demanda | división de poderes | jerarquización social | competencia | comercio libre | sociedad capitalista | castillo | sociedad igualitaria | economía autárquica | elecciones parlamentarias | privilegios de la iglesia y nobleza | la Constitución

Feudalismo	Economía de mercado	Estado de derecho

b Revuelta, rebelión y revolución: ¿qué se describe en cada caso? Escribe la palabra.

1. ....: levantamiento o lucha armada y masiva que pretende provocar un cambio profundo y definitivo de las estructuras políticas, sociales y económicas.
2. ....: protesta social espontánea y de corta duración en respuesta a una decisión política, que va en contra de los intereses de algún grupo de la sociedad.
3. ....: levantamiento masivo, organizado y con un contenido político muy definido. El objetivo suele ser poner fin a un régimen autoritario.

c Define ahora los siguientes conceptos: *economía de perfil izquierdista y desigualdad social.*

d Sustituye las palabras en negrita por las palabras sinónimas que tienes a continuación.

1. Los Estados Unidos **respaldaron** a la oposición armada. ....
2. La situación **hundió** al país en una guerra civil. ....
3. La **carencia** de viviendas provocó la insatisfacción de los ciudadanos. ....
4. Una de las **reivindicaciones** de las protestas fue el sueldo mínimo. ....
5. El objetivo de la rebelión era **conseguir** la dimisión del presidente. ....
6. La revolución Sandinista **trató de** introducir reformas socioeconómicas. ....

intentar | sumir | exigencia | falta | apoyar | lograr

2 Uno de preposiciones

¿Qué preposición (*en*, *bajo*, *a*, *con*, *de*) necesitamos en cada caso? Escríbela y añade dos unidades léxicas.

1. estar .... los efectos del alcohol / el poder de un dictador / ....
2. poner .... marcha un plan / .... / ....
3. enfrentarse .... la clase dominante / .... / ....
4. influir .... el comportamiento / .... / ....
5. basarse .... la ley / .... / ....
6. terminar .... las desigualdades sociales / .... / ....
7. depender .... la situación del momento / .... / ....

3 No lo sabía

a Decide si en los siguientes enunciados la información se desconocía o se cuestiona. Las formas marcadas en negrita pueden ayudarte.

1. Desconocía que Alberto **había hecho** un Máster ...
2. No creo que **hubiera hecho** un Máster ...
3. No imaginaba que los chiles **eran** tan picantes ...
4. No pienso que los chiles **fueran** tan picantes ...
5. No creo que **fuera** peruano ...
6. Desconocía que **era** peruano ...

a. No se conocía la infomación.

b. Se cuestiona la información.

b Ahora relaciona los enunciados anteriores con los que encuentras a continuación, de tal forma que obtengas un final lógico y adecuado.

a. .... porque hablaba con un acento argentino, y es que se crió en Buenos Aires.
b. .... hasta que los probé.
c. .... hasta que me lo encontré casualmente y me lo contó.
d. .... sino que estaba convencido de que era argentino.
e. .... porque después de la carrera le salió un buen trabajo que aceptó y no le permitía estudiar al mismo tiempo.
f. .... quizás porque estoy acostumbrada a comer picante.

c Decide qué forma sería más lógica en los siguientes casos, el subjuntivo o el indicativo.

1.
- ● Mañana es la inauguración de la exposición sobre la Revolución de México en el Museo de las Artes.
- ■ ¿De verdad? Yo creía que la .... (inaugurar) el martes de la semana pasada...

2.
- ● ¿Cómo fue el taller sobre Neurociencia?
- ■ Muy interesante. He aprendido un montón de cosas que no sabía, como por ejemplo, que .... (haber) una relación directa entre las horas de sueño y la capacidad de retención de lo aprendido. Tampoco era consciente de que la alimentación .... (afectar) a nuestras capacidades cognitivas.

3.
- ● ¿Te has enterado de que el huracán Irma .... (ser) el más destructivo de todos los tiempos? Yo lo acabo de leer...
- ■ ¡Sí, ha sido monstruoso! No entiendo que algunos todavía .... (negar) el cambio climático...

4.
- ● ¡Oye! Ángela acaba de contarme que en la cena de anoche todo salió mal: la sopa estaba salada, la carne muy cruda y que el vino no...
- ■ ¡Qué va! Yo no pienso que la sopa .... (estar) salada, quizás un poco fuerte, pero nada más, ni tampoco considero que la carne .... (estar) cruda, todo lo contrario, ¡si la pedimos al punto! ¿Cómo puede decir estas cosas...?

4 Si lo hubiera sabido antes...

a Marca la opción más lógica según el contexto.

1. Si lo **supiera / hubiera sabido** antes, no te **estaría llamando / habría llamado** esta mañana para preguntártelo.
2. Si no **hubiera habido / hubiera** la revolución francesa quizás ahora no **tendríamos / habríamos tenido** el estado de Derecho como lo conocemos hoy día.
3. No **tendría / tengo** tanto miedo a esquiar si de pequeño **hubiera hecho / hiciera** un curso de esquí. Con mis 45 años es un poco tarde para empezar...
4. No **llegarías / habrías llegado** tan tarde otra vez si te **hubieras puesto / pusieras** el despertador algo más temprano.
5. Si **hubiéramos sido / fuéramos** todos más tolerantes y abiertos al diálogo se **evitarían / habrían evitado** muchas de los conflictos que hemos vivido últimamente.

b Completa ahora las formas entre paréntesis con las formas más lógicas.

1. Si el día .... (tener) más de 24 horas estaríamos todos aun más ocupados.
2. En los últimos días no .... (haber) manifestaciones tan multitudinarias si el pueblo hubiera estado contento con la situación política del país.
3. Si .... (hacerse) mayores esfuerzos en el pasado para intentar detener el cambio climático, quizás la capacidad destructiva de los huracanes no .... (ser) tan alta.
4. Pienso que si los jóvenes no .... (estar) tanto tiempo pegados a las pantallas de los dispositivos electrónicos no .... (tener) tantos problemas de concentración en las escuelas.
5. Probablemente ahora .... (trabajar) en una empresa automovilística si me .... (decidir) a estudiar la carrera de Ingeniería después de finalizar el instituto.

5 Sin reproches

¿Qué les responderías a estas personas? Utiliza una frase condicional.

1. Estoy muy apenado pues suspendieron el concierto de Adelita por un problema de salud y no sé si me devolverán el dinero...

¡Cuánto lo siento! Estoy seguro de que si
....
....

2. El examen me ha ido fatal, veo que me he preparado mal, no sé si voy a aprobar...

4. ¡Vaya! Es domingo y no sé qué prepararme para comer, ya que tengo la nevera vacía.

3. Voy cansadísimo, duermo fatal y el problema es que apenas puedo concentrarme...

5. Me llevo fatal con mis padres, tenemos puntos de vista diferentes y siempre me dicen que a mis 28 años ya debería haberme independizado...

6 Una biografía

Completa la biografía de Emiliano Zapata con las formas verbales del pasado más lógicas.

Zapata .... (1. ser) un revolucionario mexicano, consagrado como el símbolo de la Revolución mexicana de 1910. .... (2. nacer) en el seno de una familia campesina a finales del siglo XIX. Aunque no existe acuerdo total sobre su fecha de nacimiento, la más aceptada es la del 8 de agosto de 1879. Desde niño ya .... (3. trabajar) en las tierras que poseía su familia. Apenas sabía leer, ya que .... (4. recibir) una pobre instrucción escolar. Después de que .... (5. quedarse) huérfano a una edad muy temprana, él y su hermano heredaron tierras y algo de ganado y los dos hermanos .... (6. hacerse) cargo de sus hermanas. Probablemente, si no .... (7. tener) una vida tan ligada al mundo rural, no .... (8. advertir) la miseria a la que la población rural se veía sometida con la nefasta política agraria del régimen de Porfirio Díaz.

El 11 de marzo de 1911, en Morelos, estado que le vio nacer, Zapata .... (9. levantarse) en armas contra la dictadura de Díaz en apoyo a Francisco Madero quien ya .... (10. convocar) una rebelión nacional en el norte del país. Unos meses más tarde lanzó el Plan de Ayala a partir del cual exigía que se .... (11. distribuir) las tierras de los grandes hacendados* a los campesinos. Entre otras cosas, consiguió que se .... (12. introducir) importantes reformas en Morelos. Después de que .... (13. ser) asesinado a manos de soldados del gobierno, Emiliano Zapata .... (14. convertirse) en el héroe de la Revolución mexicana.

*persona que poseía muchas tierras y ganado

7 Posición de los adjetivos

a Fíjate en la posición de los adjetivos (antes o después del sustantivo) y decide a qué tipo de texto podrían pertenecer las siguientes construcciones: texto argumentativo o expositivo (TA), texto informal (TI) o texto literario (TL). Completa después la regla.

	TA	TI	TL
1. Un frío día de invierno.	☐	☐	☐
2. Durante el largo y peligroso viaje a Santiago.	☐	☐	☐
3. El viaje fue largo y peligroso.	☐	☐	☐
4. Hubo deficiencias importantes escolares.	☐	☐	☐
5. Una humilde familia campesina.	☐	☐	☐
6. Una familia campesina tan humilde.	☐	☐	☐
7. Una situación laboral precaria.	☐	☐	☐

En español la posición normal del adjetivo es después del sustantivo como por ejemplo en las frases ......, ... o ......, las cuales podemos encontrar en textos informales. En la lengua más formal y literaria los adjetivos que se pueden graduar o cuantificar como *frío, peligroso, humilde* o .... pueden ponerse antes del sustantivo. Por su carácter neutral e informativo, este uso marcado del adjetivo no se utiliza en los textos argumentativos o expositivos como en las frases n°....... y n°.......

b Fíjate en los adjetivos. ¿Qué significado tienen en cada frase? Relaciona.

1. un **pobre** hombre 2. un hombre **pobre**	a. no tiene dinero b. solo le pasan desgracias, tiene mala suerte
3. una **sensible** mejoría 4. una persona muy **sensible**	a. se emociona b. se puede empezar a percibir
5. una mujer **grande** 6. una **gran** mujer	a. de complexión fuerte b. de magníficas cualidades
7. es una **simple** pregunta 8. es una pregunta muy **simple**	a. es fácil b. se trata de tan solo una pregunta, nada más

Algunos adjetivos pueden cambiar de significado según se coloquen antes o después de los sustantivos.

8 El resumen de la ponencia

Reescribe el resumen que un estudiante hizo tras escuchar la ponencia de la página 70. Utiliza para ello las expresiones del recuadro necesarias para conectar las ideas en los espacios marcados (....). Tendrás que cambiar también algunos signos de puntuación y mayúsculas.

1. por ejemplo, | 2. ,otro de los protagonistas del movimiento, | 3. quien | 4. ya que | 5. asimismo | 6. por todo ello

La Revolución mexicana, liderada por Emiliano Zapata, tuvo lugar entre 1910 y 1920 en México. La situación del país y de los campesinos era nefasta. (....) Vivían en la extrema miseria. (....) El poder estaba centralizado en un pequeño grupo de personas. (....) La clase media se organizó contra Porfirio Díaz, el dictador que llevaba gobernando el país desde 1876. Con la proclamación del Plan de San Luis por parte de Francisco Madero (....) el pueblo se levantó para derrocar a Porfirio Díaz. (....) Se fue al exilio en Francia en 1911. Hubo numerosas revueltas: En Morelos (....) estaba Emiliano Zapata.

9 En una ponencia

a Estos son algunos de los recursos lingüísticos que se pueden utilizar para realizar una ponencia. Clasifícalos según para qué se utilizan. Escribe el número.

1. Para empezar
2. Para ordenar o estructurar el discurso
3. Para aclarar o explicar algo
4. Para terminar o concluir el discurso

.... Empezamos.
.... es decir, ...
.... Resumiendo, ...
.... Asimismo,
.... Para terminar...
.... ¿Y qué sucedió después?
.... Hoy nos centraremos en...
.... El tema que quisiera abordar hoy...
.... Para ir terminando ya con este tema...
.... Primeramente hay que mencionar que...
.... Ahora, como he mencionado anteriormente, comenzaremos a...
.... El tema del que voy a hablar hoy es complejo...
.... lo que significa que...

67 **b** Escucha ahora una ponencia sobre la Revolución cubana y marca los recursos lingüísticos de 9a que escuchas.

67 **c** ¿En qué orden crees que ha explicado el profesor la siguiente información? Escucha y comprueba.

.... Enumeración de los logros
.... Proclamación del carácter socialista de la revolución
.... Análisis de la situación del país
.... Desarrollo de la revolución y caída del régimen

67 **d** Escucha de nuevo y toma apuntes. Escribe después un resumen.

Preguntas sobre el tema	Notas de clase: 15-11-17 La Revolución mexicana
1. .... 2. .... 3.	Rev. mex. 1910–30 Situación del país: • minoría tenía control de la industria y de la agricultura • pobreza de los campesinos • Porfirio Díaz • la clase baja se organiza contra P. D.
Dudas 1. Francisco ...? ... Plan ...? 2. Emiliano Zapata – Lema ...?	**Resumen**

10 Ventajas y problemas de la globalización

a Completa esta lista de posibles ventajas y problemas de la globalización con las palabras del recuadro.

clase media | acceso | aumento | desigualdad | desarrollo | poder | reducción | dependencia | peores | calentamiento | intercambio | eliminación | homogeneización | estandarización | competitividad | cierre

Ventajas

1. .... universal a la cultura, a la ciencia y a la información.
2. .... cultural y científico entre países.
3. .... de los costes de producción.
4. Aumento de la ....
5. .... de los sistemas de comunicaciones globales.
6. Mayor .... de elección de bienes y servicios por parte del ciudadano.
7. .... de aranceles comerciales.
8. Creación de riqueza y nacimiento de la .... en los países emergentes.

Problemas

a. .... social debido a la concentración de la riqueza en manos de unos pocos.
b. Mayor .... de multinacionales.
c. .... de la cultura mundial y pérdida de la identidad propia de cada país.
d. .... de los hábitos de consumo.
e. .... de los desequilibrios económicos y sociales.
f. Influencia negativa sobre el ecosistema y sobre el .... global.
g. .... condiciones laborales, como el trabajo infantil en los países emergentes.
h. Incremento del .... de fábricas en países industrializados..

b Completa esta secuencia de palabras.

sustantivo	verbo	adjetivo
la creación	....	....
el desarrollo	....	....
el enriquecimiento	....	....
....	empeorar	....
el cierre	....	....
la dependencia	....	....
....	....	influyente
....	....	accesible
....	....	desequilibrado
el esfuerzo	....	....
....	dificultar	....

c ¿Cómo se escribiría esta información en un texto académico? Nominaliza las palabras marcadas y utiliza los verbos entre paréntesis para crear enunciados coherentes.

1. Los jóvenes están **frustrados** porque es **difícil** encontrar trabajo (surgir de).
2. **Aumentan** las inversiones extranjeras y se **crean** más puestos de trabajo (favorecer).
3. La mortalidad a largo plazo **disminuiría** considerablemente si se **redujera** la contaminación atmosférica (resultar en).
4. La publicidad televisiva **influye** en los hábitos alimentarios de los adolescentes de manera negativa (ser).
5. Hay regiones **desequilibradas** económicamente y, por eso, **crecen** los grupos antiglobalización (provocar).

1. La **frustración** de los jóvenes surge de la **dificultad** en encontrar trabajo.

11 *Tener* y sinónimos

Sustituye en cada frase el verbo *tener* por otro con un significado sinónimo en el contexto.

poseer | conllevar | conseguir | disponer de | constar de | contar con | registrar

1. La mundialización de las economías **tiene** .... riesgos importantes para las pequeñas y medianas empresas, ya que les resulta dificíl competir con las grandes multinacionales.
2. La economía de la región **tuvo** .... una sensible mejoría desde la mejora de las infraestructuras.
3. La familia de Zapata **tenía** .... algunas tierras y ganado, por lo que no era una familia pobre.
4. Este trabajo **tiene** .... tres partes: una introducción, un desarrollo y una conclusión final.
5. Nuestra empresa **tiene** .... un personal altamente cualificado y una tecnología punta para poder ser competitiva.
6. Cada vez hay más niños que **tienen** .... móvil desde los 10 años.
7. Si la coyuntura económica fuera más favorable los jóvenes **tendrían** .... un empleo sin tantas dificultades.

12 Una tesis

a Lee el siguiente texto argumentativo sobre *La experimentación animal* y decide cuál es la tesis del mismo.

- ☐ La experimentación animal resulta muy costosa para la salud humana.
- ☐ Los profesionales de la salud están contra la experimentación animal.
- ☐ Los resultados obtenidos de la experimentación sobre animales no son aplicables al cuerpo humano.

Hay un movimiento creciente de profesionales de la salud, entre ellos médicos y científicos, y de ciudadanos educados que se oponen a la experimentación con animales por razones específicamente médicas y científicas. Afirman que la investigación con animales está basada en una idea falsa: que los resultados obtenidos de animales se pueden aplicar al cuerpo humano. Las reacciones de los animales a los drogas, las vacunas y los experimentos no sólo difieren de las de los seres humanos, sino que difieren de especie a especie. No tener en cuenta esta diferencia profunda ha sido y sigue siendo muy costoso para la salud humana.

b Escribe dos argumentos a favor de la tesis y la conclusión sobre la misma.

Tesis 1: ....

Tesis 2: ....

Conclusión: ....

c Inserta en el texto algunos conectores para ordenar mejor el discurso.

d ¿A qué público crees que va dirigido el texto? ¿Es convincente? Argumenta tu respuesta por escrito.

13 Atenuaciones

a Marca los atenuadores del siguiente argumento a favor de la introducción de una cuota femenina en el mundo laboral.

Los desafíos del crecimiento, la creación de empleo y la inclusión están estrechamente relacionados. Esencialmente, en las economías que están envejeciendo con rapidez, una mayor participación femenina en la fuerza laboral puede estimular el crecimiento al reducir el impacto de la reducción de la mano de obra. Mejores oportunidades para las mujeres también pueden significar en muchas ocasiones un mayor desarrollo económico. Es más probable que las mujeres inviertan una mayor proporción del ingreso familiar que los hombres en la educación de sus hijos.

b Añade ahora atenuadores a estos argumentos en contra de la introducción de una cuota femenina en el mundo laboral.

1. Las mujeres elegidas mediante cuotas legales son menos respetadas y no tienen poder real.
2. El sistema de cuotas beneficia a las mujeres equivocadas.

14 Historia de una globalización

a Lee el texto y completa el cuadro después.

CHINA Y LA AMÉRICA ESPAÑOLA: HISTORIA DE UNA GLOBALIZACIÓN

Un libro de Juan José Morales y Peter Gordon analiza el impacto de una ruta marítima como primer ejemplo de comercio mundial.

El 8 de octubre de 1565, la expedición naval comandada por el explorador y fraile vasco Andrés de Urdaneta arribaba al puerto de Acapulco. Habían perdido 14 tripulantes a lo largo de una ruta de 20.000 kilómetros. Después de una travesía de 130 días e interminables penurias habían hallado el "tornaviaje" para regresar de Manila a México. El comercio entre Asia y América se hacía viable. No eran conscientes de ello, pero su descubrimiento daría pie a la primera globalización de la Historia, con China y la América española como grandes protagonistas.

El nexo fue la plata. Una plata que China había adoptado como medio de pago y por la que había adquirido un apetito insaciable. Tan importante fue aquel metal que el español Juan José Morales y el estadounidense Peter Gordon han acuñado en su libro *The Silver Way: China, Spanish America and the Birth of Globalization 1565–1815* ha bautizado como *la Ruta de la Plata* aquel primer fenómeno globalizador. Un fenómeno, aseguran, con importantes lecciones para nuestro presente interconectado.

De China a Manila, de allí a Acapulco y por tierra, a lomos de mulas, hasta llegar al puerto de Veracruz en el Atlántico. Por mar a España y al resto de Europa. Y viceversa. A lo largo de 250 años, más de un centenar de barcos se harían a la mar en esa ruta, una de las de mayor éxito de la historia.

Por primera vez, los distintos continentes estaban enlazados. Desde América llegaban a China nuevos alimentos –el maíz, el boniato– que sustentaron un aumento de la población. De Asia se importaban especias, sedas, porcelanas, productos de lujo de una calidad inencontrable en la acaudalada América hispana o en Europa. Ciudades como Manila o México se convertían en verdaderas metrópolis tal y como las concebimos hoy, con poblaciones y productos llegados de los distintos continentes.

Primero al peso y después como moneda en sí, el real de a ocho hispano se convierte en moneda de cambio aceptada en China y buena parte de Asia. Es la primera moneda global de la historia.

En el siglo XVII, "los elementos que caracterizan la globalización ya están presentes", apunta Gordon. "Las redes comerciales, las rutas marítimas, mercados financieros integrados, grandes urbes, flujos de población".
Tras 250 años, la ruta quedó interrumpida en 1815, a raíz de la independencia de México, aunque para entonces ya estaba obsoleta. China y España estaban en decadencia. Emergía una nueva potencia militar y económica, el Reino Unido. Estados Unidos, su excolonia ya contaba con sus propias líneas de comunicación con China.

Y con la desaparición de la ruta, su importancia cayó en el olvido. La nueva globalización del siglo XX y comienzos del XXI llevaba impreso un sello plenamente anglosajón, el de Reino Unido primero y, con mucha más fuerza, Estados Unidos después.

Aunque esto está cambiando. El alza de China de la última década, que ha adquirido aún más relevancia con la llegada al poder de Donald Trump y el aparente repliegue de Estados Unidos, hace que la historia se repita. "Es ahora cuando empezamos a ver la China de siempre", apunta Morales: la China de enorme capacidad manufacturera y una de las grandes economías del mundo, dispuesta a comerciar pero no necesariamente a admitir las ideologías –antaño fue la religión– procedentes de fuera.

Frente a la inquietud que puede causar en Estados Unidos una China en ascenso, la Ruta de la Plata "muestra ejemplos más antiguos de una convivencia entre dos potencias que no era tan violenta, tan convulsa como en el siglo XX", apunta Gordon. Y la presencia de China en América Latina, que tanto alarma en un Washington desacostumbrado a competir en la región, tiene antecedentes históricos.

El País

TESIS:

ARGUMENTOS:

1.

2.

3.

b Escribe un texto argumentativo para una petición a favor de prescindir de la energía nuclear. Haz una lista de los argumentos primero y redacta el texto después.

15 En una presentación

a ¿Cómo se llama este material de apoyo? Relaciona las imágenes con las palabras.

un mando inalámbrico | un portátil | un puntero láser | un ratón | un pincho | un proyector | unos altavoces | un adaptador | unas fotocopias

1.  ....

2.  ....

3.  ....

4. 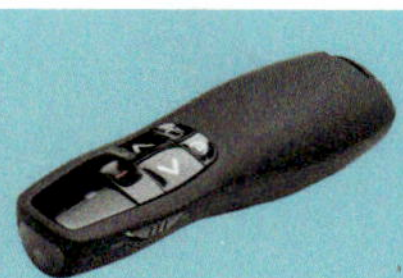 ....

5.  ....

6.  ....

7.  ....

8.  ....

9.  ....

b Estas son algunas de las expresiones que ha utilizado un profesor en su presentación. Relaciona las partes de la derecha con las de la izquierda para formar construcciones lógicas.

1. Ante todo quisiera
2. Fíjense ustedes
3. Y por mi parte
4. No me gustaría terminar sin dar
5. Si le he entendido bien,
6. Si les parece,
7. Lo siento, me temo
8. Les agradezco

a. esto es todo. Espero que les haya gustado.
b. su atención y su interés. Ha sido un placer haber podido estar aquí entre todos ustedes.
c. hacer un repaso del estado de la cuestión.
d. podemos pasar ahora a la ronda de preguntas.
e. que no quedan más fotocopias.
f. en estos gráficos.
g. mi más sincero agradecimiento al equipo de investigación que ha hecho posible la realización del estudio.
h. a usted le gustaría saber las causas de este fenómeno.

c ¿En qué momento de la presentación se dirían las frases anteriores? Escribe los ejemplos.

Inicio: ....

Desarrollo de la presentación: ....

Final: ....

68 16 DELE Mujeres latinoamericanas

a Carmen Aristegui (A), Evelyn Miralles (M) e Isabella Springmuhl (S) Tejada son tres mujeres latinoamericanas muy importantes en la actualidad. Escucha y marca a quién pertenece la información.

	A	M	S
1. No vive en el país en que nació.	☐	☐	☐
2. Se siente orgullosa de haber estudiado en una universidad pública.	☐	☐	☐
3. Para ella, ser mujer no siempre es beneficioso en el mundo laboral.	☐	☐	☐
4. Está convencida de que no hay barreras para las personas de su condición.	☐	☐	☐
5. Nunca dejó de creer en su sueño.	☐	☐	☐
6. Sufrió discriminación de género.	☐	☐	☐

b Completa las descripciones que estas personas hacen de Carmen, Evelyn e Isabella con los verbos *ser* o *estar*.

1. Isabella no .... (1) nada cobarde, todo lo contrario. .... (2) convencida de que no hay barreras para las personas de su condición. .... (3) muy curiosa y creativa. La inspiración de sus modelos .... (4) en sus raíces guatemaltecas las cuales se reflejan en los colores vivos y el quetzal. Cada vez que ve sus modelos desfilar en las pasarelas de moda .... (5) muy emocionada.

2. En su trabajo Evelyn tiene que................ (6) siempre muy atenta a las necesidades de los astronautas. .... (7) consciente de que su trabajo .... (8) de gran responsabilidad, pero no se siente presionada. .... (9) muy satisfecha con su trabajo de astronauta en los EE.UU. aunque extraña su Venezuela natal. .... (10) una mujer feliz con sus dos hijas, quienes .... (11) muy orgullosas de su madre.

3. Como periodista Carmen .... (12) constante y persistente. También .... (13) seria en el sentido de que la rigurosidad y profesionalidad son muy importantes en su profesión. .... (14) muy valiente, ya que no tiene miedo de denunciar las situaciones polémicas de su país. Le fascina su trabajo, aunque cuando se acerca a la realidad de muchas mujeres de las comunidades indígenas .... (15) apenada.

17 Reacciones

Completa las reacciones.

1. ● ¿Tú crees que es difícil obtener una beca de idiomas?
   ■ No es que ...., es que hay que hacer muchos trámites.
2. ● ¿Y por qué no quisiste prestarle el mando inalámbrico a Luis?
   ■ No es que .... prestárselo, es que no era el mío...
3. ● ¿De verdad piensas que aquí se trabaja menos que en tu país?
   ■ No, no es que .... menos, sino que sois mucho más productivos...
4. ● ¿De verdad que no te apetece un poco más de tarta? Está buenísima...
   ■ No es que .... buena, es que no puedo más. He comido muchísimo...

18 Así se escribe

68

Estas son las abreviaturas más frecuentes utilizadas a la hora de tomar apuntes. Escucha ahora de nuevo el audio 68 y toma notas. Intenta utilizar algunas de ellas.

por	x	es decir	ed	para	xa	cuando	cdo
que	q	miento	#	porque	xp	conocimiento	#
número	nº	distinto	≠	contra	vs	mayor que	>
mente	/	menor que	<	fácilmente	fácil/	principio	ppio

Índice

Unidad 7

El modo subjuntivo y sus usos: presente, imperfecto y pretérito perfecto

El modo subjuntivo consta de cuatro tiempos: *presente, pretérito perfecto, pretérito imperfecto* y *pluscuamperfecto*. En **Universo.ele B1** conociste las formas del *presente*. En **Universo.ele B2** conocerás el resto de las formas.

El presente de subjuntivo

Verbos regulares

	-ar hablar	-er leer	-ir prohibir
Se forman a partir de la primera persona del *presente de indicativo* (hablo → hable) Las terminaciones de los verbos en *-er* e *-ir* son iguales	hable	lea	prohíba
	hables	leas	prohíbas
	hable	lea	prohíba
	hablemos	leamos	prohibamos
	habléis	leáis	prohibáis
	hablen	lean	prohíban

Verbos irregulares

	e → ie querer	o → ue poder
Verbos *e → ie* o *o → ue*, en presente de indicativo Estos verbos conservan las mismas irregularidades en las formas del *presente de subjuntivo*.	quiera	pueda
	quieras	puedas
	quiera	pueda
	queramos	podamos
	queráis	podáis
	quieran	puedan

	sentir	dormir
Algunos verbos de la 3ra conjugación *(-ir)* tienen una doble irregularidad.	sienta	duerma
	sientas	duermas
	sienta	duerma
	sintamos	durmamos
	sintáis	durmáis
	sientan	duerman

	tener	hacer	e → i pedir
Muchos verbos que tienen una irregularidad en la primera persona singular del *presente de indicativo*, conservan esta misma irregularidad en todas las personas del *presente de subjuntivo*. Esto también es válido para los verbos con cambio vocálico **e → i** *(pedir, seguir, ...)*	tenga	haga	pida
	tengas	hagas	pidas
	tenga	haga	pida
	tengamos	hagamos	pidamos
	tengáis	hagáis	pidáis
	tengan	hagan	pidan

conocer	→	conozca, conozcas, conozca, conozcamos, conozcáis, conozcan
poner	→	ponga, pongas, ponga, pongamos, pongáis, pongan
salir	→	salga, salgas, salga, salgamos, salgáis, salgan
venir	→	venga, vengas, venga, vengamos, vengáis, vengan
decir	→	diga, digas, diga, digamos, digáis, digan
oír	→	oiga, oigas, oiga, oigamos, oigáis, oigan

Otros verbos irregulares en *presente de subjuntivo*

ser	estar	haber	ir	ver	dar	saber
sea	esté	haya	vaya	vea	dé	sepa
seas	estés	hayas	vayas	veas	des	sepas
sea	esté	haya	vaya	vea	dé	sepa
seamos	estemos	hayamos	vayamos	veamos	demos	sepamos
seáis	estéis	hayáis	vayáis	veáis	deis	sepáis
sean	estén	hayan	vayan	vean	den	sepan

Uso del *presente de subjuntivo*

Si el hablante necesita usar el subjuntivo, utilizamos el presente para hablar de situaciones en el presente y del futuro.

Carmen estudia en Barcelona. — *Es posible que estudie en Barcelona. (= presente)*
Juan se va a estudiar a Berlín. — *Es importante que practique allí el alemán. (= futuro)*

El imperfecto de subjuntivo

Existen dos formas para el imperfecto de subjuntivo. Estas se forman a partir de la 3ª persona del plural del indefinido del verbo que queremos conjugar, y cambiamos el final **-ron** por las siguientes terminaciones.

hablar **hablar → habla~~ron~~**		**hacer** **hacer → hicie~~ron~~**		**prohibir** **prohibirir → prohibie~~ron~~**	
habla**ra**	habla**se**	hicie**ra**	hicie**se**	prohibie**ra**	prohibie**se**
habla**ras**	habla**ses**	hicie**ras**	hicie**ses**	prohibie**ras**	prohibie**ses**
habla**ra**	habla**se**	hicie**ra**	hicie**se**	prohibie**ra**	prohibie**se**
hablá**ramos**	hablá**semos**	hicié**ramos**	hicié**semos**	prohibié**ramos**	prohibié**semos**
habla**rais**	habla**seis**	hicie**rais**	hicie**seis**	prohibie**rais**	prohibie**seis**
habla**ran**	habla**sen**	hicie**ran**	hicie**sen**	prohibie**ran**	prohibie**sen**

! Las dos formas del imperfecto de subjuntivo se utilizan indistintamente, aunque en muchos países hispanohablantes la forma en **-ra** es más común.

Uso del imperfecto de subjuntivo

Si necesitamos usar el subjuntivo, utilizamos el *imperfecto de subjuntivo* para hablar del pasado y de un presente o futuro hipotético.

Creo que Carmen estudió en Barcelona. — *Es posible que estudiara en Barcelona. (= pasado)*
Vete a estudiar a Barcelona. — *Me recomendó que estudiara en Barcelona. (= pasado)*
Juan ya ha llegado. Llámalo. — *Sería importante que lo llamaras. (= ahora, presente hipotético)*
Quiero estudiar en Barcelona el próximo año. — *Sería una pena que no pudieras estudiar en Barcelona. (= el año que viene, futuro hipotético)*

El pretérito perfecto de subjuntivo

	haber	participio
El pretérito perfecto de subjuntivo se forma a partir de la combinación del presente de subjuntivo del verbo *haber* y el participio correspondiente del verbo que expresa el hecho terminado.	haya hayas haya hayamos hayáis hayan	**hablado** **hecho** **prohibido**

Uso del pretérito perfecto de subjuntivo

Si el hablante necesita usar el subjuntivo, utilizará el ***pretérito perfecto*** para hablar de un pasado que consideramos actual o del futuro pasado.

Carmen ha estudiado en Barcelona.
Carmen habrá estudiado en Barcelona.

Es posible que haya estudiado en Barcelona.
No creo que haya estudiado en Barcelona.

¿Indicativo o subjuntivo?

El hablante utiliza el modo indicativo cuando quiere expresar lo que se sabe (afirma o declara) o se piensa sobre una realidad. Estas informaciones podemos declararlas en oraciones independientes.

La universidad de Salamanca tiene una reputación excelente.

O también utilizar para ello una matriz que introduzca una afirmación o suposición.

Creo / Pienso que esta universidad tiene una reputación excelente.

Si el hablante, por el contrario, quiere hacer algo más, es decir, quiere valorar una realidad, expresar un deseo o sentimiento o cuestionar una información, entonces utilizará el modo subjuntivo. Para ello necesitará también una matriz que exprese valoraciones, deseos, sentimientos o que cuestione la información.

Considero importante que la universidad tenga una reputación excelente.
Quiero que mi universidad sea moderna.
No creo que sea importante que la universidad tenga zonas verdes.

Revisión de los usos

1 Declarar o cuestionar informaciones

Si el hablante solo quiere expresar lo que sabe sobre la información de la frase subordinada, entonces utilizará el verbo subordinado en indicativo.

- **Creo que** la Universidad de Salamanca **es** la más antigua de España.
- **Me han contado que** la UNAM **es** la universidad más antigua de Latinoamérica.

Pero, si por el contrario, quiere cuestionar o considerar solo como posible la información de la frase subordinada, entonces el hablante utilizará el verbo subordinado en subjuntivo.

- Sí, pero **no es verdad que sea** la más antigua de Europa.
- Pues yo **no estoy seguro de que** lo **sea**.

Matrices que declaran (afirman o suponen) una información: *matriz + indicativo*		Matrices que cuestionan una información: *matriz + subjuntivo*	
afirmando	**suponiendo**	**considerando la posibilidad**	**rechazando**
No hay duda de que Es verdad que Está claro que Considero que	Creo que Supongo que Me parece que	Es posible que Dudo de que No creo que	No es verdad que No me puedo imaginar que Es mentira que

2 Valorar informaciones

Cuando la información que transmite la frase subordinada está ya aceptada como verdadera o posible, pero el hablante quiere hacer un comentario o valorarla personalmente, entonces necesitará en la oración subordinada el modo subjuntivo.

Considero importante que mi universidad ofrezca una bolsa de trabajo.
Me parece lógico que ofrezca también becas, aunque no me gusta que esté lejos del centro.

Ejemplos de matrices que introducen valoraciones		
(No) Es	bueno/-a / malo/-a una pena / un error	que esta escuela no tenga ordenadores. que la enseñanza sea gratuita.
(No) Me parece	importante / fundamental bien / mal / una pena	
(No) considero importante / oportuno		
(No) Está (muy) bien / mal		
Me sorprende No me importa Me da igual		

! Después de estas matrices, se utiliza un infinitivo en la oración subordinada cuando afirmamos de forma general y no se concreta quién tiene que llevar a cabo la acción de la oración subordinada.

Me parece bien fomentar la práctica deportiva entre los estudiantes. (= general)
Me parece bien que la universidad fomente la práctica deportiva entre los estudiantes. (= concreto)

3 Expresar una voluntad (deseos, exigencias, peticiones)

Si el hablante quiere expresar una voluntad, un deseo o una exigencia, entonces necesitará en la oración subordinada el modo subjuntivo.

Esperaba que la universidad tuviera una buena biblioteca.
Me gustaría que la universidad tuviera unas buenas instalaciones deportivas.
Me pidió que fuera.

! Cuando el sujeto de la oración principal expresa un deseo o una voluntad general (y por tanto no hay sujetos diferentes) entonces necesitaremos el infinitivo.
Por el contrario, cuando el sujeto de la oración principal que expresa la voluntad es diferente al sujeto de la oración subordinada, utilizaremos el subjuntivo.

Espero obtener una beca.
Espero (= yo) que me den (= ellos) una beca.

4 Relacionar temporalmente dos hechos: hablar de algo no vivido

Para relacionar temporalmente dos hechos podemos utilizar las conjunciones **cuando**, **en cuanto**, **siempre**, **hasta que**, **mientras que**, **antes de que**, **después de que**.

Las oraciones introducidas por estas conjunciones pueden construirse con indicativo o subjuntivo, dependiendo de la intención del hablante. Si el hablante quiere referirse a un hecho pasado o habitual en el presente o pasado, entonces utilizará el *indicativo*. Si en cambio, quiere referirse a una acción o un hecho que tendrá lugar en el futuro o que todavía no ha tenido lugar, entonces el hablante utilizará una forma en *subjuntivo*.

El hablante se refiere a un hecho pasado o habitual.	Tan pronto como **pude**, lo llamé. Cuando **vivía** en casa de mis padres, necesitaba menos dinero. Siempre que **paso** por esa calle, recuerdo mis tiempos de estudiante.
El hablante se refiere a un hecho todavía no vivido.	Cuando la universidad **sea** totalmente gratuita, habrá más igualdad de oportunidades. Te llamaré tan pronto como **llegue**.

5 Expresar la finalidad

Para expresar la finalidad podemos utilizar las formas **para (que)**, **a fin de (que)**, **con el objeto de (que)**.

Escribí a la universidad para que me confirmaran la estadía.
Escribí a la universidad para confirmar la estadía.

! Si el sujeto del verbo subordinado es el mismo que el de la oración principal, entonces utilizaremos la preposición *para* y el *infinitivo*.

6 Identificar o no identificar identidades: oraciones de relativo

Tras una frase de relativo, el hablante usa el *indicativo* para señalar que la persona o cosa de la que habla existe porque está identificada o ha sido experimentada.
Estudia en una universidad que ofrece estadías en el extranjero. (= la conozco)

Cuando por el contrario, el hablante quiere señalar que la persona o cosa, no está identificada todavía porque no se sabe si existe o no la ha vivido, entonces utilizaremos el subjuntivo.
Busco una universidad que ofrezca estadías en el extranjero.
No conocía ninguna universidad que ofreciera estadías en el extranjero.

7 El subjuntivo en oraciones independientes: *Ojalá*

Con la fórmula **Ojalá (que) + subjuntivo** expresamos deseos.
¡Ojalá consigas la beca!
¡Ojalá consiguieras la beca!

Si el deseo es presente o futuro y se considera realizable, el hablante utilizará el *presente de subjuntivo*. Si por el contrario, el hablante considera que el deseo es imposible en el presente o de muy difícil cumplimiento, entonces utilizará el *imperfecto de subjuntivo*.

El condicional simple: formas y usos

Las formas del condicional simple

Verbos regulares

	-ar bajar	-er perder	-ir subir
El *condicional simple* se forma a partir del infitnitivo añadiendo las terminaciones del *imperfecto* de *haber*: **-ía**, **-ías**, **-ía**, **-íamos**, **-íais**, **-ían**.	bajar**ía**	perder**ía**	subir**ía**
	bajar**ías**	perder**ías**	subir**ías**
	bajar**ía**	perder**ía**	subir**ía**
	bajar**íamos**	perder**íamos**	subir**íamos**
	bajar**íais**	perder**íais**	subir**íais**
	bajar**ían**	perder**ían**	subir**ían**

Verbos irregulares

	decir	hacer	poder	poner	querer	saber
Los verbos irregulares en *condicional simple* son los mismos que los irregulares del *futuro simple* (véase pág. 160).	**dir**ía	**har**ía	**podr**ía	**pondr**ía	**querr**ía	**sabr**ía
	dirías	**har**ías	**podr**ías	**pondr**ías	**querr**ías	**sabr**ías
	diría	**har**ía	**podr**ía	**pondr**ía	**querr**ía	**sabr**ía
	diríamos	**har**íamos	**podr**íamos	**pondr**íamos	**querr**íamos	**sabr**íamos
	diríais	**har**íais	**podr**íais	**pondr**íais	**querr**íais	**sabr**íais
	dirían	**har**ían	**podr**ían	**pondr**ían	**querr**ían	**sabr**ían

También: salir → yo **saldr**ía, tener → yo **tendr**ía, venir → yo **vendr**ía.

Estas formas irregulares las comparten también los verbos derivados de los anteriores, por ejemplo, detener → yo de**tendr**ía, proponer → yo pro**pondr**ía.

! La forma del *condicional simple* de **hay** es **habría**.

Uso del condicional simple

El *condicional simple* se utiliza

- » para hacer peticiones de forma cortés.
  ¿Podríamos ver la habitación?
- » para suavizar consejos y dar recomendaciones.
  Oye, Manuela está enfadada. Deberías hablar con ella.
- » para realizar suposiciones.
  La chica de la foto podría ser su hermana.
- » para hablar de situaciones hipotéticas.
  Ahora me gustaría estar en el Caribe.

Justificar peticiones con *es que*

Con **es que** el hablante quiere introducir una excusa o explicación por tener que hacer algo que no depende solo de sí mismo. Este conector se utiliza sobre todo en la lengua oral para expresar de forma suave o atenuante la cancelación de una acción o una petición.

- ● *¿Me deja pasar? Es que tengo que tomar este autobús.*
- ■ *Lo siento, no puedo ir contigo al cine. Es que mañana tengo que levantarme muy temprano.*

Los pronombres demostrativos neutros *esto, eso, aquello*

Los pronombres demostrativos neutros **esto**, **eso** y **aquello** se utilizan cuando el hablante quiere señalar algo en relación con los espacios *aquí, ahí, allí.*
El hablante utiliza estas formas cuando quiere señalar algo cuyo nombre no conoce, no le importa o para referirse a un tema ya mencionado con anterioridad.
Esto que tienes en la mano, ¿es tuyo?
Aquello que me contaste hace un par de días, me interesa mucho.

A veces estos pronombres pueden combinarse con la preposición *de* seguida de un infinitivo o sustantivo.
Eso de pasar lista en clase, me parece una idea algo anticuada.
Esto de las tasas académicas me parece poco adecuado.

El pronombre personal neutro *lo*

El pronombre personal de objeto directo (OD) **lo** además de utilizarse para señalar cosas que nombramos con sustantivos masculinos singulares, también puede usarse para hablar de cosas de las que hablamos sin usar nombres, por ejemplo un hecho o un tema mencionado con anterioridad.

- *¿Has visto mi libro?*
- *Sí, lo he visto encima de la mesa.*

Pero:

- *No sé por qué no me ha invitado a su cumpleaños.*
- *Yo tampoco lo sé.*

! A veces este pronombre puede combinarse con la preposición *de* seguida de un infinitivo o sustantivo: En este caso no tiene función de OD, sino que funciona como un demostrativo neutro.
Lo de las tasas académicas me preocupa.

Expresiones para interactuar

Corroborar información	Yo también he entendido lo mismo. A mí también me ha parecido escucharlo.
Mostrar inseguridad o desconocimiento	No estoy del todo seguro/-a. A mí me ha parecido escuchar que... Puede ser, aunque yo he entendido que... A mí eso se me ha escapado. Yo, esto no lo he oído.
Valorar y pedir una valoración	Yo lo veo bien, ¿y a ti qué te parece? ¿Cómo lo ves (tú)? ¿Lo ves bien/mal?
Valorar y atenuar los argumentos del otro	Lo veo bien/mal, aunque... Sí, me parece bien/mal, pero lo de + sustantivo/ infinitivo + no me parece bien/mal. Bien, claro, aunque...

Unidad 8

El futuro simple: formas y usos

Las formas del futuro simple de indicativo

Formas regulares

	viajar	conocer	vivir
Las terminaciones del futuro simple son iguales para las tres conjugaciones: **-é**, **-ás**, **-á**, **-emos**, **-éis**, **-án**. Estas se añaden al infinitivo.	viajar**é** viajar**ás** viajar**á** viajar**emos** viajar**éis** viajar**án**	conocer**é** conocer**ás** conocer**á** conocer**emos** conocer**éis** conocer**án**	vivir**é** vivir**ás** vivir**á** vivir**emos** vivir**éis** vivir**án**

Formas irregulares

Algunos verbos en *futuro simple* tienen una raíz irregular. Las terminaciones coinciden con la de los verbos regulares.

decir	hacer	poder	poner	querer	saber	haber
diré	**har**é	**podr**é	**pondr**é	**querr**é	**sabr**é	**habr**é
dirás	**har**ás	**podr**ás	**pondr**ás	**querr**ás	**sabr**ás	**habr**ás
dirá	**har**á	**podr**á	**pondr**á	**querr**á	**sabr**á	**habr**á
diremos	**har**emos	**podr**emos	**pondr**emos	**querr**emos	**sabr**emos	**habr**emos
diréis	**har**éis	**podr**éis	**pondr**éis	**querr**éis	**sabr**éis	**habr**éis
dirán	**har**án	**podr**án	**pondr**án	**querr**án	**sabr**án	**habr**án

También: salir → yo **saldr**é, tener → yo **tendr**é, venir → yo **vendr**é

Estas formas irregulares las comparten también los verbos derivados de los anteriores, por ejemplo, detener → yo de**tendr**é, proponer → yo pro**pondr**é.

! Los verbos irregulares en futuro simple son los mismos que los irregulares del condicional simple (véase pág. 158).

! La forma del futuro simple de **hay** es **habrá**.

Usos del futuro simple de indicativo

Suponer el presente

Con el futuro también podemos hablar de hechos presentes, pero que no consideramos seguros, solo los suponemos.

El chico de la foto será el ganador de la maratón, creo yo.

Predecir el futuro

Con el futuro simple hablamos de acontecimientos que todavía no han sucedido y que dependen del paso del tiempo.

Al final te darán la beca, ya verás.

El futuro perfecto: formas y usos

	haber	Participio
El *futuro perfecto* se forma a partir de la combinación del *futuro simple* del verbo *haber* y el *participio* correspondiente del verbo que expresa el hecho.	habré habrás habrá habremos habréis habrán	ganado comido salido

Usos del futuro perfecto de indicativo

Suponer el pasado del presente

El *futuro perfecto* se usa en los mismos casos en que se utiliza el *pretérito perfecto*, pero a diferencia del *pretérito perfecto*, con el *futuro perfecto* el hablante no controla totalmente la realidad, solo la supone.

- *¿Por qué está Lorena tan contenta?*
- *Porque ha ganado la carrera. (= Sé con seguridad que la ha ganado.)*
- *Porque habrá ganado la carrera. (= Supongo que la ha ganado.)*

Predecir el pasado del futuro

El *futuro perfecto* se usa para hablar de acciones o estados que habrán terminado en un momento determinado en el futuro.

¡Ánimo! A las cinco habremos llegado a la meta.

Expresar la probabilidad

Para expresar probabilidad en el presente se puede utilizar el futuro (futuro de suposición), pero también diferentes adverbios o locuciones adverbiales.

- *¿Qué está haciendo Lorena?*
- *Estará entrenando para la maratón.*
- *O a lo mejor está descansando.*
- *Quizás está / esté hablando con los periodistas.*
- *No, probablemente está / esté en casa.*
- *Sí, es posible que esté en casa.*

Algunos de estos adverbios admiten subjuntivo, otros solo indicativo, y otros subjuntivo e indicativo.

Indicativo	A lo mejor Seguro que Supongo que Me imagino que	ha ganado la maratón. habrá ganado la maratón.
Subjuntivo	Es posible que Es probable que Puede que	haya ganado la maratón.
Indicativo o subjuntivo	Quizás Posiblemente Probablemente Tal vez	ha / haya ganado la maratón.

La voz pasiva

El hablante utiliza la voz pasiva para mostrar interés por la persona o cosa que es objeto de una acción, en lugar de la persona o cosa que realiza la acción. Es decir, la persona o cosa más importante pasa a ser el sujeto *paciente* de la oración. Si el hablante quiere decir quién o qué realiza la acción en una construcción en pasiva, utilizará la preposición *por*.

Muchas casas fueron destruidas por el huracán.

Por el contrario la voz activa destaca la persona o cosa que realiza la acción.

El huracán destruyó muchas casas.

Pasar la voz activa a pasiva

Cuando se pasa de la voz activa a la pasiva, sucede lo siguiente:
El objeto directo de la oración activa se convierte en el sujeto de la pasiva (sujeto paciente).
El sujeto de la oración activa desaparece o se añadirá al final de la oración, introducido por la preposición *por*.

Voz activa	El huracán	destruyó	la ciudad
Voz pasiva	La ciudad	fue destruida	por el huracán

En ocasiones empleamos la voz pasiva porque desconocemos o no queremos mencionar quién realizó la acción.

Miles de personas fueron rescatadas de las riadas de barro.

! La voz pasiva suele utilizarse en textos formales o periodísticos.

Formación de la voz pasiva

En español, la voz pasiva está compuesta por dos elementos: la forma apropiada del verbo **ser + participio**. Este último concuerda con el sujeto *paciente*.

Miles de personas fueron rescatadas.
Los premios literarios fueron entregados a las 8 de la tarde.

Otra manera de evitar mencionar el sujeto agente de la acción, o bien porque se desconoce o porque no interesa, consiste en:

- convertir la frase activa en **pasiva refleja**. De esta manera el objeto del verbo pasa a ser el sujeto gramatical.
  Se urbanizó el país de forma caótica.
  Se destruyeron muchas casas.
- convertir la oración activa en una **oración impersonal**, utilizando la tercera persona del plural.
  Urbanizaron el país de forma caótica.
  Destruyeron muchas casas.

Marcadores y conectores contraargumentativos

Los marcadores o conectores contraargumentativos expresan algún tipo de contraste entre las informaciones que relacionan.

Podemos clasificarlos en tres grandes subgrupos:

Expresiones conectivas que introducen argumentos débiles	aunque a pesar de (que) pese a (que) por muy + adjetivo + verbo subj. por mucho que + verbo subj.	Aunque no tengo tiempo, intento estar informada. Por muy interesante que sea la programación, me aburre la televisión.
Conectores que introducen argumentos fuertes	pero sin embargo, no obstante, aun así, de todas formas, ahora bien,	Quiero estar informada, pero no tengo tiempo de leer el periódico.
Conectores que corrigen algún aspecto formulado con anterioridad.	en cambio, por el contrario,	Luis lee el periódico, en cambio yo no. Prefiero escuchar la radio.

Recursos para intervenir en un debate

Presentación del tema	El tema que vamos a tratar... Hoy vamos a hablar de un tema... Hoy queremos debatir sobre... La cuestión que debatiremos... Para ello nos acompaña(n)... En primer lugar...
Dar el turno de palabra o guiar el debate	Tiene la palabra... A ver, un momento, vamos a dejar que Pablo termine su punto de vista. Continúa / Continúe, por favor... Ahora le toca a ... que pidió la palabra hace un rato... A propósito, y ¿qué opináis/opinan de las nuevas declaraciones del Ministro de Transporte sobre...?
Presentar una opinión	Nosotros consideramos / opinamos que... En mi/nuestra opinión,... Desde mi/nuestro punto de vista..., Nos/Me gustaría hacer hincapié en...
Añadir información	también, asimismo, incluso, además, Otro hecho importante es que... Debemos tener en cuenta también que...
Pedir la palabra e/o interrumpir	Perdón, antes de que se me olvide quería decir que... ¿Me deja(s) terminar, por favor?
Ceder la palabra	Disculpa/Disculpe, por favor, continúa/continúe.

Contraargumentar	Nosotros no compartimos vuestro punto de vista porque... Si bien es verdad que..., sin embargo... De todos modos nosotros pensamos que... En cambio nosotros pensamos que... Por el contrario, ... Sea como sea, nosotros creemos que... Lo que comentabas/comentabais respecto a ... me parece poco creíble ...
Cerrar el debate	Para terminar..., En conclusión..., Muchas gracias por su participación

Oraciones concesivas

Aunque, **por más que/por mucho que** y **por muy ... que** son nexos de oraciones concesivas.

La oración concesiva introduce una circunstancia que contrasta con el hecho que se presenta en la oración principal.

Aunque hay mucho desempleo, los jóvenes son optimistas. (= Admito que hay desempleo, pero reconozco el hecho de que los jóvenes son optimistas. Se resta importancia a una dificultad (hay desempleo).)

Por mucho desempleo que haya, los jóvenes salen con sus amigos. (= No sé si mañana habrá mucho desempleo, pero reconozco el hecho de que los jóvenes salen con sus amigos.)

Por muy difícil que sea encontrar trabajo, lo conseguiremos. (= No sé en qué grado será difícil encontrar trabajo, pero expreso mi seguridad de poder resolver el problema.)

¿Indicativo o subjuntivo?

Utilizamos el modo indicativo para admitir hechos reales, conocidos o experimentados.
Aunque tiene poco dinero, se va de vacaciones.

Utilizamos el modo subjuntivo para expresar hechos supuestos, dudosos, no cumplidos o que no sabemos si van a producirse.
Auque tenga poco dinero, se irá de vacaciones.

Unidad 9

El imperfecto de subjuntivo para expresar hipótesis futuras

El *imperfecto de subjuntivo* se puede utilizar tras las matrices que introducen este modo.
Me gustaría que en el futuro la jornada laboral se redujera.
A los políticos les pediría que adelantaran la edad de jubilación.
Ojalá me dieran el trabajo.
Sería importante que mandaras tu currículum.
Sería lógico que te invitaran a la entrevista.

Si estas matrices anuncian una información que se refiere al *pasado*, o a un *presente* o *futuro hipotético*, entonces llevarán el *imperfecto de subjuntivo* en la oración subordinada.

- pasado: *Fue una pena que no te dieran el trabajo.*
- presente hipotético: *Me encantaría que me llamaran hoy mismo.*
- futuro hipotético: *Sería una pena que no te invitaran a la entrevista.*

! Véase también pág. 156, *Valorar informaciones* y pág. 154, *Uso del imperfecto de subjuntivo.*

Las oraciones subordinadas temporales

Las oraciones temporales informan sobre si la acción de la subordinada se realiza antes, después o a la vez que la acción principal, pero también puede informar sobre el inicio, la frecuencia o el final.

Si las acciones temporales se refieren a un hecho futuro, entonces el verbo de la oración subordinada irá en modo subjuntivo.

Algunas de las conjunciones que pueden relacionar estos hechos futuros son **cuando**, **mientras**, **en cuanto**, **tan pronto (como)**, **siempre que**, **hasta que**, **antes de que** y **después de que**. Estas relaciones pueden expresar:

Acciones simultáneas	**Cuando** tengas tiempo, llámame. **Mientras** la situación económica no mejore, será difícil integrar a los jóvenes en el mercado laboral.
Acciones sucesivas inmediatas	**En cuanto** lleguemos, te llamo. Me llamará **tan pronto como** llegue.
Acciones repetidas	**Siempre que** tengas dudas, puedes consultarme.
Un límite en el tiempo	No bajarán las cifras de desempleo, **hasta que** no mejore la exportación. **Antes de que** empiecen a estudiar, es importante que los jóvenes adquieran un par de experiencias laborales.

! Véase pág. 157 → *Relacionar temporalmente dos hechos: hablar de algo no vivido*

El condicional compuesto: formas y usos

	haber	Participo
El condicional compuesto se forma a partir del condicional del verbo *haber* y el participio correspondiente del hecho terminado.	habría habrías habría habríamos habríais habrían	**hablado** **comido** **dormido**

El condicional compuesto: usos y formas

Cuando el hablante utiliza un condicional compuesto para referirse al pasado, está hablando de una realidad hipotética que ya no se puede realizar.
Yo me habría tomado un año sabático antes de empezar a estudiar.

Mientras que con el condicional simple, habla de realidades hipotéticas que todavía se pueden realizar, incluso si parecen poco reales.
Yo me tomaría un año sabático aunque no tengas dinero.

Hacer declaraciones hipotéticas (I)

Para hacer declaraciones hipotéticas o evocar situaciones imaginarias podemos utilizar las oraciones condicionales, introducidas por la conjunción *si*, las cuales expresan una condición para que algo pueda suceder.

El hablante utiliza el imperfecto de subjuntivo para expresar condiciones probables o deseables en el presente o futuro.

Si me tocara la lotería, me tomaría un año sabático.

(= hago hipótesis sobre el momento actual o futuro)

Si yo fuera millonario, ya me habría tomado un año sabático.

(= hago hipótesis sobre el momento actual)

! Cuando el hablante sitúa la consecuencia de esa condición en un momento actual o futuro, utiliza el condicional simple: *me tomaría un año sabático.*

! Si por el contrario, el hablante sitúa la consecuencia en el pasado, utiliza el condicional compuesto: *ya me habría tomado un año sabático.*

Organizadores textuales del texto expositivo

Un texto expositivo informa sobre un tema de manera clara, objetiva y ordenada.

El texto expositivo consta de tres partes:

- la introducción: presenta y define con claridad el tema central.
- el desarrollo: incluye contenidos esenciales del texto y se suele apoyar en citas y referencias.
- el cierre: presenta las conclusiones.

Para cada una de estas partes se suelen utilizar una serie de marcadores textuales para ordenar las ideas:

Introducción o presentación de las ideas principales	En primer lugar..., en segundo lugar... Asimismo, Igualmente... A continuación... Para terminar / Por último	
Desarrollo	Ejemplificar o destacar información	Pongamos por caso, (por ejemplo),... En concreto,... En particular,... Especialmente,... Principalmente,... Entre otras,...
	Explicar, aclarar o reformular	Es decir,... En otras palabras,... Dicho de otro modo...

	Presentar argumentos	Está claro que... Resulta indiscutible que... Evidentemente... Cabe destacar que... Sin duda...
	Añadir más argumentos o información	Además (de), Incluso, Es más, Asimismo
	Contrastar con informaciones previas	Por el contrario, A diferencia de... Sino que...
	Presentar alternativas	Ya sea... o...
	Expresar consecuencias	Por consiguiente, Por lo tanto, En consecuencia,
Cierre	En resumen,... En síntesis,... En definitiva,... En conclusión,...	

Expresiones para interactuar

Para cuestionar la información	**Reaccionar**
¿Tú crees? ¿De verdad? ¿Ah sí? ¿Debo entender que...? ¿Estás seguro de eso? ¿Te parece posible? ¿Insinúas que...?	¿Ah sí? Pues yo no lo veo así. Discrepo totalmente. Coincido/discrepo con tu opinión.

Unidad 10

El estilo indirecto

El estilo directo y el estilo indirecto son dos modos diferentes de contar lo que se ha dicho.

Con estilo directo reproducimos el mensaje tal y como lo hemos escuchado:
Carmen dice: "No encuentro mi libro."
Carmen dijo: "La feria ha sido un éxito. Creo que volveré el próximo año."

Con el estilo indirecto reproducimos el contenido de ese mensaje introduciendo la información con el conector *que*:
Carmen dice que no encuentra su libro.
Carmen dijo que la feria había sido un éxito y que tal vez volvería el próximo año.

Al cambiar del estilo directo al estilo indirecto, a veces, cambiamos también los tiempos verbales, los pronombres y otras palabras:

Ahora voy	*Dice que viene.*
1.ª persona verbo *ir*	3.ª persona verbo *ir venir*
¡Ven a mi casa!	*Le ha pedido que vaya a su casa.*
venir posesivo *mi*	*ir* posesivo *su*
¿Me traes el periódico?	*Me ha pedido/dicho que le lleve el periódico.*
Me (OI) y verbo *traer*	*le* (OI) y verbo *llevar*

Con el estilo indirecto se puede, además, no solo transmitir declaraciones, sino también preguntas, favores, consejos, etc. Para ello se necesitarán diferentes verbos que ayuden a transmitir la intención de la persona que reprodujo el mensaje original. Algunos de estos verbos son: *decir, comentar, contar, preguntar, afirmar, admitir, asegurar, negar, mencionar, recordar*, etc., seguidos del conector correspondiente (*que, si, qué, cómo*, etc.).

¿Venís al cine?	*Pregunta (que) si vamos al cine.*
¿Me traes el periódico?	*Me ha pedido/dicho que le lleve el periódico.*
¡Ve al médico!	*Me ha recomendado que vaya al médico.*
● *¿Vendrá a la próxima feria?*	
■ *Sí, por supuesto.*	*Ha confirmado que vendrá/vendría a la próxima feria.*

Actual o no actual

Al transmitir una información dicha por otra persona u otras personas hay que tener en cuenta la validez o actualidad de las informaciones que se quieren transmitir. La elección de un tiempo verbal u otro no dependen tanto del tiempo verbal de la oración principal *(dice que, ha dicho que, dijo que...)*, sino de si la información que se quiere transmitir se considera todavía actual o por el contrario no lo es, e incluso quiero distanciarme de ella. Resumiendo:

» Quiero indicar que lo dicho es todavía válido (es actual). En este caso los tiempos verbales en la frase subordinada prácticamente no cambian.
Vendré a la feria el próximo año. — *Dijo que vendrá a la feria.*

» Quiero indicar que lo dicho ya no es válido (no es actual) o quiero distanciarme. En este caso los tiempos verbales cambian casi siempre.
Vendré a la feria el próximo año. — *Dijo que vendría a la feria.*

Siguiendo estas pautas, obtendríamos el siguiente esquema:

		Si el hablante quiere indicar que lo dicho todavía es válido (actual)	**Si el hablante quiere indicar que lo dicho ya no es válido (no es actual) o quiere distanciarse**
	Estilo directo	**Estilo indirecto**	**Estilo indirecto**
Indicativo	**Presente** Yo voy.	**Presente** Dijo que viene.	**Imperfecto** Dijo que venía.
	Indefinido La feria jamás tuvo fines comerciales.	**Indefinido** Recordó que la feria jamás tuvo fines comerciales.	**Indefinido o Pluscuamperfecto** Recordó que la feria jamás tuvo/había tenido fines comerciales.
	Perfecto La feria ha sido un éxito.	**Perfecto** Declaró que la feria ha sido/fue un éxito.	**Pluscuamperfecto** Declaró que la feria había sido un éxito.
	Futuro El libro tendrá vida para rato.	**Futuro** Dijo que el libro tendrá vida para rato.	**Condicional simple** Dijo que el libro tendría vida para rato.
	Futuro compuesto Habrán perdido el autobús.	**Futuro compuesto** Dicen que habrán perdido el autobús.	**Condicional compuesto** Dijeron que (sin su ayuda) habrían perdido el autobús.
Subjuntivo	**Presente de subj.** Ojalá le den el premio a Poniatowska.	**Presente de subj.** Desea que le den el premio a Poniatowska esta noche.	**Imperfecto de subj.** Deseó que le dieran el premio a Poniatowska.
	Perfecto de subj. Ojalá le hayan dado el premio a Poniatowska.	**Perfecto de subj.** Dice que ojalá le hayan dado el premio a Poniatowska.	**Pluscuamperfecto de subj.** Dijo que ojalá le hubieran dado el premio a Poniatowska.
Imperativo	**Imperativo** ¡Ven!	**Presente de subj.** Te pide que vayas.	**Imperfecto de subjuntivo** Te pidió que fueras.

! Los tiempos imperfecto, pluscuamperfecto y condicional tanto de indicativo como subjuntivo no cambian.

Resumir una historia o un cuento

Expresiones para introducir una historia y/o personajes

Transcurrir en + lugar + tiempo	La acción transcurre en Francia / en el siglo XX / en los años 70.
Tener lugar + tiempo + lugar	La historia tiene lugar a finales de los años 70 en un pequeño pueblo francés.
Narrar + sustantivo + de	El cuento narra la historia de... que vivía en...

Valorar un relato

Expresar valoraciones positivas	Expresar valoraciones negativas
Este cuento / estos cuentos **me parece(n)** + buenísimo(s) / excelente(s) / fantástico(s) / magnífico(s) / genial(es) / original(es) / sorprendente(s) / especial(es) / raro(s) / curioso(s). ¡**Qué** maravilla! ¡Es una historia fantástica!	Este cuento / estos cuentos **me parece(n)** + raro(s) / curioso(s) / complicado(s) / malo(s) / horroroso(s) / una tontería(s) / absurdo(s) / poco logrado(s) / una bobada(s). ¡**Qué** aburrimiento! ¡Es una historia terrible!

Marcadores temporales para resumir una historia

Para referirse a momentos precisos	A los 11 años A los 20 años	A los 11 ya daba conciertos, a los 20 era famoso.
Para ordenar cronológicamente las acciones	Primero Luego Después (de) 6 meses después Antes (de) Finalmente / Al final	Primero dio un concierto en París, luego en Viena y finalmente...
Para introducir acciones inesperadas	De repente De pronto	De repente empezó a hacer gestos raros.

Verbos que expresan valoraciones

En español existen muchos verbos para expresar sentimientos, gustos o afecto y que funcionan de forma parecida al verbo *gustar*. En estos verbos el sujeto gramatical no es el hecho, persona o cosa que experimenta el sentimiento, sino lo que lo provoca.

Me parece bien / mal / sorprendente / maravilloso / raro / original Me resulta interesante / sorprendente / extraño Me pone triste / de buen humor / histérico/-a Me aburre / me divierte / me horroriza / me entusiasma Me sorprende / me extraña / me llama la atención	este cuento

Marcadores y conectores consecutivos

Establecen una relación causa-efecto. Indican que la información que les sigue es una consecuencia de una información previa.

Hay que distinguir, por un lado, los marcadores consecutivos que cohesionan el discurso, y por otro, los conectores que unen dos frases.

[Era imposible que estuviera embarazada.] ← **Por eso**, los médicos dijeron que se trataba de un virus tropical.		La visita fue un caos, **de manera que** no pudo entregarle el dibujo.	
Cohesionan el discurso	**Unen dos oraciones**	**Cohesionan el discurso**	**Unen dos oraciones**
Por eso, Por ello, Por ese motivo, Por esa causa, Por esa razón, Pues	por lo que con lo que de ahí que + subj. pues	Por lo tanto, En consecuencia, Por consiguiente,	de manera que así que
→ introducen la conclusión y **señalan la causa que previamente se ha mencionado**		→ señalan que lo que sigue es una conclusión, pero **sin hacer referencia a la causa**	

intensifican una cualidad	**intensifican una cantidad**
tan... que El dolor fue **tan** fuerte **que** estuvo a punto de...	tanto/-a/-os/-as... que... Sintió **tanta** decepción **que** se compró...

Unidad 11

Los pronombres relativos y su uso

Las oraciones introducidas por el pronombre relativo dan información sobre las personas, los objetos o lugares que se nombran en la oración principal (el antecedente).

que	**donde**
El **chico que** sale en la película es mi primo.	La **casa donde** se rodó la película es espectacular.

Aunque también existen oraciones de relativo donde la persona, cosa o lugar no se nombra explícitamente porque ya se ha nombrado con anterioridad en el discurso.

El que sale en la película es mi primo.

Pronombres relativos precedidos de preposición

A veces estos pronombres pueden o necesitan ir precedidos de una preposición (*en*, *con*, *de*...) porque el verbo lo exige, y de un artículo (*el*, *la*, *los*, *las*). En este caso, el artículo concuerda en género y número con el sustantivo al que se refiere el pronombre relativo.

Me gusta la escena en la que (= donde) los protagonistas se conocen. (conocerse en un lugar)
La chica de la que se enamora el protagonista es americana. (enamorarse de alguien)

cuyo, cuya, cuyos, cuyas

Cuyo, **cuya**, **cuyos**, **cuyas** es un pronombre relativo usado con valor posesivo que indica pertenencia a alguien mencionado con anterioridad. Precede al nombre de la persona o cosa poseída, con la que concuerda en género y número, no con su antecedente, que sería el nombre del poseedor.
Es una película cuyos protagonistas viajan a un país muy lejano.

Lleva coma o no según tenga valor explicativo o especificativo.
Lo imposible es una película, cuya historia tiene lugar durante un tsunami, logró records de taquilla.

En la actualidad se usa más en la lengua escrita que en la oral.

El modo en las oraciones de relativo

Tras una frase de relativo el hablante usa el indicativo para señalar que la persona o cosa de la que habla existe porque está identificada o ha sido experimentada.
Estudia en una universidad que ofrece estadías en el extranjero.

Cuando por el contrario, el hablante quiere señalar que la persona o cosa, no está identificada todavía porque no se sabe si existe, entonces utilizaremos el subjuntivo.
Busco una universidad que ofrezca estadías en el extranjero.
No conocía ninguna universidad que ofreciera estadías en el extranjero.

Las oraciones causales

Las oraciones causales son aquellas que describen la causa o el motivo por los cuales una acción o una situación tiene lugar. Los conectores más habituales son:

Porque Es el conector más utilizado para expresar la causa, explica la causa de la acción principal de manera general y neutra, sin añadir matices. Si el hablante quiere negar o cuestionar una relación causal, utilizará el subjuntivo en la oración subordinada.	Esta película funciona **porque** sus actores son muy buenos. Amenábar tiene éxito **no porque** haya rodado películas en inglés, sino porque sus historias son muy originales. **No** es famoso **porque** ruede películas en inglés, sino porque sus historias son muy originales.
Ya que / puesto que Los conectores **ya que / puesto que** introducen una razón ya conocida y van precedidos de una coma. Las frases con **ya que / puesto que** pueden estar en primera posición.	Los trabajadores protestan, **ya que** / **puesto que** no les suben el sueldo. **Ya que** / **puesto que** no les suben el sueldo, los trabajadores protestan.
Debido a que Se usa sobre todo en la lengua escrita.	Se hizo famoso **debido a que** Tom Cruise adquirió los derechos de la película.
Como Presenta la causa como una situación previa que explica la acción principal y siempre se antepone a la oración principal.	**Como** este director rueda películas de suspense, es muy conocido entre los jóvenes.
Gracias a Se utiliza en contextos positivos.	**Gracias a** su ayuda, pudo rodar la película.

La elección de pretérito perfecto o indefinido en las oraciones causales

Cuando las causas reflejan una **situación o circunstancias** utilizamos el imperfecto.	Cuando, por el contrario, expresan una **acción terminada**, utilizamos el indefinido.
El año pasado cerraron muchos cines porque la entrada **era** demasiado cara.	El público no fue al cine porque **subieron** el precio de las entradas.

! En caso de duda: si la causa y el efecto son simultáneos, utilizamos el imperfecto. Si la causa es anterior al efecto, utilizamos el indefinido o el pluscuamperfecto.

Muchas películas no pudieron rodarse porque los productores no **tenían** dinero. (= acción simultánea)
Muchas películas no pudieron rodarse porque los productores **se quedaron** sin dinero antes de que empezara el rodaje. (= acción consecutiva)

Expresiones para valorar una película

La película... me impactó. me emocionó. me hizo pasar muchos nervios / miedo / un buen rato. me pareció aburridísima / un desastre / emocionante / impactante.	Es una película emocionante / alucinante. ¡Qué nervios he pasado! ¡Qué miedo! Se me ha puesto la carne / piel de gallina. ¡Es genial! ¡Dicen que es un rollo!

! Recuerda que si se quiere valorar una acción o circunstancia ya terminada, usamos el indefinido o el pretérito perfecto

Unidad 12

El pluscuamperfecto de subjuntivo: formas y usos

	haber	Participo
El pretérito pluscuamperfecto de subjuntivo se forma a partir del verbo *haber* en imperfecto de subjuntivo y el participio de la acción correspondiente.	hubiera (-se) hubieras (-ses) hubiera (-se) hubiéramos (-semos) hubierais (-seis) hubieran (-sen)	**hablado** **comido** **vivido**

Uso del pluscuamperfecto de subjuntivo

Se usa en las frases que necesitan subjuntivo cuando se quiere hablar del pasado anterior.

Si en indicativo decimos	En subjuntivo decimos
Ya había salido de casa. Habría salido de casa.	No es verdad que hubiera salido de casa.

Hacer declaraciones hipotéticas (II)

Si no se hubiera producido la Revolución francesa, hoy Francia todavía tendría una monarquía.
Si no se hubiera producido la Revolución francesa, la nobleza habría conservado todos sus privilegios.

El hablante utiliza el pluscuamperfecto de subjuntivo para expresar condiciones no probables en el pasado.

! Cuando el hablante sitúa la consecuencia de esa condición en el presente o en el futuro, utiliza el condicional simple: *Hoy Francia todavía tendría una monarquía.*

! Si por el contrario, el hablante sitúa la consecuencia en el pasado, utiliza el condicional compuesto: *La nobleza habría conservado todos sus privilegios.*

La pasiva de resultado o proceso: *ser* o *estar* + participio

La voz pasiva permite enfatizar una acción o un estado. El sujeto de la acción no tiene relevancia, no se conoce o se asume que todo el mundo lo conoce. Dependiendo de si el hablante quiere prestar más atención al proceso o al resultado, tiene dos posibilidades:

» la estructura **ser + participio**: si el hablante quiere presentar la acción en su proceso o desarrollo.
En muchos lugares del mundo la mujer todavía es discriminada.

» la estructura **estar + participio**: si el hablante quiere sobre todo presentar el resultado final de la acción.
En muchos lugares del mundo la mujer todavía está discriminada en el mundo laboral.

Usos del “se”

Para expresar la involuntariedad	Se me apagó la luz.
Para expresar la reciprocidad	Los dos se tutean.
Para expresar la impersonalidad	En mi país se come bien.
Como objeto indirecto (OI)	El libro se lo regalé yo.
Para expresar acciones reflexivas	Se lava las manos.
En la pasiva refleja	Se destruyeron muchos puentes.

LIBRO DE CLASE

Unidad 7

Unidad 7, 1b

1 ● Mi sueño desde la adolescencia era estudiar en Europa, siempre quise venir acá. Ya mi abuelito había estudiado en esta universidad. De esto hace, muchos, muchos años. Después emigró a México donde nació mi papá y luego yo. Para mí es como volver a mis orígenes, tengo raíces españolas y deseo ir a Salamanca donde mi abuelito estudió también. Y claro, luego está el prestigio del que goza la universidad.

■ Yo quería estudiar en España porque el país me encanta. Y después elegí Salamanca porque es la ciudad universitaria por excelencia en España. Me informé navegando por internet y pude ver que es una universidad realmente muy internacional, con estudiantes de más de setenta nacionalidades diferentes. ¡Ah! Y ofrecen un programa cultural para los estudiantes de intercambio interesantísimo.

Unidad 7, 3a/c

2 ● Buenos días, Markus. Pasa, pasa.

■ Buenos días, Sra. Villarín. Lo siento, llego un poco tarde, pero es que el metro ha venido con retraso.

● No te preocupes. A ver, siéntate.

■ Gracias.

● Si no recuerdo mal, me comentabas en tu correo que querías hablar conmigo sobre el intercambio en el cuarto semestre. A ver, cuéntame, ¿qué dudas tienes?

■ Bueno, es que no sé qué universidad escoger… hay tantas posibilidades…

● Cierto, tenemos muchos convenios con otras universidades, lo que está muy bien, pero claro, después tenéis que tomar una decisión… Ante todo es importante que tengas claro si quieres quedarte en Europa o irte más lejos, a América, por ejemplo. Tienes que tener en cuenta la distancia geográfica, pongamos por caso…

■ Pues yo había pensado en irme bien lejos, a Argentina, por ejemplo, para descubrir otras formas de vivir, pero no sé si podré seguir bien las clases, ya que no estoy acostumbrado al acento y la pronunciación argentina.

● ¡Markus! Esto te puede pasar siempre, da igual al país que vayas. Tienes que tener en cuenta que hay muchísimas variedades del español, también en España, y no es lo mismo aprender el español aquí, en Alemania, que en el país de origen. Yo te aconsejo que hagas un curso intensivo del idioma nada más llegar al país, independientemente de adonde vayas. Así podrás ir acostumbrándote al acento y conocer a otros estudiantes que estarán en la misma situación que tú.

■ Pero, ¿usted cree que yo podría seguir las clases en español?

● Por supuesto, ahora mismo diría que tienes un nivel B2 alto y si haces el curso de idioma intensivo nada más llegar, verás lo rápido que aprendes. Pero claro, es fundamental que te dirijas al profesor si ves que no puedes seguir las clases. Seguro que te ayudará.

■ Hum.. Pero también había pensado en ir a Alicante donde tengo un amigo español del intercambio de mi instituto de bachillerato. Todavía mantenemos el contacto, nos escribimos y hablamos por Skype de vez en cuando … Se llama Miguel y me encantaría estar con él…

● Pues en ese caso, estarías en un entorno más conocido.

■ ¡Ya! ¿Y usted sabe cómo son las clases ahí? ¿Hay un trato personal con los profesores?

● Por lo que cuentan los estudiantes que ya han estado ahí, la accesibilidad a los profesores es excelente. Están siempre dispuestos a ayudar y las clases son muy interesantes. Hasta ahora no he oído de ningún estudiante que haya tenido dificultades en seguir las clases, por ejemplo. Además, los cursos de literatura son muy recomendables. Si te gusta la literatura, te recomiendo que vayas a Alicante. Te gustará.

■ ¿Ah sí?

● ¡Sí! Hay un Club de Erasmus que organiza muchas excursiones y actividades integradoras para los Erasmus y, por ejemplo, me consta que van a visitar la casa del poeta Miguel Hernández en su pueblo natal, Orihuela. Es importante que te apuntes a ese tipo de actividades desde el principio.

■ ¿Y las convalidaciones?

● Este tema lo lleva la Oficina de relaciones Internacionales, ya lo sabes, Markus. Pero está claro que con el convenio las asignaturas que elijas en el extranjero se te convalidarán. Otra cuestión es si suspendes los exámenes allí…

■ ¿Qué pasa después?

● Pues no lo sé exactamente, pero algún que otro problema seguro que hay. Por eso, te recomiendo que no dejes los estudios, aunque ya sabemos que en estas experiencias internacionales se viaja mucho para conocer el país, se conoce a mucha gente y se sale. En fin, que es toda una aventura, pero hay que estudiar también. Entonces, ¿qué vas a hacer? ¿Tienes más preguntas?

■ No, muchas gracias por su ayuda. Creo que ahora lo tengo más claro.

Unidad 7, 6a

3 ■ Hey, hola, tú también estás de intercambio, ¿verdad?

● Sí, eso es. Me llamo Eusebio y soy peruano. Llegué acá la semana pasada con un programa internacional de becas.

■ Pues yo estoy aquí con la beca Erasmus. Mira, que acabo de leer la guía académica y hay un par de cosas que no acabo de entender.

● ¿Ah sí?

■ Quizás puedas ayudarme… Mira, aquí pone que el horario tiene huecos. La palabra hueco, ¿qué quiere decir?

● Este... pues un hueco es un agujero, pero en este caso se refiere a que puedes tener una pausa grande entre clase y clase, que luego puedes aprovechar para ir a la biblioteca o reunirte para los trabajos de grupo, por ejemplo...

■ ¡Ah! Ya veo. Y esto del trato cercano significa que los profesores tutean a los estudiantes, ¿verdad?

● Eso es, a mí se me hace raro porque en mí país la forma de vosotros no existe, así que los profesores utilizan el "ustedes". Y el tú no está tan extendido como en España, aquí parece que casi todo el mundo se tutea...

■ Cierto, en mi país también se trata de usted a los estudiantes. Otra cosa Eusebio, aquí dice que para aprobar hay que sacar un 5. Eso de sacar un 5, ¿qué significa? ... A ver... Yo saco un libro de mi mochila, o una cerveza del frigorífico, pero ¿sacar un cinco?

● ¡Ya entiendo! Sacar una nota es una expresión que significa obtener un resultado de un examen. ¡Y claro! El 5 es la nota mínima para aprobar acá. En cada país es distinto, en el mío necesitas 10,5 puntos, por ejemplo.

■ ¡Comprendido! Muchas gracias, Eusebio. Te agradezco tu ayuda, de verdad. ¿Nos vemos mañana en el acto de bienvenida?

● ¡Claro! ¡Hasta mañana!

Unidad 7, 7a/b/d

4

■ ¡Hey! Hola, Marcus, ¿qué tal?

● ¡Hey! Hola, bien. ¿y tú?

■ Bien, bien, ¿qué pasa, tío? ¿qué tal te ha ido el primer día en la uni?

● Uf! Un poco rollo, la verdad...

■ ¿Y eso?

● Ya sabes, que el primer día es muy aburrido. Mucha información de golpe, muchas cosas nuevas, y yo que estoy todavía algo cansado del viaje. Llegué en autobús hace dos días, una paliza ...

■ ¡Ya! Es que deberías haber venido en avión.

● Tienes razón.

■ ¿Y los compañeros de clase, qué?

● Me ha sorprendido que haya tantas chicas extranjeras sobre todo de países latinoamericanos.

■ Bueno, es que la universidad está cerrando cada vez más convenios internacionales y a Alicante llegan cada año muchos estudiantes de Latinoamérica.

● Desde luego. Han organizado un acto de bienvenida impresionante, me ha gustado mucho que haya venido incluso el alcalde de la ciudad y nos haya dedicado unas palabras, esto en mi ciudad no sucedería.

■ Guau ¿y os han dado algo de comer también?

● Bueno algo para picar, pero muy bien, genial, ¿sabes? Tenía un hambre... es que todavía no había desayunado...

■ ¿O sea que no habéis tenido clase?

● Bueno, clase, lo que se dice clase, no, pero hemos tenido una sesión informativa para saber cómo funciona la biblioteca, y nos han explicado el tema de los menús en la cantina.

■ Bien, eso lo hacen siempre, cuando estuve en Monterrey el semestre pasado también nos lo hicieron, allí lo llamaban la sesión orientativa.

● ¿Y fueron puntuales?

■ ¿Qué quieres decir?

● Pues que me ha sorprendido que el de la oficina de relaciones internacionales haya llegado diez minutos tarde el primer día. Estábamos todos en el aula esperando y no venía nadie...

■ Markus, estamos en España, no te olvides del cuarto de hora académico, cambia el chip, tío.

● ¡Ya lo sé! Si lo leí en la Guía del estudiante, pero me ha parecido raro que ya el primer día haya empezado con retraso.

■ Markus, esto no lo consideramos retraso.

● ¡Uf! ¡Ya veo que todavía me quedan muchas cosas por aprender!

Unidad 7, 9c

5

● ¡Hola! Estoy haciendo un reportaje sobre las experiencias de estudiantes Erasmus. ¿Os puedo hacer unas preguntas?

■ ¡Claro!

● Sí, siempre que no sean muy difíciles!

● ¿Y vosotras por qué decidisteis estudiar un semestre aquí en Lovaina?

■ Yo tenía ganas de irme a estudiar fuera, quería aprovechar esta oportunidad para conocer mundo, para conocer gente de otros países y conocer otro sistema.

● Pues yo desde pequeña tenía claro que quería irme al extranjero, estoy en Lovaina, pero podía haber sido otro destino.

● ¿Por qué elegisteis Lovaina como destino?

■ A mí me lo recomendaron unas amigas de Bélgica que estaban estudiando en Barcelona, además está muy cerca de Bruselas lo que te permite viajar fácilmente por Europa y esta universidad tiene prestigio, no es de las fáciles y además tiene mucho ambiente universitario.

● Yo no lo tenía nada claro hasta que quedé con una amiga mía que es profesora de baile y de la lista de universidades que había hecho me recomendó, sin ninguna duda, Lovaina.

● ¿Qué diferencias culturales entre Bélgica y España observáis?

■ Una diferencia bastante importante que he observado es que los belgas son poco abiertos, sí que son muy educados, eso sí, pero muchos belgas interactúan solo lo justo. Otra diferencia sería la manera de comer, es decir, que solo hacen una comida principal y el resto son todo sándwiches. Y a mí esto me parece muy diferente.

● Sí, y la primera que más me choca es el sistema de reciclaje que tienen, porque por ejemplo, dentro de lo orgánico separan los residuos del jardín por un lado, y por otro, el pescado, la carne y la verdura va en otro tipo de bolsas. Es casi imposible hacerlo bien aunque debo decir que yo estoy a favor del reciclaje.

- ¿Qué os han parecido las clases?
- Las instalaciones son muy diferentes a las de Barcelona, hay un edificio, el ágora, donde todos van a estudiar y luego tienen pantallas que puedes conectar con el ordenador. Y tienen salas en las que no se puede hablar, y otras en las que sí, y luego salas de relax... En Barcelona es muy diferente. Es que aquí está todo muy bien preparado.
- No es como en España donde tienes un horario fijo cada semana y tú tienes que ir a las clases y tomar apuntes de lo que dice el profesor. Aquí las clase son más interactivas, y para los trabajos tienes que investigar mucho más e ir a bibliotecas.
- ¿Qué habéis echado más de menos?
- Yo he echado de menos la comida, el sabor de todo aquí es distinto. Echo de menos la fruta y la ensalada.
- Bueno, yo la comida también, las horas de sol, porque en España hay muchísimas horas de sol, y aquí no tantas... y claro a mi novio también.
- ¡Ah! Y también el ritmo de vida de aquí. Eso de que todo abra a las diez y cierre a las doce me cuesta y por las tardes hasta las cuatro. Y si no has hecho tus compras hasta esa hora después tienes que esperar al día siguiente. Y cenas a las siete, y claro, para mí el día termina cuando ya has cenado y a las siete, no sé, todavía es temprano...
- ¿Cómo valoráis la experiencia Erasmus?
- Pues me estoy dando cuenta de que soy más abierta, de que estoy aprendiendo a aceptar otros puntos de vista.
- Para mí Erasmus es madurez porque tú tienes que hacerlo todo sola. También libertad, si te apetece ir a París un fin de semana, pues no pasa nada. Cuando estás en Madrid es mucho más difícil por la situación geográfica.
- Gracias por vuestras aportaciones.
- De nada.

Unidad 8

Unidad 8, 3a/b

6-8

1. Son las tres de la tarde, estimados oyentes, y es la hora de las noticias.
   80 millones de turistas. Este es el récord más esperado para este año. El verano será de nuevo de récord en turismo. A los casi 20 millones de extranjeros que España ha recibido en los cuatro primeros meses del año, se sumarán otros 37 antes de que empiece septiembre. Alcanzarán, según las previsiones de los hoteleros españoles, los 56,7 millones de visitantes, lo que supera en un 8,8 % la marca del mismo periodo del pasado año. De cara a este verano un gran potenciador será el turismo nacional. Las predicciones apuntan a que el número de viajeros nacionales crecerá entre un 6 % y un 7 % hasta agosto respecto al año pasado. Los datos apuntan a una recuperación del mercado nacional que ha vuelto a los niveles anteriores a la crisis.
   También se destaca el aumento de turistas extranjeros por la inestabilidad política en los países competidores como Turquía, Túnez o Egipto.
2. La Consejería de Sanidad de la Comunidad de Madrid ha activado la Alerta de Alto Riesgo o Nivel 2 ante el aumento progresivo de temperaturas que se va a producir durante esta semana, y que previsiblemente elevará los termómetros hasta los 39,2 grados mañana. Según informó la Consejería en un comunicado, es ya la tercera vez este verano en la que se activa la máxima alerta frente al calor, ya que también se hizo el 9 de junio y el 10 de julio pasados.
   Sanidad insiste en que hay que extremar las medidas de precaución con los colectivos más vulnerables al calor, como las personas mayores, los niños y los enfermos crónicos. Es fundamental mantener una hidratación adecuada, ingiriendo al menos dos litros de agua aunque no se tenga sed, evitar salir a la calle en las horas más calurosas del día, cerrar las persianas y aumentar el consumo de frutas de verano y verduras.
3. Casi la mitad de los niños y adolescentes españoles pasa más de dos horas al día frente a una pantalla aparte del tiempo que dedican al uso de internet para el estudio. Mientras que en los chicos el dispositivo más utilizado es la consola, en la población femenina es la televisión. Estas son algunas de las conclusiones del Estudio Anibes sobre los hábitos sedentarios de los menores de entre 9 y 17 años.
   El trabajo constata que un alto porcentaje de niños y adolescentes en España no cumple las recomendaciones sobre actividades sedentarias, „especialmente y paradójicamente" también durante los fines de semana, que es cuando pasan más tiempo delante de una pantalla, que de lunes a viernes. El 48,4 % de los participantes pasa más de dos horas independientemente del día, el 49,3 % supera ese tiempo los días de entre semana y el 84 % durante los fines de semana. Por edades, los adolescentes pasan más tiempo viendo la televisión, jugando con ordenadores o consolas o navegando por internet, que el grupo de los niños.

Unidad 8, 7a/b

9

- Son las ocho treinta de la noche y empezamos con nuestro debate semanal. El tema que vamos a tratar hoy nos incumbe a todos. Es un tema del presente, pero también del futuro, en concreto, del futuro de nuestros jóvenes, de nuestra sociedad, del futuro de las próximas generaciones. Hoy vamos a hablar sobre las perspectivas de futuro de los jóvenes latinoamericanos.
  Para ello contamos con la estimable presencia del representante del gobierno, Ariel González, y Ricardo Valdés, representante de la UNAM y conocido por su compromiso social.
- ¡Muy buenas noches!
- Hola, muy buenas noches. En la redacción nos hemos decidido por este tema a raíz de las publicaciones aparecidas en los últimos días sobre los ninis, ese grupo de

jóvenes que ni trabaja ni estudia. Y es que según los resultados arrojados por un estudio realizado por la CEPAL, en Latinoamérica ya son más de 30 millones de ninis, es decir, un 20 % de todos los jóvenes.
Son cifras realmente preocupantes que no deberían dejarnos indiferentes. Y estoy absolutamente segura de que este tema también interesa a nuestros oyentes. Me gustaría empezar preguntándole a Usted, Sr. González, como representante del Gobierno, ¿cómo interpreta estas cifras? ¿no cree que se trata de un fracaso de la clase política?

- ■ Ante todo quisiera mostrar mi preocupación ante los resultados de la CEPAL a los que usted acaba de referirse. Pese a los esfuerzos realizados desde nuestro gobierno, la situación continúa siendo crítica, no solo en nuestro país, sino también en los países de la región. Es obvio que debemos ayudar más a los jóvenes fomentando proyectos que favorezcan la inclusión social de aquellos que están más marginados, pero no es tan fácil. Se necesita de una colaboración sostenida de Estado, empresas y particulares, puesto que son varias las partes implicadas.
- ● Me gustaría conocer ahora la opinión de una persona joven, ¿cómo lo ve usted? ¿Tiene la sensación de que el Estado está haciendo lo suficiente por ustedes, Ricardo?
- ● En primer lugar, querría decir que discrepo con lo expuesto por el representante del Gobierno. Por muchos proyectos que se planteen, si no hay suficientes recursos para llevarlos a cabo, esos proyectos quedan en papel mojado, en nada. Los recursos no llegan a quienes más lo necesitan. Hay que empezar por abajo, si no se hace nada contra la desigualdad social ni contra la pobreza, las cifras de los ninis no bajarán. ¿Cómo puede un chico de once o doce años, que tiene que emplearse de cualquier manera en la calle para mantener a su familia, salir de la pobreza? ¿Cómo podrá salir de la pobreza si no puede atender a la escuela? ¿Cómo?
- ■ No dudo de que tenga usted razón, no obstante...
- ● Disculpe, todavía no había terminado con mi exposición...
- ● Vamos a dejar que termine el señor Valdés, si le parece.
- ■ Claro, como no, continúe , por favor.
- ● Lo que estaba diciendo es muy simple, y es que la educación es el pilar fundamental para el futuro de nuestras próximas generaciones. Repito, sin educación no disminuirá la pobreza.
- ● Creo que el punto de vista de Ricardo ha quedado claro. Ahora le toca a usted, Sr. González, ¿está de acuerdo con esta idea?
- ■ Por supuesto, como no, no obstante, quisiera dejar bien claro que muchas veces hay otras cuestiones de fondo. ¡Hum! Me refiero a que, y no quiero generalizar, en determinadas situaciones los jóvenes prefieren ganarse el dinero rápido, sin mucho esfuerzo, también porque lo han observado de sus hermanos o primos mayores que están en pandillas que se dedican, bueno, pues a eso, a la delincuencia porque así les resulta más fácil ganar dinero. Y claro, tenemos en todo el subcontinente la lacra de la delincuencia organizada, que atrae a multitud de jóvenes que...
- ● ¿Puedo decir algo? ¿Me permite?
- ■ Un momento, por favor, ya termino. ¡Hum! Pues como iba diciendo, la delincuencia organizada ejerce un poder de atracción mayúscula para muchos jóvenes.
- ● Desde luego. Me gusta que haya sacado el tema de la delincuencia o crimen organizado porque, en realidad, no es otra cosa que el resultado de políticas fallidas de seguridad pública. Leía la semana pasada un artículo, no recuerdo el nombre ahora, pero no importa, en el que ponía que cuatro de cada 10 ciudadanos latinoamericanos reconocen que ellos o algún familiar o conocido habían sido víctimas de algún tipo de delito. ¡Cuatro de cada diez! ¡Señores estamos ante otro grave problema, el problema de la seguridad pública! ¿Quién puede sentirse seguro cuando es de todos conocido que en muchas ocasiones los policías son los primeros en estar directamente relacionados con el crimen organizado? Por cierto, ¿sabían ustedes que algunos de los países de América Latina y el Caribe ostentan las más altas tasas de homicidio del mundo? De hecho, en la región donde habita el 8 % de la población mundial, tienen lugar el 42 % de todos los homicidios por arma de fuego y el 66 % de todos los secuestros del planeta.
- ● Sin duda alguna estos son cifras impactantes. Sr. González, parece que los políticos tienen muchos deberes por hacer todavía...
- ■ No hay que olvidar que en Latinoamérica hemos sufrido grandes periodos de dictaduras, lo que significa que verdaderamente no tenemos mucha experiencia en procesos democráticos. Cuando observamos otras partes del mundo...
- ● Perdone Sr. González, pero no se olvide de la corrupción. Vivimos en países sumidos en corrupción, empezando por los políticos, y usted debería saberlo... ¡Hum! Por poner algunos ejemplos, en Brasil donde el ex presidente Lula da Silva ha sido acusado de corrupción, igual que el ex presidente de El Salvador, Toni Saca, que junto con sus antiguos colaboradores fue detenido durante la celebración de la boda de uno de sus hijos. ¡Imagínese la situación! Por no hablar de México, o de Argentina, lamentablemente una lista interminable...
- ● Temas muy interesantes y polémicos. Se nos está terminando el tiempo y me gustaría retomar la idea con la que abrimos el debate: Las perspectivas de los jóvenes en América Latina. Tengo acá un artículo sobre el abandono escolar en la educación superior. Y una de las ideas del artículo hace referencia a que en América Latina todavía no se ha adecuado la educación superior a la situación actual de globalización y de digitalización y que uno de los puntos débiles de las universidades latinoamericanas es la calidad. Sr. González, ¿qué opina usted al respecto?

■ Yo creo que tampoco se puede generalizar. Tenemos universidades muy buenas en Latinoamérica que ocupan buenas posiciones en los rankings internacionales. Ahora bien, siempre se puede mejorar.
● Muchas gracias por el interesantísimo debate. Estoy seguro de que nuestros oyentes nos habrán escuchado con muchísimo interés. Ahora les dejamos con un poco de música...

Unidad 8, Cultura e

10
● Buenas tardes, profesor. ¿Interrumpo? Me dijo que podía pasar a esta hora por su despacho... Podría venir más tarde también o en su horario de consulta.
■ Pasa, pasa, Iván. ¿Vienes por lo de tu tema de tesis? ¿Has pensado ya en algo?
● Bueno, tengo una idea y querría saber su opinión. Me interesaría hacerla sobre Gabriel García Márquez. Me encanta el tipo de periodismo que hacía, pero me cuesta mucho decidirme por un tema específico. Creo que me gustaría estudiar sus crónicas...
■ No me parece mal, aunque tienes que especificar más el tema. Yo escogería algo más concreto, por ejemplo, la relación entre literatura y periodismo en sus crónicas. Hay muchos escritores latinoamericanos que introducen en sus noticias periodísticas elementos de ficción y él forma parte de esta tradición. Ya sabes que la crónica es un género de no ficción. Según los manuales de periodismo, en una crónica se narra de manera ordenada cómo sucedió un determinado hecho y se describe la atmósfera en que tuvo lugar. Pues en muchas crónicas Gabriel García Márquez no respeta una de las máximas del periodismo ético: decir siempre la verdad e inventa, exagera...
● Me parece muy, muy interesante ese tema. ¿Y con qué objetivo lo hace?
■ Pues con el propósito de captar la atención de los lectores, informar y entretener. Lo demás tendrías que investigarlo tú, ¿no?
● ¿Y sobre eso no se ha escrito nada?
■ Sí, sí, claro que sí. Es muy difícil encontrar temas sobre los que no se haya dicho o escrito nada. Algunos autores llaman a estas exageraciones o invenciones en el periodismo de García Márquez "diarismo mágico". Este término viene de la palabra "diario" y "mágico", y es una referencia al realismo mágico, una corriente literaria en la que se presentan hechos improbables, ilógicos de manera natural... como si pertenecieran a la realidad.
● Sí, conozco el concepto. Además, he leído casi todas sus novelas. Podría ver entonces...

UNIDAD 9

Unidad 9, 2a/b

11
● Hola muy buenos días. Tenemos hoy en nuestro estudio a un prestigioso científico especializado en la industria 4.0. Su nombre es Fabián Montes y le damos la bienvenida. Bienvenido Profesor Montes.
■ Gracias, gracias, muchas gracias. Yo, encantado de estar aquí y de haber recibido su invitación.
● ¡Bien! Hoy queremos hablar sobre un tema de gran actualidad que preocupa especialmente a las generaciones más jóvenes. Se trata del avance de las nuevas tecnologías tanto en el mundo académico como en el laboral.
■ Claro! Son muchos los estudiantes que antes de decidirse por una carrera se informan bien de cuáles son las carreras del futuro. Estoy pensando, por ejemplo, en la carrera de Ciencias Ambientales, o las Tecnologías de la información aplicada a la alimentación, o Diseño y Desarrollo de Videojuegos, en fin, existen un sinfín de grados que antes, cuando yo estudiaba, no existían. Todo cambia, todo evoluciona. ¡Claro! Esto es el progreso tecnológico.
● ¡Ya! Me imagino que los chicos jóvenes, con la situación actual de crisis económica y paro, lo tendrán bastante complicado a la hora de decidirse...
■ Pues fíjese usted si lo tienen difícil, que muchos estudian incluso dos carreras. Así, si no les funciona una funcionará la otra... Claro! Es todo tan competitivo. Lo importante es prepararse bien. Pienso que en cuanto la crisis termine todos esos jóvenes bien preparados podrán incorporarse al mercado laboral más fácilmente. Será un mercado laboral distinto, creo, por ejemplo, dejarán de existir profesiones como la de agentes de viajes, cajeros de supermercado o los administrativos de la banca. Con Internet y los chips todo es mucho más fácil...
● ¿Y qué me dice de los maestros? Esta profesión seguro que no desaparecerá.
■ No se crea usted que es tan fácil. Yo pienso que pueden desaparecer, con el uso de internet, de los textos de autoaprendizaje, los cursos online que se ofrecen. Aunque en primaria y secundaria no creo que esto llegue a suceder.
● Menos mal. Otro asunto importante es la destrucción de empleo a causa de la automatización de los procesos, lo que conlleva que unas profesiones o perfiles determinados dejen paso a otros. ¿Cree usted que estos cambios son positivos?
■ ¡Por supuesto que sí! Piense usted, y todos los que nos están oyendo, que la Cuarta Revolución Industrial no la podemos detener. Nos tenemos que acostumbrar a esos cambios. Tan pronto como reconozcamos el potencial del desarrollo tecnológico, seremos capaces de descubrir las oportunidades que conlleva.
● ¿Está usted de acuerdo con la idea de que solo sobrevivirán aquellos trabajos que sean más intelectuales, o sea, los que aporten más valor?
■ Desde luego que sí. Y aquí la inteligencia artificial juega un papel importantísimo. Repito, importantísimo. En cuanto la integremos, disfrutaremos de un estilo de vida más confortable.
● ¡Hum! ¿Más confortable?
■ Pues claro que sí. ¿Usted se imagina pedirle a su coche

que le lleve a casa? ¿Y llegar a su casa a las diez de la noche un día de invierno y encontrarse la compra que ha pedido delante de su puerta? ¿O encontrarse con el paquete en el jardín que otras veces tenía que recoger en su oficina de correos?¿O tener un sensor que le indique su nivel de azúcar en la sangre? O...

● O sea que los chóferes van a desaparecer también.

■ Podría ser. Y los maquinistas de tren también. Todo estará computarizado.

● Vaya, vaya. Queridos oyentes, espero que esta charla haya sido tan interesante como lo ha sido para mí. Y ya saben, vayan preparándose para los cambios que llegan.

Unidad 9, 7b

12 ● Estamos en el programa "Proyectos con corazón" y esta noche contamos con dos jóvenes aragoneses que han sorprendido con su proyecto "Caravana del Agua", un proyecto cuyo objetivo principal es favorecer el acceso a agua potable a cientos de comunidades y pueblos ubicados en zonas remotas de América Latina. Eduardo Salvo y Jorge Horno, dos de los fundadores nos acompañan esta noche para relatarnos cómo empezó todo. ¡Bienvenidos, chicos! Vuestra historia es apasionante. Cuando la leí no me la podía creer. A ver, ¿os importaría explicar qué os llevó a emprender la "Caravana del Agua?" Porque vosotros en el paro no estabais...

■ No. Llegamos a este proyecto porque no nos sentíamos realizados en nuestro trabajo y empezamos a considerar en cómo podíamos cambiar cosas.

● Yo, por ejemplo, trabajaba de *product manager* en una importante empresa de tecnología, y Edu trabajaba de analista financiero en California. Fíjate que no es que tuviéramos un trabajo precario, ni mucho menos... Pero eran trabajos en los que lo único que se valoraba eran los resultados finales, si obtenías buenos resultados, el jefe te daba un golpecito en la espalda y te decía "good job" sigue así, de manera que nos sentíamos presionados.

■ Y no solo eso, nuestro sueño fue siempre viajar, viajar y conocer mundo. Y al mismo tiempo poder dedicarnos a algún proyecto social, no sé, ayudar a los demás, sentirnos útiles en la sociedad. En nuestro trabajo anterior, con tanto número, te sentías como un número más, que no aportaba realmente mucho a la sociedad y queríamos hacer algo para cambiar las cosas.

● ¿Recuerdas la cara que pusieron nuestros amigos cuando les dijimos que lo dejábamos todo para irnos a ayudar a la gente más necesitada de América Latina?

■ Ufff... Muchos no lo podían creer, aunque en Estados Unidos la mentalidad es diferente. En España muchos no podían entender cómo nos atrevíamos a tirar un buen trabajo por la borda. Nos decían: "Estáis locos, tíos, tenéis un super trabajo!!

● Pero al final nos apoyaron con nuestra decisión. Y ahora nos sentimos muy satisfechos de ver cómo podemos aportar nuestro granito de arena, de cómo podemos ayudar a la gente. ¿Sabes lo importante que es poder disponer de agua potable? ¡La de enfermedades que se pueden evitar solo con el agua potable!

● Muchas gracias, por habernos visitado esta noche.

■ / ● Gracias a ti.

Unidad 9, 10b/c

13 ● ¿Sandra?

■ Sí, soy yo.

● ¡Toma asiento!

■ Gracias.

● Y ¿has llegado bien hasta aquí?

■ Sí, sí, he tomado el autobús que me ha dejado a dos manzanas de aquí, y nada, perfecto.

● Bueno, a ver, vamos a empezar... me gustaría que me hablaras un poco sobre ti, sobre tu persona ¿qué podrías contarme que fuera interesante?

■ Yo nací en La Laguna, en la isla de Tenerife, una isla preciosa. Allí, en las Canarias tenemos una relación muy estrecha con la naturaleza y nos educamos con un gran respeto hacia el medio ambiente. Las generaciones jóvenes tenemos una conciencia medioambiental muy importante, pues la estrecha relación con nuestro hábitat es fundamental para nosotros. De ahí que una vez aprobada la selectividad decidiera estudiar Ciencias Ambientales.

● ¿Qué fue lo mejor de tu etapa universitaria?

■ Sin duda fueron los dos últimos años de la carrera. Al principio vas muy perdido y las asignaturas son como muy generales en el primer y segundo semestre, pero conforme vas superando los semestres y puedes ir decidiendo lo que más te gusta e interesa, es cuando empiezas realmente a disfrutar de la carrera. Me especialicé en Gestión de Aguas y Recursos.

● He visto en tu currículum que te viniste precisamente aquí de becaria para participar en un proyecto sobre el agua...

■ Sí, ¡ja, ja, ja! Parece que el destino me guía hacia Aragón de nuevo... ¡Ja, ja, ja! Bueno, el caso es que quería trabajar en proyectos que tuvieran relación con la Gestión de Agua... y al buscar información por Internet descubrí que en el Instituto Aragonés del Agua estaban buscando becarios. Así que mandé mi solicitud y al cabo de dos días me llamaron.

● ¿Cómo valorarías la experiencia?

■ Muy, muy positiva. Al principio era un poco aburrido porque tenía que dedicarme a trabajos más burocráticos que me resultaban muy monótonos, pero claro, formaba parte del proceso de aprendizaje. Más adelante, cuando pude participar de manera activa en el proyecto europeo WATER Co Re mi percepción del Instituto cambió totalmente.

● ¿Podrías explicarme más concretamente los objetivos de ese proyecto? ¿Cuáles eran tus tareas?

■ El proyecto WATER Co Re es un proyecto europeo, como ya dije, en el que participan países como Alemania, Hungría, Rumania, Holanda y Francia, aparte de

España, lógicamente. El objetivo fue proporcionar una plataforma para identificar estrategias comunes y así poder hacer frente a la sequía, a la escasez del agua o al cambio climático. Es una plataforma accesible para todos los países y yo me encargué de introducir los datos en la base de datos.

- Suena realmente interesante...
- Sí, la verdad es que fue una experiencia enriquecedora, no sé, me siento, en cierto modo, orgullosa de haber formado parte de este proyecto...
- ¿Y cómo fue tu vida aquí? Imagino que estarías sola, lejos de tu familia y de tus amigos, de los tuyos... ¿Fue difícil adaptarte?
- No, no mucho. Desde La Laguna había alquilado una habitación en un piso compartido, así que desde el principio estuve con gente. En el piso éramos tres, tres estudiantes, una chica de París, Héctor, un chico de Salamanca y yo. Nos llevábamos bien, fue toda una experiencia, convivir con personas de otras culturas, es como trabajar en equipo, hay que coordinar las tareas, hacer que la convivencia funcione, y esto no es siempre fácil.
- Entiendo que para ti resulta difícil el trabajo en equipo. ¿Tuvisteis problemas de convivencia?
- Eh... Bueno, no quería decir esto...eh... Lo que quería decir es que para que los equipos funcionen hace falta buenas dosis de entendimiento, claro, primero hay que conocerse, y claro, con la chica francesa al principio teníamos las barreras lingüísticas. Pero al final nos hicimos la mar de amigos...
- Ya veo. Bien, bien, bien, estás aquí porque estás interesada en el proyecto de la Caravana del Agua. ¿Cómo te imaginas el trabajo en nuestro proyecto?
- En una entrevista leí que a ustedes lo que les apasiona es poder conjugar su pasión, que es viajar, con una actividad altruista. Esa frase me hizo pensar mucho. Ahora soy joven, con muchas ganas de emprender nuevos proyectos, creo que soy obstinada y que consigo alcanzar los objetivos que me marco. Antes de estabilizarme a nivel personal y familiar me gustaría poder aportar mi granito de arena a la humanidad y pienso que mis estudios y mi experiencia se pueden compatibilizar muy bien con mi gran pasión, que es viajar, igual que la de ustedes. Me imagino que la Caravana del Agua es un viaje apasionante, aunque muy duro también. La realidad a la que uno se enfrenta, las familias, los chicos con pocos recursos de las aldeas y pueblos. Pero creo que al final es muy gratificante, o puede llegar a ser gratificante.
- Estamos buscando a alguien que tenga cierta experiencia técnica. ¿Tienes este tipo de experiencia?
- ¡Eh...! ¡Hum! No sé a qué se refiere exactamente. Bueno, yo sé cambiar la cadena de mi bici cuando se estropea... ¡Hum! En cualquier caso considero que soy una persona que aprende rápido y que me adapto a las necesidades del momento.
- Eso es una cualidad que valoramos mucho, la capacidad de adaptación. ¿Y cuáles serían tus debilidades?
- ¡Uy! ¡Debilidades! Pues tengo que pensar, a ver... quizás soy algo perfeccionista, exacto, que quiero que las cosas salgan siempre a la perfección y me exijo mucho a mí misma.
- Bueno Sandra, me ha encantado conocerte y la charla que hemos mantenido. ¿Tienes alguna pregunta que te gustaría formularme?
- Sí, sí, no me queda claro para cuánto tiempo serían estas prácticas...
- Habíamos pensado en seis meses. ¿Te iría bien?
- Sí, sí, ¡claro!
- Bien, pues si te parece les voy a comentar a mis compañeros lo que hemos estado hablando y la semana próxima te mando un correo electrónico para notificarte nuestra decisión.
- De acuerdo, muchas gracias y hasta pronto.
- Gracias a ti por haber venido y mucha suerte.

Unidad 10

Unidad 10, 2a

14

- Hoy se clausura "La Feria del Libro" de La Habana. Me imagino que han sido días de jornadas intensas, de encuentros e intercambios de todo tipo. El público ha invadido las salas de la Fortaleza San Carlos de la Cabaña. ¿Crees que este evento ha sido positivo para el mundo del libro en Cuba?
- Sí, y mucho. Ha sido un encuentro fructífero. La feria ha atraído público de todas las edades y, sobre todo, jóvenes, muchos jóvenes...El público es básicamente joven, lo cual significa que el libro tendrá vida para rato. Nos han visitado miles de personas que han tenido acceso a una enorme variedad de libros nacionales y extranjeros.
- Es cierto que han tenido lugar numerosos encuentros como lanzamientos editoriales, conferencias, lecturas, etc., pero en mi opinión han faltado actividades de promoción de la lectura. ¿Piensan incluirlas para la próxima edición?
- No ha habido muchas, pero sí algunas. Por ejemplo, el Instituto del libro convocó la actividad lúdica de promoción "Para llevar y traer". El público pudo llevarse a casa de manera gratuita libros de otras personas. Fue muy interesante. De todas formas, tuvo tanto éxito que vamos a repetir. Es un tipo de actividad que encaja bien en el concepto de nuestra feria. Como todos ya saben, la Feria del Libro de la Habana nunca tuvo un fin comercial. Y así lo seguirá siendo, ya que nuestro principal objetivo es promocionar la lectura.
- Este año el país invitado fue México, lo cual permitió al público acceder a la creación literaria y cultural de este país. Ha habido actividades de música, cine, gastronomía... Se dice que el próximo año el país invitado de honor será Francia.
- ¿El año que viene? Definitivamente no. No tendremos a Francia como país invitado, sino a Colombia.

Unidad 10, 4a

15

- Buenas tardes. Bienvenidos a la Mesa Redonda sobre el cuento breve actual. Hoy contamos con la presencia de distinguidos especialistas de este género literario de América Latina y el Caribe. De Cuba, el narrador y cuentista Alex Gay; de Venezuela, la Sra. Elena Briceño, crítica literaria y directora de la Editorial "Letra abierta"; de La Martinica , el especialista en literatura caribeña en lengua hispana Antoine Rolland; y de Cuba, la narradora Elsa Sáez.
  Vamos a abrir nuestro debate con una definición del concepto, ¿qué es un microrrelato? Y le damos la palabra a la Sra. Briceño.
- Buenas tardes. Ante todo, quiero decir que muchas veces se confunde el concepto de minirrelato, también conocido como microcuento, microficción, cuento breve o brevísimo, minicuento, nanorrelato...pero, independientemente del término que se elija, el micro- o minirrelato tiene que tener una característica esencial y es... la brevedad, se trata de una historia corta, mínima, de ahí los prefijos "micro", "mini". Es, en breves palabras, una historia que puede ser contada en pocas líneas.
- ¿Coincide usted con la Sra. Briceño, Sra. Sáez?
- Sí, estoy totalmente de acuerdo con su definición. Sólo me gustaría precisar algo y es que el nanorrelato sí se diferencia del microrrelato. Mejor dicho, es también un microrrelato, pero consta de una sola línea y un título. No suelen pasar de las 10 palabras. El nanorrelato más famoso en lengua hispana es "El dinosaurio" de Augusto Monterroso. ¡Un cuento excelente!
- ¿Cómo se puede lograr una miniestructura de este tipo? ¿Esto no afecta las características del género cuento? No sé... es que un cuento tiene normalmente un planteamiento, nudo y desenlace.
- Sí, en efecto, y el minirrelato tiene también estas tres características: planteamiento, nudo y desenlace. Pero muchas veces el desenlace puede ser una idea, un pensamiento. Desde el título, el minirrelato nos sugiere varias asociaciones. Por eso el título del minirrelato debe elegirse muy bien. No puede ser superficial y tiene que invitarnos a la lectura de alguna manera. Además, es esencial porque forma parte del cuento, del argumento.
- Sr. Rolland, ¿podría mencionar otras características de este género?
- Bueno, se debe evitar introducir demasiados personajes. Basta con dos...o solo un personaje. Y muchas veces se trata de un personaje conocido, ya sea a través de la literatura, la Biblia, la historia. Así el autor se ahorra la descripción del personaje. Además, hay que evitar las descripciones demasiado extensas, los juicios valorativos, las explicaciones y las digresiones.
- Y el tema de los personajes nos hace pensar en otra característica del minirrelato: la intertextualidad. ¿Qué nos puede decir sobre este aspecto, Sr. Gay?
- Pues que hay referencias a otras obras de la literatura, a refranes, a personajes de otros cuentos. Así los lectores pueden interpretar con más facilidad, a pesar de las pocas líneas. Los lectores tienen que imaginarse la historia, lo que ha pasado, colaborar de alguna manera con el autor... Y no se debe olvidar tampoco el sentido del humor y los juegos de palabras que atrapan la atención de los lectores.

Unidad 10, 7a/b

16

- Estimado público, esta noche tenemos el gusto de tener en persona a la historietista Paola Gaviria, autora de la novela gráfica "Virus tropical". Bienvenida Paola, el público presente en esta sala, es seguidor de tu novela, un verdadero éxito medial, y por eso hemos llenado esta sala. Paola, naciste un 20 de junio de 1977 en Quito, Ecuador y te graduaste de Expresión Artística en la Universidad Javeriana de Cali. También estudiaste Artes Plásticas en Medellín. Sé que no debe ser así, pero quiero hacerte la primera pregunta, para luego cederle la palabra al público de La Habana que también está deseando saber más de ti, escucharte, comprobar cuanto hay de realidad en la ficción...y de ficción en la realidad. Mi pregunta es: ¿es cierto lo que has contado en otras entrevistas sobre el origen del título de tu novela "Virus tropical"?
- Buenas noches, gracias por la invitación y la cálida acogida del público. Es un placer estar aquí en la Habana, una ciudad que visualmente tiene muchísimo que ofrecer. ¡No he parado de dibujar desde mi llegada! Es cierto. Mi madre se había ligado las trompas porque no quería tener más hijos. Era imposible que estuviera embarazada, por eso los médicos dijeron que la hinchazón de la barriga se debía a un "virus tropical". Pero no fue el único, otro dijo que se trataba de un "virus ecuatorial". Hasta llegaron a decir que estaba enferma porque se había casado con un sacerdote -mi padre era sacerdote, de verdad- y se trataba de un castigo de Dios.
- Gracias, Paola, por tu respuesta. Algo viral tienes de todas formas porque tu novela la han leído muchas personas. Por eso, no pregunto más, aunque me gustaría hablar contigo toda la noche y le doy la palabra al público. Si, usted, en la primera fila.
- Bueno, a mí me gustaría saber por qué usas el seudónimo Power Paola. Es que tienes algún poder especial... ¿Es una alusión a la tradición del cómic? Estoy pensando en figuras como Superman, el hombre araña que se caracteriza por sus poderes especiales...
- No, para nada...todo lo contrario. El nombre nació en París, en el 2004. Con ese nombre pude olvidar el dolor que me había causado la ruptura con mi novio. Lo vi besando a una chica. Sentí un dolor muy grande. Tomé el metro y un hombre africano se me acercó y me preguntó cómo me llamaba. Le respondí "Paola". Él entendió "Power" y le rectifiqué "Paola". No fue capaz de pronunciar mi nombre correctamente, así que decidí

llamarme Power Paola, una nueva Paola valiente y que podía con todo. Después de esa decepción y con mi nuevo nombre, compré unos patines para andar por la ciudad y empecé a dibujar.

- ● Muy interesante Paola lo que nos cuenta, pero, creo que he leído en alguna parte que empezaste a dibujar en Medellín, cuando quisiste entregarle un dibujo al Papa Juan Pablo Segundo.
- ■ En efecto. Está muy bien informada. En 1986 el Papa Juan Pablo Segundo vino a América Latina y una revista para niños convocó un concurso de dibujo. Mi padre me animó a participar y gané el concurso. Entonces me dieron la posibilidad de conocer al Papa, pero como la visita fue un caos, no pude entregar mi dibujo.
- ● Bien, ¿hay otra persona del público que quiere hacer otra pregunta?
- ● Bien, ante todo me presento. Me llamo Juan Miguel Pou y soy un gran admirador de su obra. Con respecto a sus inicios como dibujante, ha mencionado ya el concurso infantil y la experiencia personal de Francia, pero yo tengo entendido que su estancia en Australia también fue decisiva para su carrera como dibujante.
- ■ Sí, tiene razón. En Australia viví una crisis tan profunda como para creer que no iba a poder vivir de mi arte. Allí comencé a crear mis historietas.

Unidad 11

Unidad 11, 1b

17

- ● De veras chicos, no sé cuándo la gente va a reconocer la maestría del cine español. Estamos tan adaptados al cine americano que muchas veces no conocemos el cine nacional. Por ejemplo, una película como *Mar adentro* de Alejandro Amenábar. ¡A mí me impactó de una manera! Es una historia tan profunda, tan dolorosa y humana... Me pareció genial.
- ■ Creo que no eres la única que piensa así, Marta. Esa película sí fue muy taquillera en España. De hecho, consagró a Amenábar como uno de los directores más grandes del país. ¡Recibió 14 Goyas! A eso se suman los reconocimientos internacionales. La otra de él que me encanta es *Los otros* con Nicole Kidman. Me impactó el argumento.
- ● *Los otros*, ni hablar. ¡Me dio un miedo! Di un grito en el cine espeluznante... la gente se desternilló de la risa y yo pasé una vergüenza tremenda. No me gusta el cine de terror. Yo voy a ver comedias y en ese género somos buenísimos también. ¿Qué me decís de *Ocho apellidos vascos*? Me hizo pasar un rato excelente. El objetivo de una buena comedia es que haga reír... y si encima lo hace a carcajadas, mucho mejor. ¡Y qué elenco! Los actores son magníficos.
- ● ¿Y qué me dicen de *Tadeo Jones*?
- ■ ¡Pero qué dices! ¿Estás bromeando, no? ¡Estamos hablando de buen cine! Tienes unos gustos... ¡*Los otros* y *Tadeo Jones*! *Tadeo Jones* es una película para críos.
- ● Pues yo no lo veo así. En mi opinión, es una película muy divertida, con un magnífico sentido del humor. Y los adultos también se lo pasan bien. Los estereotipos españoles están tratados con mucha gracia.
- ● Es una cuestión de perspectiva. A mí me gustó mucho también y hasta la vi dos veces.

Unidad 11, 3a

18

- ■ Bien, es una película que...
- ● Carlos, me toca a mí. Me has robado el turno dos veces.
- ■ ¡Qué no, mujer, me toca a mí!
- ● Le toca a ella. Siempre haces lo mismo.
- ● Es una segunda parte. La protagonista de la historia se separa de su marido. Él, regresa a Sevilla, su ciudad natal y ella se traslada a Girona. Allí se enamora de un catalán bastante tonto, un "hípster" y...
- ● ¡*Ocho apellidos catalanes*! Es muy divertida. Me encantó.
- ■ ¡Es horrible! Como dice el refrán "segundas partes nunca fueron buenas". Tiene poca gracia y es más floja que la primera. El mismo argumento: el amor entre dos personas muy diferentes, en resumen, un poco más de lo mismo. ¡Y ahora sí es mi turno! Es una película en la que se narra una historia real. Se trata de una catástrofe natural.
- ■ / ● ¡*Lo imposible*!
- ■ En efecto. Es que es emocionante. ¡Y Naomi Watts está divina en su papel! Creo que Juan Antonio Bayona es uno de los mejores directores del momento. ¿Qué pensáis vosotros? ¿No creéis que dará que hablar?
- ● También lo creo. Ahora yo, ahora yo. El protagonista de mi película es un policía de Madrid, machista y xenófobo y, además, franquista.
- ● Ya lo sé, *Torrente*... De lo peor que he visto en años. Me van a decir que soy demasiado crítico, pero lo que hace Santiago Segura no tiene nada que ver con arte. Es mi opinión, claro.
- ● ¡Qué exagerado eres!

Unidad 11, 3a/b

19

- ● ¡Hola! ¿Qué tal?
- ■ Hola, guapa. ¡Qué sorpresa! Bien, bien. Cansada. He regresado extenuada del trabajo y estoy tirada en el sofá. Ni una grúa me levantaría. ¡He tenido una semana espantosa en la empresa!
- ● Ahhh...Pues seré yo entonces la que te sacará del sofá. ¡Hoy es viernes! ¿Por qué no vienes conmigo al cine?
- ■ ¡Qué dices! Ni hablar.
- ● Venga, no puedes decir que no. Están pasando *La momia*. ¡Creo que no está nada mal! Es con Tom Cruise y una tal Sofia Boutella, o algo así.
- ■ Que no, que no. Ni pensarlo. Además, ¡dicen que es un rollo! Una historia de acción horrible...
- ● Vale, mujer. Si te parece podemos ir a ver *La ciudad de las estrellas*. La crítica dice que es magnífica. Es el tipo

de película que nos gusta, de veras, te va a fascinar y... ¡La música es fantástica! ¿Te apuntas?

- ■ Bueno, voy a pensármelo.
- ● También están pasando *El olivo* y he oído que no está mal tampoco. ¡Anda, anímate!
- ■ Sí, sí. Leí una reseña muy interesante. Vale, como quieras. Me apunto.
- ● ¡Genial! ¿A cuál de las dos vamos?
- ■ Bueno, a la que quieras, me da igual.
- ● ¿A la ciudad de las estrellas? Venga, alegría y música para salir del tedio.
- ■ Sí, mujer...

Unidad 11, 5b

20

- ● Me han contado que todo surgió por una noticia local, pero un reportaje en *El País* fue la raíz de una historia en una zona que ni conocías.
- ■ Lo leí hace diez años durante el boom económico y a veces, es el guión que te elige ti. Había algo en ese artículo que me impactó, que no me dejaba en paz y esa idea de un árbol allá, durante más de dos mil años... El olivo necesita mucho cultivo, mucha dedicación y me imaginaba a esta comunidad y esa relación con el árbol; dando luz, comida y salud a la comunidad y a la vez, ésta cuidándolo. Esa simbiosis me gustó, pero la idea de que alguien rico, con mucho dinero pueda tenerlo porque le gusta el tronco o porque es bonito en el jardín... Y no quiero demonizar a quienes lo compraron, pero me impactó. Y después de varios años, estando Icíar con otros proyectos y yo con Ken en otras historias, decidimos visitar esta comarca y ver los árboles en vivo y no en fotos. ¿Sabes? Es muy distinto. Para mí, por lo menos. Son maravillosos: el tamaño, la textura. Son como esculturas casi de piedra, tan duros y con formas como del cerebro, llenos de curvas, líneas...
- ● Como arrugas y venas, también.
- ■ Exacto. Y me imaginaba todo lo que ellos han visto a lo largo del tiempo. Hay un agricultor que me contó que algunos soldados en la Guerra Carlista se habían escondido dentro de algunos troncos de olivos y entre los huecos, sobrevivieron... Hay muchos cuentos así que me encantan. Pero claro, hablamos de un guión y tienes que inventar los personajes, pero hay algo en este viaje del árbol... Es una imagen muy fuerte aunque sólo es un árbol, pero es el árbol de la Biblia también, y con este ícono pensé que tal vez había una manera de reflexionar sobre las relaciones con la tierra, lo que valoramos realmente.
- ● ¿Busca inspiración también en los lugares y las personas?
- ■ Así es. Mira, te voy a contar otro cuento. Hablé con gente de la zona que ha sufrido mucho y encontré un hombre que me tocó mucho. Un agricultor viejo que no podía soportar ver el espacio que quedada de donde arrancaron su árbol y le dolía mirar a ese vacío. Un hombre fuerte, de la tierra y no podía hablar, se le quebraba la voz. Y pensé “no es una invención mía, esto es real”, porque a veces por no tener la misma lengua y cultura, se mira todo con más cuidado por si estás dejándote algo o no entendiéndolo, pero pasando tiempo con esta persona que fue muy generosa, me dio más confianza para terminar el proyecto. También me encantó hablar con muchos activistas que llevan trabajando más de 30 años para sensibilizar a la población, allá en Valencia, para evitar arrancar estos árboles. Hay que recordar a toda esta gente que inspira como Ramón, Pedro, Enrique... En Castellón ya no se pueden vender, pero en Cataluña siguen haciéndolo.

Unidad 11, 11a

21-23

1. ● ¡Ana! ¡Qué alegría me da recibir tu llamada? ¿Qué tal el viaje? ¿Qué te ha parecido Brasil? Cuenta... que ya estoy verde de envidia.
   - ■ Hasta ayer todo fabuloso. Es un país fantástico, maravilloso. Pero ahora quiero regresar cuanto antes a España. Te llamo para que convenzas a José. Él dice que es una locura regresar ahora. Si supieras lo que me pasó ayer...
   - ● ¿Qué te pasó? ¿Por qué estás tan nerviosa?
   - ■ Resulta que un amigo de José nos invitó a su casa de campo. Después de tomar algunas caipiriñas y probar las coxinhas, un plato delicioso típico de aquí, nos quiso enseñar su huerto. ¡Imagínate que toda la verdura que consume su familia en San Pablo la siembra en ese huerto!
   - ● ¡Qué bien! Me parece genial, pero ¿qué pasó?
   - ■ Pues, íbamos caminando por el huerto y de repente pisé una serpiente.
   - ● ¿Una serpiente? ¿Qué dices? Estás bromeando... ¡Qué asco!
   - ■ Sí, ¡y era amarilla con puntos negros!!! Ay Ana...fue horrible. Me entró tanto miedo. Me puse a sudar. El estómago se me encogió. Los pelos del cogote se me pusieron de punta.
   - ● ¡Qué horror! ¡Sería espantoso!
   - ■ ¡Amarilla y con puntos negros! Feísima... espeluznante.
2. ■ ¡Hola, Ricardo! ¿Qué tal? ¡Cuánto tiempo sin verte!
   - ● ¡Hola guapa! Sí, meses...
   - ■ ¿Y qué te ha pasado en el brazo? ¿Te lo has fracturado? ¡Qué incómodo te debes sentir!
   - ● Tengo mucho escozor, pero comparado con el accidente que he tenido, ahora nada me parece desagradable
   - ■ ¿Has tenido un accidente? ¿Cómo?
   - ● Nada, las cosas que me pasan a mí nada más. La semana pasada fui a practicar snowboard. De repente, la nieve cedió y caí en un agujero, en un hueco.
   - ■ ¿Me estás contando una película o estás hablando en serio?
   - ● En serio, claro que en serio. ¡Y lo negro que estaba! A mí se me puso la carne de gallina. ¡Me dio un miedo! Un escalofrío me recorrió la espalda y el corazón se

me subió a la garganta. Empecé a temblar y podía sentir los latidos de mi corazón.
- ¡Qué mala suerte! ¡Cómo no ibas a sentir miedo!
- ¡Pasé un susto!

3. ● ¿Has visto la última moto de Yamaha?
- No, todavía no. ¿Qué te ha parecido?
- ¡Es bestial! ¡Monstruosa! De miedo, de verdad.
- ¡No me digas! Voy a buscarla en Internet.

Unidad 11, Cultura b

24
- Buenas noches, oyentes, hoy hemos querido comenzar nuestro programa "Música para pensar" con los acordes inconfundibles de la canción más emblemática de Joan Manuel Serrat. Una canción entrañable para los seguidores del cantautor catalán tanto en España como en Latinoamérica.
- Exacto, Carlos. No solo nos llena de emociones, recuerdos, nostalgia...y hasta de lágrimas, sino que además en 2006 fue considerada por la revista Rolling Stone como la mejor canción pop rock española de todos los tiempos.
- Sí, Lucía, además, en 2004 ya había sido elegida como la mejor canción de la música popular en España en un programa de Televisión Española. Una canción que ya tiene más de 40 años.
- Y sobre cuyo origen corren las más variadas versiones. Se ha afirmado que la compuso en el Monasterio de Monserrat, donde se encerró con un grupo de intelectuales para protestar por las condenas a muerte impuestas a seis miembros de la organización vasca ETA.
- Sí, el Proceso de Burgos, que lleva ese nombre porque tuvo lugar en Burgos, en diciembre de 1970.
- Una historia triste, de verdad. Otros dicen que fue en Calella de Palafrugell, un pequeño pueblo de pescadores de Gerona. Allí, en el hotel Batlle, entre agosto y noviembre de 1969, se refugió Serrat, ya que quería alejarse de la polémica desatada a raíz de su renuncia a participar en el festival Eurovisión de 1968.
- Si, es que le habían prohibido que cantara en catalán.
- Sí, tenía que cantar en castellano el tema "La, la, la", ¿te acuerdas? Al final lo interpretó la cantante Masiel. Pero la verdadera historia la contó el propio Serrat en 2014, en una entrevista con motivo de sus 50 años de carrera. Aquí tengo las palabras textuales de Serrat para que no queden dudas y cito:
"Estaba en México, llevaba semanas en el interior. Soñaba, literalmente con él. Agarré el coche y me fui a un lago, aunque sólo fuera por hacerme a la idea del mar que yo añoraba. Es en esos casos cuando me doy cuenta de que para mí, el mar, y concretamente el Mediterráneo es una identidad: una identidad feliz".

Unidad 11, Cultura c

25
- Es decir, que la inspiración le vino de la falta de mar, de la añoranza, y no de tenerlo ante sus ojos.
- Bueno, debo decir que la lejanía nos hace echar de menos, pensar en lo que somos, de donde venimos. Nos obliga a preguntarnos cosas, a cuestionar otras. Y esto último es lo que le sucedió a Joan Manuel Serrat. En el año 2016, en su visita a la isla de Lesbos en Grecia, tras la llegada de refugiados huyendo de la guerra en Siria, conoció a niños, mujeres y hombres que habían tenido que huir de su país, del calor de su hogar. El Mediterráneo de la infancia de Serrat, ese mar que llama "su identidad feliz", se ha convertido en un mar triste por el número de personas que han muerto intentando cruzarlo en busca de una esperanza. Serrat regresó de Grecia tan impactado por el horror que sufren los refugiados, que decidió hacer una nueva versión de Mediterráneo. La ha grabado con artistas como Manolo García, el grupo Estopa, Ismael Serrano, Antonio Orozco...
- Sí, estas voces nos muestran así la cara más profunda del Mediterráneo. Una versión que nos hará pensar y compartir el destino de miles de personas que han convertido la cuenca mediterránea, de Algeciras a Estambul, en un mar de dolor.

Unidad 12

Unidad 12, 3b/c/d

26
Buenas tardes, el tema de mi ponencia de hoy es sumamente complejo y amplio. Me referiré a la historia de un gran país latinoamericano como es México... y, concretamente, a los procesos revolucionarios que tuvieron lugar en ese país... Hoy voy a hablarles de la Revolución mexicana.

Me gustaría empezar haciendo un resumen de esta gesta revolucionaria, ...una tarea titánica, lo sé, pero necesaria, puesto que tenemos que tener bien claro cómo sucedieron los hechos históricos para poder analizar con exactitud su continuidad en la realidad actual del país. Por eso, veremos las causas que dieron lugar al estallido revolucionario, sus líderes y protagonistas, y las consecuencias de la insurrección armada para el destino de México. Una vez visto todo esto, analizaremos la vigencia de dichos procesos en la actualidad y su influencia en la región.

¡Comenzamos! Como muchos de ustedes ya me imagino que sabrán, la Revolución mexicana se extendió a principios del siglo pasado, para ser más exactos, de 1910 a 1920. Pero la cuestión que deberíamos plantearnos es: ¿por qué se inicia un movimiento de esta magnitud en México? Para dar con la respuesta debemos hacer un repaso de cómo se encontraba el país por aquel entonces. En 1910, la situación del país dejaba mucho que desear. Por un lado, había una minoría que poseía el control de la industria y el comercio. Y por otro, grandes masas de campesinos que vivían en la extrema miseria. El poder estaba centralizado en manos de un pequeño grupo elitista. Esta situación empezó a hacerse insostenible, lo que provocó que la clase media se organizara contra Porfirio Díaz, el general que gobernaba el país desde 1876. ¿Quiénes fueron los protagonistas de este movimiento? Francisco Madero, un empresario y político mexicano, quien en 1910 proclamó

el Plan de San Luis, un llamado a todos los ciudadanos a arrojar del poder al gobierno de Porfirio Díaz. A partir de este momento, surgen numerosas revueltas. En ese sentido, su proclamación en contra del gobierno de Porfirio Díaz suele considerarse como el evento que inició el tema que hoy nos ocupa: la Revolución mexicana. Los líderes principales de las numerosas revueltas serán: en Morelos, Emiliano Zapata, sobre él volveremos más adelante porque será el gran líder de esta rebelión armada y, en Chihuahua, Pancho Villa. El impacto de las revueltas fue tan fuerte que en mayo de 1911, Porfirio Díaz dejó México y partió rumbo a Francia.
No me gustaría terminar sin recalcar la importancia de la Revolución mexicana, ya que se considera el acontecimiento político y social más importante del siglo XX en México.

Unidad 12, 4b

27

Como he dicho anteriormente, es imposible hablar de la Revolución Mexicana sin detenernos en Emiliano Zapata. Después del exilio de Porfirio Díaz hacia Francia, quedó claro que el objetivo de Zapata no era solamente derrocar al dictador, sino también liberar a los campesinos de la opresión latifundista. Ellos habían sido también los protagonistas de la contienda. Ese era su lema "Tierra y libertad". Además, con una visión tremenda para la época, Zapata luchó también por el derecho de huelga, el reconocimiento de los pueblos indígenas y la emancipación de la mujer. Hasta aquí un panorama de este proceso revolucionario. Ahora, como he mencionado anteriormente, comenzaremos con...

Unidad 12, Escribimos a

28

¡Muy buenos días!
El tema que nos ocupará hoy es el de un pueblo indígena que habita una de las partes más remotas de Colombia, y que está asentado entre los países, Colombia y Venezuela. Hoy me referiré a los wayuu, el pueblo indígena más numeroso de Venezuela y Colombia. Veremos cómo son, cómo se organizan, cómo viven, y analizaremos también un poco los problemas que sufren en la actualidad. Bien, ¿alguien ha oído hablar de los wayuu? Probablemente la mayoría de ustedes no, claro, y es que los medios de comunicación tampoco se han hecho tanto eco de esta etnia como de otras. ¿Quiénes son los wayuu? ¿De dónde vienen? ¿Dónde viven? A todas estas cuestiones intentaré dar respuesta.

La etnia wayuu es un pueblo indígena que habita la península de la Guajira al norte de Colombia y noroeste de Venezuela. Al tratarse de una zona fronteriza con Venezuela, se calcula que unos 50.000 wayuu viven en este país, aunque últimamente y debido a la situación política que se vive en el país, muchos han traspasado la frontera hacia Colombia. Ante todo, tenemos que tener una imagen de cómo es la Guajira para poder comprender los problemas que acucian a esta población. ¿Cómo se imaginan ustedes la Guajira? No, no, no piensen en ese género musical nacido en Cuba. La Guajira es un departamento situado en el extremo norte de Colombia, como ya había mencionado antes, y que se caracteriza por su escasa vegetación. Es una zona árida, desértica y llena de cactus. Estas tierras, casi hostiles, son el hogar de los wayuu. Los wayuu son nómadas y viven en estos desiertos desde hace muchos siglos pastoreando chivos, pescando en las aguas del Mar Caribe y moviéndose de un lado para otro en busca de lluvia que almacenan en unos pozos. Imagínense, tienen que almacenar el agua de la lluvia porque en la superficie no hay agua. En la época seca, de mayo a septiembre, muchos wayuu buscan trabajo en Maracaibo o en otras ciudades o pueblos y cuando llegan las lluvias muchos vuelven a sus casas.
Lo interesante de esta etnia es que se trata de una de las últimas sociedades matriarcales en el mundo y viven organizados en clanes definidos por línea materna. En la actualidad existen veintidós clanes y los matrimonios tienen lugar entre los miembros del mismo clan. Decía anteriormente, que se trata de una sociedad matriarcal y, como tal, es la mujer la que regula los elementos fundamentales del grupo.

¿Y cuántos son? Se preguntarán algunos de ustedes. Aunque las cifras varían mucho según las fuentes que se consulten, está claro que representan el pueblo indígena más numeroso de Venezuela y Colombia con unos 600.000 habitantes repartidos entre ambos países, de los cuales el 60 % son mujeres. La mayoría son madres, o lo serán antes de cumplir los 18 años. Las mujeres suelen dedicarse al tejido de hamacas, mochilas y mantas que destacan por sus colores y diseños. El hombre puede tener varias mujeres, pero antes del matrimonio, el novio debe llegar a un acuerdo con los padres de la novia quienes determinarán la cantidad de ganado y joyas que debe entregar a cambio. Otro factor que controlan de forma rigurosa es la reproducción sexual, ya que las niñas están sometidas a un severo rito de paso y cuando termina este periodo la niña ya se ha convertido en mujer preparada para casarse. Además, durante este periodo, se le imparten conocimientos sobre los procesos tradicionales de control natal y embarazo.
Podría decirse que los wayuu es la etnia menos aculturizada de Colombia, pues han tenido poco contacto debido, entre otros factores a su ubicación geográfica. Aun así, y especialmente los jóvenes hablan, aparte de su lengua materna, que representa para ellos una señal de identidad étnica y cultural, el castellano. No obstante, otro de los problemas graves de este pueblo es el analfabetismo, casi el 66 % de la población no ha recibido ningún tipo de educación formal.

Para ir terminando, creo que es importante mencionar algunos de los problemas más importantes que vive este pueblo. Aparte de las penurias que resultan de la falta de agua, las actividades mineras y de extracción petrolífera han dañado seriamente su ecosistema.

Con esto terminamos la sesión de hoy y en la próxima hablaremos de cómo...

Unidad 12, 7c/d/f

29
- ● En mi presentación que he preparado para hoy os voy a hablar sobre la mujer latinoamericana, su papel en la sociedad del siglo XXI y su situación actual. ¿Es una mujer discriminada? ¿Se ha emancipado de las fuertes estructuras patriarcales del pasado? A todas estas cuestiones intentaré dar una respuesta. Antes de empezar, quisiera asegurarme de que se me oye bien. ¿Se me oye bien allí atrás?
- ■ ¡¡Sí!!
- ● ... Pues bien, ya podemos empezar.
  En esta diapositiva pueden ver los papeles fundamentales que juega la mujer latinoamericana el día de hoy. Ante todo, creo que sería justo decir que ella es el pilar fundamental de la familia y el hogar. ¿Y por qué lo digo? Lo digo porque es ella la que lleva las riendas de la familia, la que mantiene a la familia unida, la que tiene que llevar a sus hijos adelante y, en muchos casos, sin los padres de estos hijos. Porque esos padres son, en muchas ocasiones, los grandes ausentes. O bien porque han emigrado o bien porque han desaparecido eludiendo así la responsabilidad de su educación. En ese sentido, es trabajadora, tanto dentro como fuera de la casa. Por ejemplo, asume trabajos mal pagados y en condiciones precarias para poder sostener a la familia. ¿Que si es buena gestora? Pues evidentemente que sí: la mujer latinoamericana tiene que serlo por sus hijos y por ella misma. Tiene una doble carga importantísima y, si los esposos están en el hogar, es muchas veces maltratada.
  De todos modos, pienso que es importante distinguir entre la situación en las grandes ciudades y las zonas rurales, entre la mujer urbana y la mujer indígena. La primera es ya una mujer poderosa, que juega un rol importante en la sociedad, que ocupa posiciones importantes en el mundo social y laboral. Estoy pensando en Carmen Aristegui, por ejemplo, ¿la conocéis? Es una periodista mexicana admirada por su valentía en denunciar los casos de corrupción de su país. Es una gran periodista, sí, feminista en el sentido que defiende los derechos de las mujeres y denuncia la dificultad de conciliar la vida laboral con la maternidad. Una situación como la que podríamos encontrar en Europa, ¿verdad? Se trata de mujeres que están comprometidas con su sociedad y que aspiran a una mucho mejor. Pero si nos desplazamos a zonas rurales, a las comunidades indígenas nos encontraremos con situaciones totalmente distintas, situaciones en las que las mujeres son perseguidas, son discriminadas precisamente por ser mujeres. Todo ello en un contexto de extrema pobreza. Esas mujeres que ni tienen derecho a votar, mujeres que son entregadas a cambio de una vaca, por ejemplo, niñas que son casadas y que deben hacerse cargo de una familia. Y lógicamente en ese contexto, la dificultad en la escolarización y el consecuente analfabetismo es una lacra que perpetúa esa situación de exclusión y marginación.
  Y para ir terminando, no quiero extenderme demasiado porque tenemos otras presentaciones esperando, me gustaría presentar mis conclusiones. Si bien es cierto que en muchos contextos la mujer latinoamericana es una mujer poderosa que disfruta de un alto nivel de participación política, es una mujer que representa el liderazgo social y económico, no hay que olvidar a esa otra mujer, esa mujer de las comunidades rurales, víctima de la violencia de género y de la pobreza. Y nosotros desde aquí deberíamos plantearnos: ¿qué podría hacerse para mejorar su situación?
  Con esta pregunta me gustaría terminar aquí mi presentación. Muchas gracias por su atención. ¿Tenéis alguna pregunta?

Unidad 12, 8a

30-33
1. ● ¿A qué no sabes que me pasó el otro día? Resulta que estaba en medio de la presentación, yo toda animada, cuando de repente ¡bum!, va y se apaga la luz. Nos quedamos todos a oscuras y todo el mundo gritando, fue un horror porque no se veía nada.
   ■ ¡Qué gafe! ¿Y qué pasó después?
   ● Pues nada, esperamos por lo menos 5 minutos, hasta que la luz volvió. Al final, afortunadamente, pude terminar la presentación.
2. ● ¿Qué te pasa? ¿Estás bien?
   ● ¡Qué va! Estoy más tonto... Hoy que he quedado con Javi y Rafael para hablar de la presentación en grupo, he olvidado el ordenador en casa. ¡Precisamente hoy! ¡Qué despiste!
   ● Tampoco te enfades tanto, hombre, estos despistes pueden pasar.
   ● Ya, ya...
3. ■ ¡Qué cara que traes! ¿Te ocurre algo?
   ● Me ha pasado algo terrible. Pues que iba en el autobús y de repente vi que me pasaba de parada. Salí corriendo... e inmediatamente me di cuenta de que me había dejado la mochila con mi ordenador dentro.
   ■ ¿Que te has dejado el ordenador en el autobús? Pues vamos a llamar inmediatamente para ver si alguien te lo devuelve.
4. ● ¿Se puede? Llego un poco tarde.
   ■ ¡Sí, claro, pasa!
   ● Lo siento pero con la tormenta... se apagó la luz en el metro y tuvimos que esperar un cuarto de hora en el túnel hasta que el tren se puso de nuevo en marcha.
   ■ Buff... ¡Qué horror!

Unidad 12, 8d

34-38
1. ● Oye, ¿me puedes dejar un folio? Es que se me han terminado...
   ■ Sí. Claro, te doy hojas en blanco de mi libreta ¿cuántas necesitas?

2. ● ¿Podrías prestarme algo de dinero, Clara? Te lo devuelvo mañana sin falta, es que me he dejado la cartera en casa y necesito un café.
   ■ Te lo prestaría pero es que yo también estoy sin blanca...
   ● ¡Vaya!
3. ● Por fin me ha llegado el libro de lectura para la clase de lengua. ¡Después de tres semanas de espera!
   ■ ¡Tanto ha tardado! Yo todavía no lo he pedido... ¡Hum!... ¿Podrías dejármelo para echarle un vistazo?
   ● A ver, no es que no quiera dejártelo, pero es que llevaba mucho tiempo esperándolo y ahora lo necesito para trabajar con él.
   ■ Vale, vale, no, si ya lo entiendo, tendré que pedirlo yo también...
4. ● Andrés, necesito tu ayuda, es urgente, tengo que hacer la presentación dentro de una hora y necesito el adaptador, el mío no es compatible. ¿Tienes tú el tuyo? La otra vez no tuviste problemas con él.
   ■ ¿A qué hora tienes la presentación?
   ● A las diez.
   ■ Pues me temo que no podré dejártelo, es que ya me he comprometido con Juan, que también lo necesita. Lo siento.
5. ● No acabo de entender lo de la pasiva de proceso y de resultado, no entiendo para qué se usa. ¡Uf! Me hago un lío,... ¿tú no podrías explicármelo?
   ■ Pues la verdad... es que yo también tengo mis problemas con la pasiva. He quedado con la tutora de lengua para pasarme por su despacho. Si quieres, puedes venirte conmigo...
   ● Genial, ¿cuándo vas a ir?
   ■ A las 4 y media.

›› Die Wörter sind in der Reihenfolge ihres Vorkommens mit ihrer deutschen Bedeutung im jeweiligen Kontext angeführt.
›› Wörter, die ausschließlich in den Hörtexten vorkommen, sind nicht angeführt.

Verwendete Abkürzungen: *Pl = Plural* *LA = Lateinamerika*

Unidad 7

	Un semestre de intercambio	**Ein Austausch-semester**
	el correo de petición	E-Mail-Anfrage
	el sitio (web)	Website
	distinguirse	sich hervortun
	la internacionalización	Internationalisierung
	la formación humanista	humanistische Bildung
	basado/-a en	beruhend auf
	sobresalir	herausragen
	alojar	beherbergen
	el cráter	Krater
	la clasificación	Klassifizierung, Einstufung
	el conocimiento	Wissen, Kenntnis
	el mundo empresarial	Geschäftswelt
a	inclinarse por	neigen zu
b	la fluidez lingüística	*hier:* Flüssigkeit beim Sprechen
	7A	
1a	el reconocimiento	Anerkennung
	la instalación	Einrichtung
	la tasa académica	Studiengebühr
	el convenio	Abkommen
	indispensable	unerlässlich, unverzichtbar
	la reputación	Ansehen, Ruf
	la oración subordinada	Nebensatz
	la oración principal	Hauptsatz
1c	el desconocimiento	Unkenntnis
	escapar	entgehen
2a	el correo (electrónico)	E-Mail
	el despacho	Büro
	el horario de consulta	Sprechstunde
	puesto que	da, weil
	el cierre de inscripción	Ende der Einschreibfrist
	la disposición	*hier:* Verfügbarkeit
	orientar	*hier:* beraten
	la prueba	Test
2b	el recurso	Mittel
2d	hacer falta	nötig sein
	prestar	leihen
3	la tutoría	*hier:* Tutorenprogramm
3a	la matriculación	Immatrikulation, Einschreibung
	la obtención	Erlangung
3c	aconsejable	ratsam
	recomendable	empfehlenswert
	extracurricular	außerhalb des Lehrplans
4a	el programa de mentoría	Mentorenprogramm
	despacio	langsam
	desesperar	zur Verzweiflung bringen
4c	esforzarse	sich bemühen, sich anstrengen
4d	indignar	verärgern, empören, zornig machen
	Escribimos	
	la carta de solicitud	Bewerbungsschreiben
	con el fin de	zwecks, um ... zu
b	efectuar	durchführen
	la pensión completa	Vollpension
	la media pensión	Halbpension
	7B	
5a	la nube	*hier:* Cloud
	las Letras *(Pl)*	Geisteswissenschaften
	firmar	unterschreiben
	sumar	sich belaufen auf
	impartir	erteilen
	la aplicación	Anwendung, App
	la clave personal	persönliches Passwort
	el profesorado	Lehrkörper
	el procedimiento	Vorgehensweise
	parcial	Teil-
	oral	mündlich
	la puntuación	Punktezahl
7b	el/la alcalde/sa	Bürgermeister/in
	pesado/-a	anstrengend, ermüdend
7d	¡Vaya día!	Was für ein Tag!
	¿Y eso?	Was soll das?
	¡Vaya paliza!	Wie anstrengend!
	¡Un rollo!	Wie langweilig!
	¡Anda ya!	Ach was!
7e	la empatía	Empathie
8a	el rollo	*hier:* Langeweile
8b	agobiar	bedrücken
9a	limeño/-a	aus Lima
	el amanecer	Tagesanbruch
9c	Lovaina	Leuven *(Stadt in Belgien)*

Nuestro proyecto

a	la búsqueda	Suche

Mis recursos

1	oportuno/-a	angebracht
	contento/-a	zufrieden
	desagradar	missfallen
2	la atenuación	Abschwächung
	suavizar	mildern
	cortés	höflich
3	atenuar	abschwächen
	el provecho	Nutzen
	la ponencia	Referat
	sumo/-a	höchste(-r,-s)
5b	el/la ponente	Referent/in
	decepcionar	enttäuschen
	acertado/-a	richtig, treffend
	exhaustivo/-a	gründlich, ausführlich

Cultura

a	el flujo	Zustrom
	el tuit	Tweet
b	acarrear	mit sich bringen; *hier:* bedeuten
	mero/-a	bloße(-r,-s)
	notable	bemerkenswert
	maltrecho/-a	angeschlagen
	englobar	zusammenfassen
	la denominación	Bezeichnung
	seducir	verlocken
	la disonancia	Missverhältnis, Unstimmigkeit
	la encarnación	Verkörperung
	exitoso/-a	erfolgreich
	el/la políglota	Polygotte/r
	transnacional	länderübergeifend
	afinar	verfeinern, den letzten Schliff geben
	en el marco de	im Rahmen von
	la estadía *(LA)*	Aufenthalt
	el desdén	Verachtung
	la dilapidación	Verschwendung
	en función de	entsprechend, aufgrund
	la transformación	Veränderung
	la mercantilización	Kommerzialisierung
	la población	*hier:* größere Ortschaft, Stadt
	la substitución	Ersetzung
	la expulsión	Vertreibung
	trascender	überschreiten, hinausgehen (über)
	el/la residente	*hier:* Bewohner/in
	afectivo/-a	emotional, gefühlsmäßig
	posgrado	postgradual, nach dem ersten Abschluss
c	creciente	wachsend

Libro de ejercicios

1a	la Ingeniería Mecánica	Maschinenbau
1c	divulgativo/-a	informativ
	la edición	Ausgabe
	desconocer	nicht wissen
2	Marte	Mars *(Planet)*
	echar una mano	zur Hand gehen, helfen
5a	magistral	Master-, Meister-
5b	basarse (en)	basieren auf
5d	controlador/a	Kontrolle ausübend
	autoritario/-a	autoritär
	sobreprotector/a	überfürsorglich
6b	la cobertura	*hier:* Netz, Empfang
8	con rapidez	schnell
	el rendimiento	Leistung
	el abandono	*hier:* Abbruch
	la implicación	Einbeziehung
	la autoeficacia	Selbsteffizienz
10	estar sin blanca	blank sein, pleite sein
	la modestia	Bescheidenheit
11	conceder	gewähren
	poder optar (por)	Anspruch haben (auf)
12a	matricularse	sich immatrikulieren, sich einschreiben
	pelado/-a	*hier:* glatt
	la matrícula de honor	*hier:* Auszeichnung
13a	la suposición	Vermutung
	el escepticismo	Skepsis
14a	la bolsa de pago	kostenpflichtige Plastiktüte
	el automóvil eléctrico	Elektroauto
	recurrente	wiederkehrend
14b	contratar	einstellen
	el wifi	WLAN
	el recinto	Gelände
	par	gerade *(Zahl)*
14c	compulsado/-a	beglaubigt
16a	inexplicablemente	unerklärlicherweise
	sagrado/-a	heilig
	ponerse al día	sich auf den neuesten Stand bringen
16b	meterse	*hier:* stecken
17a	el borrador	Entwurf, Rohfassung
	el esquema	Schema, Struktur
	la evaluación	Bewertung
	revisar	überarbeiten
17c	el margen	Rand
	la separación	*hier:* Unterteilung
	congruente	kongruent, übereinstimmend

	el defecto	*hier:* Mangel
	el exceso	Übermaß
	contradictorio/-a	widersprüchlich
	el marcador	Marker, Markierung
	comprensible	verständlich
17d	nativo/-a	einheimisch, gebürtig

Unidad 8

Nos ponemos al día — Wir bringen uns auf den neuesten Stand

	el noticiero	Nachrichtensendung
	el servicio de alerta	Benachrichtigungsdienst
	la suscripción	Abonnement
	la plataforma de pago	kostenpflichtige Plattform
	proporcionar	liefern, (an)bieten
	manipulado/-a	manipuliert
	veraz	wahr
	primordialmente	vorwiegend
	el documental	Dokumentarsendung
	el entretenimiento	Unterhaltung
	contrastado/-a	überprüft

8A

1	periodístico/-a	journalistisch, Zeitungs-
1a	la riada de barro	*hier:* Schlammlawine
	el/la corredor/a de larga distancia	Langstreckenläufer/in
	damnificado/-a	betroffen, geschädigt
	la inundación	Überschwemmung
	la crecida	Ansteigen
	la alta cocina	*Haute Cuisine*, gehobene Küche
	alcanzar la meta	das Ziel erreichen
	la situación de emergencia	Notfall, Notsituation
	el delantal	Schürze
1b	inundado/-a	überschwemmt
	el lodo	Schlamm
2a	la equipación	Ausrüstung
	la suela	Sohle
	el neumático	Reifen
	el desempeño	Leistung
	el aditamento	Zusatz, Ergänzung
	los tenis *(Pl)*	*hier:* Tennis-, Turnschuhe
	la gorra	Mütze, Kappe
	el paliacate	*großes buntes Kopf- oder Halstuch*
	la ocupación	Beruf, Beschäftigung
	el ganado	Vieh
	dotado/-a (de)	versehen (mit), ausgestattet (mit)
	la resistencia	Widerstandskraft
	el barranco	Schlucht
	la vestimenta	Kleidung
	hidratarse	sich mit Flüssigkeit versorgen
	el pinole *(LA)*	*Getränk aus geröstetem Maismehl*
4a	el editorial	Leitartikel
	el/la editor/a	Redakteur/in
	impactante	schockierend
	in situ	vor Ort
	devastador/a	verheerend
	desencadenar	auslösen
	seguido/-a	aufeinanderfolgend
	lamentablemente	bedauerlicherweise
	el cultivo	*hier:* Ackerland, Anbaugebiet
	la reactivación	Wiederbelebung
	la planificación territorial	Raumplanung, Raumordnung
	urbanizar	urbanisieren, verstädtern
	la minería	Bergbau
4b	la oralidad	Mündlichkeit
	el escrito	Schrift(stück)
	concordar	übereinstimmen
4c	reprobar *(LA)*	durchfallen lassen
	trasladar	verlagern, verlegen
	la sobrepoblación	Überbevölkerung

Escribimos

c	ilustrar	illustrieren, veranschaulichen

8B

5b	la infografía	Infografik
	remunerado/-a	bezahlt
	predominantemente	hauptsächlich
	el cuidado	Pflege, Betreuung
	cesante	arbeitslos
	la exclusión	Ausgrenzung
	de menor edad	minderjährig
	la inclusión	Eingliederung
	el vínculo	Verbindung
	abordar	angehen, in Angriff nehmen
	implementar	umsetzen, durchführen
	el enfoque	Ansatz, Konzept
	el medio de transmisión	Übertragungsmedium
	conciliar (con)	vereinbaren (mit)
5c	advertir	warnen
6a	el/la admirador/a	Bewunderer/-in
	el término	Begriff
	designar	bezeichnen
	el/la desempleado/-a	Arbeitslose/r
	el/la delincuente	Kriminelle/r
	el narcotráfico	Drogenhandel
	cruel	grausam
	la culpa	Schuld
6b	enfrentarse	gegenüberstehen
6d	el/la escolar	Schüler/in

7c	el fracaso	Scheitern, Versagen
	discrepar (con)	abweichen (von), nicht übereinstimmen (mit)
	quedarse en papel mojado	ohne Wirkung bleiben
	el pilar	Pfeiler
	la pobreza	Armut
	moderar	moderieren
	reanudar	wieder aufnehmen
	Nuestro proyecto	
a	generar	erzeugen
	la controversia	Kontroverse
	el impreso	Druckerzeugnis
	la piratería	Piraterie
	el delito	Straftat
	la eutanasia	Euthanasie
b	el/la moderador/a	Moderator/in
	el turno de palabra	Redezeit
c	subdividir	unterteilen
d	a favor	befürwortend, dafür
f	la postura	Standpunkt
	Mis recursos	
1a	retrasarse	sich verspäten
	torrencial	sintflutartig
1b	acaloradamente	hitzig
	calcular	*hier:* schätzen
	cubrir	*hier:* berichten (über)
	el bistec	Steak
	reponerse	sich erholen
2	el/la sospechoso/-a	Verdächtige/r
	el/la cordobés/-esa	aus Córdoba
	autista	autistisch
3	la traición	*hier:* Untreue
4a	el inciso	Bemerkung, Einschub
	delicado/-a	heikel
	se me ha ido el santo al cielo	ich bin (in meiner Rede) steckengeblieben, ich habe den Faden verloren
	ceder la palabra	das Wort erteilen
	enfatizar	hervorheben
	Cultura	
b	la imparcialidad	Unparteilichkeit
	la equidad	Gerechtigkeit, Fairness
c	violar	*hier:* verletzen
	multitudinario/-a	Massen-
	la odisea	Odyssee
	la calma	Ruhe
	el/la corresponsal	Korrespondent/in
	falsear	(ver)fälschen
	percatarse (de)	sich bewusst werden
	reportear	berichten
	con tambores y sirenas	mit Pauken und Trompeten

	implacablemente	unerbittlich
	el memorial	Bittschrift
d	la veracidad	Richtigkeit
	el juicio valorativo	Werturteil
	la ficción	Fiktion, Erzählliteratur
	Libro de ejercicios	
1a	la difusión	Verbreitung
1b	el homicidio	Mord
	el siniestro	Unglücksfall
	el hecho delictivo	Straftat
	azotar	verwüsten
	poner de manifiesto	offenbaren, zum Ausdruck bringen
	estacionado/-a	stationiert
	desvelar	enthüllen
2	la compraventa	Kauf und Verkauf
	el crucero	Kreuzfahrtschiff
3b	aturdido/-a	fassungslos, bestürzt
	estar molesto/-a (con)	verärgert sein (über)
	vaya faena	*etwa:* dumm gelaufen
	la inauguración	Eröffnung, Einweihung
	pillar	erwischen
	envuelto/-a	verwickelt
	el contrabando	Schmuggel
3d	la clavícula	Schlüsselbein
4a	deducir	(schluss)folgern
	hacer cola	Schlange stehen
	la zona de embarque	Abflughalle, Einstiegsbereich
	el/la pasajero/-a	Passagier/in
5a	la carpeta	Ordner
	guardar	(ab)speichern
5b	cancelar	absagen, streichen
	inesperadamente	unerwartet
6a	la entradilla	Vorspann
	homónimo/-a	gleichnamig
	la gira promocional	Werbetour
	promover	propagieren, bewerben
	las virtudes *(Pl)*	Vorzüge
	posicionar	positionieren
	la charla	*hier:* (unförmlicher) Vortrag
	prestigioso/-a	renommiert
	encabezar	anführen
	neoyorquino/-a	New Yorker
	ubicarse	sich befinden
	dejar en alto	*etwa:* hochleben lassen, in ein gutes Licht rücken
	el/la chef	(Sterne-)Koch/Köchin
6c	conciso/-a	kurz, knapp
7b	reprimir	unterdrücken
	revelarse	sich herausstellen
	la inviabilidad	Undurchführbarkeit

	expropiar	enteignen
	el terreno	Grundstück
	indiscriminado/-a	wahllos, willkürlich
	aplicar	anwenden
	el/la inversionista	Investor/in
	la acción penal	Strafverfahren
	el incumplimiento	Nichterfüllung
	la obligación	Verpflichtung
	adquirido/-a	erworben; *hier:* erlangt
	recompensar	entschädigen
8a	plegable	zusammenklappbar
	el agente	Agens *(Grammatik)*
	la ocurrencia	Auftreten
	desfocalizar	in den Hintergrund stellen
8b	la pista	Laufbahn
	el público	Publikum
	entregado/-a	begeistert
	la víctima	Opfer
	cuidadosamente	sorgfältig
	el ciclón	Zyklon, Wirbelsturm
	la península	Halbinsel
8c	la ONG (organización no-gubernamental)	NGO (Nichtregierungs-organisation)
	el rescate	Rettung
	imponer	auferlegen, verhängen
	el discurso del odio	Hassrede
9	la publicación	Veröffentlichung
	la oficina estadística	Statistikamt
	comunitario/-a	*hier:* der EU
	Chipre	Zypern
	indudablemente	zweifellos
	sostener	unterhalten
	recriminar	vorwerfen, beschuldigen
	vago/-a	faul
	desprovisto/-a (de)	ohne
	el paro	Arbeitslosigkeit
10	la previsión	Prognose
	atrever	wagen, trauen
	el ciberperiodismo	Cyberjournalismus
	fragmentar	fragmentieren
	la audiencia	(Ziel-)Publikum
	la rapidez	Schnelligkeit
	destacable	erwähnenswert
	la irrupción	Durchbruch
	crucial	entscheidend
	propagar	verbreiten
	conllevar	mit sich bringen
	el bulo	Falschmeldung
	el rumor	Gerücht
	riguroso/-a	streng, gewissenhaft
	desviarse (de)	abweichen (von)
12	el insomnio	Schlaflosigkeit
	el trastorno del sueño	Schlafstörung
	subestimar	unterschätzen
	estimular	stimulieren
	el cerebro	Gehirn
	la alerta	Warnsignal
	el susto	Schreck(en)
13a	la regulación	Regulierung
	la firmeza	*hier:* Stabilität
	el PIB (producto interior bruto)	BIP (Bruttoinlandsprodukt)
	la aportación	Beitrag
	la progresión	Fortschritt
	la masificación	Überfüllung
	la incomodidad	Belästigung, Unannehmlichkeit
	presionar (sobre)	Druck ausüben (auf)
	localizado/-a	*hier:* lokal, eingegrenzt
	el precio al por menor	Einzelhandelspreis
	desaforado/-a	gewaltig, rasant
	caer en picado	(ab)stürzen
	el/la hostelero/-a	Gastwirt/in
	la deficiencia	Mangel, Schwäche
	la borrachera	Sauferei
	la suciedad	Schmutz, Verschmutzung
	culpar	beschuldigen
	paliar	mildern, lindern
	los frutos esperados *(Pl)*	erwartete Ergebnisse
	el/la operador/a	*hier:* Reiseveranstalter/in
	el valor añadido	Mehrwert
	el escándalo	Skandal
	el deterioro	Verschlechterung
	el decenio	Jahrzehnt
	la ampliación	Erweiterung, Ausbau
	la plaza hotelera	*etwa:* Bettenanzahl
	acomodar	unterbringen
	el negocio turístico	Fremdenverkehrsgewerbe
	obligado/-a	verpflichtet
	racionalizar	rationalisieren
	imperativo/-a	zwingend notwendig
	la descongestión	*hier:* Verkehrsberuhigung
	abigarrado/-a	bunt (gemischt), heterogen
	la acumulación	Ansammlung
	la acera	Gehsteig
	revertir	umkehren, rückgängig machen
	el malestar	Unbehagen
	incipiente	beginnend
	inmobiliario/-a	Immobilien-
	disuadir	abhalten, verhindern
	el turismo de avalancha	Massentourismus
13b	hacer hincapié (en)	Nachdruck legen (auf)
	rentable	profitabel
	el/la turoperador/a	Reiseveranstalter/in
	aparcar	parken
13c	el empeoramiento	Verschlechterung
	sólido/-a	solide, fest
14	la certificación	Zertifizierung
	desbordar	überfluten

	el aumento	Anwachsen
	exponencial	exponentiell
15	encajar	passen
	intrínsecamente	innewohnend
	competitivo/-a	konkurrierend
	sintetizar	zusammenfassen
	exagerar	übertreiben
	sin faltar a la verdad	ehrlich, ohne Missachtung der Wahrheit
	estar condicionado/-a	konditioniert sein, abhängig sein
	la convicción	Überzeugung
16	el aniversario	Jubiläum

Unidad 9

Nuevos horizontes laborales — Neue berufliche Horizonte

	expositivo/-a	erläuternd
b	manual	manuell
	la competitividad	Wettbewerbsfähigkeit
	la mano de obra	Arbeitskraft
	la recualificación	Umschulung

9A

1a	la industria 4.0	Industrie 4.0
	la máquina de vapor	Dampfmaschine
	la robotización	Robotisierung
	la automatización	Automatisierung
	la manipulación genética	Genmanipulation
	la mecanización	Mechanisierung
	la inteligencia artificial	künstliche Intelligenz
1b	la experiencia del cliente	Kundenerfahrung, -erlebnis *(Customer-Experience)*
	el control remoto	Fernsteuerung
	preventivo/-a	präventiv, vorbeugend
	el/la chaperón/-ona	*hier:* Kontrolleur/in, Aufpasser/in
	supervisar	überwachen
	el fraude	Betrug
	el acoso	Mobbing, Belästigung
	mental	*hier:* psychisch
	el bienestar	Wohlbefinden
2	la extinción	Aussterben
2a	el/la chófer	Chauffeur/in
	el/la cajero/-a	Kassierer/in
	el/la cartero/-a	Briefträger/in
	el/la transportista	Spediteur/in
2c	el dron	Drohne
	extendido/-a	verbreitet
3a	la *startup*	Startup(-Unternehmen)
4b	la consolidación	Konsolidierung, Festigung
	el/la trabajador/a de conocimiento	Knowledge-Worker, Wissensfachkraft
	acuñar	prägen
	indefinido/-a	*hier:* unbefristet
	el/la fundador/a	Gründer/in
	floreciente	florierend
	acumular	(an)sammeln
	asumir	übernehmen
	el reto	Herausforderung, schwierige Aufgabe
5	el truco	Trick
5b	periódico/-a	regelmäßig
	refugiarse	Zuflucht finden
	el/la director/a ejecutivo/-a	Geschäftsführer/in
5c	instalar	einrichten
5d	naufragar	Schiffbruch erleiden
	pronunciar un discurso	eine Rede halten
	la ONU (Organización de las Naciones Unidas)	UNO (United Nations Organization)

9B

6a	formativo/-a	Bildungs-
6b	el tramo de edad(es)	Altersklasse
	el/la parado/-a	Arbeitslose/r
	la variación	Veränderung
	el colectivo	*hier:* Gruppe
7	la caravana	Karawane
7c	desempeñar	ausführen, ausüben
8a	despertar	wecken
	adjunto	*hier:* im Anhang
	sobresaliente	*hier:* Sehr gut *(Note)*
	árido/-a	arid, trocken
	el/la becario/-a	Stipendiat/in
	la sensibilización	Sensibilisierung
	el enriquecimiento	Bereicherung
	el/la conocedor/a	Kenner/in
	la gratitud	*hier:* Wertschätzung
	avalar	*hier:* auszeichnen, charakterisieren
	implicarse	*hier:* sich einbringen
8b	la carta de presentación	*hier:* Bewerbungs-schreiben
9	la clave	Schlüssel(faktor)
	la mirada	Blick
	el/la entrevistador/a	Person, die das Bewerbungsgespräch führt
	gesticular	gestikulieren
	el apretón	Händedruck
	blando/-a	weich
	invadir	eindringen (in)
	inclinar	neigen
	la palma	Handfläche
	enderezado/-a	aufrecht
	rígido/-a	steif

10a	el proceso de selección	Auswahlverfahren
	el resumen	Zusammenfassung
	la aspiración	*hier:* Wunsch, Bestreben
10b	congeniar	sich gut verstehen
10c	la fortaleza	Stärke
	la debilidad	Schwäche
	la expectativa	Erwartung

Nuestro proyecto

	simular	simulieren
a	la bolsa de trabajo	Stellenmarkt
	convocar	*hier:* ausschreiben
	el/la monitor/a	*hier:* Leiter/in
c	la expresión corporal	Körpersprache

Mis recursos

1a	la materia prima	Rohstoff
	semielaborado/-a	*hier:* halbfertig-
	elaborado/-a	*hier:* fertig-
	el/la consumidor/a	Verbraucher/in
1b	investigación y desarrollo	Forschung und Entwicklung
	I+D+i	Forschung und Entwicklung
	alimentario/-a	Lebensmittel-
	la ganadería	Viehzucht
	aeroespacial	Luft- und Raumfahrt-
	la silvicultura	Forstwirtschaft
	la gestión de eventos	Event-Management
2	el parecer	Meinung
3b	las agujetas *(Pl)*	Muskelkater
	compaginar	in Einklang bringen, vereinbaren
	el/la nieto/-a	Enkel/in
4	innegable	unbestritten
	electromecánico/-a	elektromechanisch
	humanizado/-a	vermenschlicht, in menschlicher Gestalt
	forestal	*hier:* Wald-
	reportar	*hier:* erzielen
	concluir	(ab)schließen
	reformular	neu formulieren
	reforzar	bestärken
5	decrecer	abnehmen
	descender	sinken, absteigen

Cultura

b	agobiarse	sich überarbeiten
	el brebaje	Gebräu
	la bollería	Backwaren
	poner verde a alguien	schlecht über jemanden sprechen
	exprimir al máximo	alles herausholen
	reconfortante	beruhigend, wohltuend
	obviar	ignorieren
	socializar	Kontakte pflegen
	el sello	*hier:* Markenzeichen
	el/la agregado/-a	Attaché
	la embajada	Botschaft
	el lazo	Bindung
	jerárquico/-a	hierarchisch
	lamentarse	sich beklagen
	clandestino/-a	heimlich
	la cafeína	Koffein

Libro de ejercicios

1a	la composición	*hier:* Gestaltung
	el abanico	*hier:* Spektrum
1c	insustituible	unersetzbar
	reemplazar	ersetzen
2	el/la encargado/-a	Verantwortliche/r
	ausente	abwesend
	la sede central	Hauptsitz
	tardío/-a	spät
	el/la dueño/-a	Inhaber/in
3	el estreno	Premiere
	la ciencia ficción	Science-Fiction
	inquietante	besorgniserregend
	alarmista	*hier:* schwarzseherisch
	el sensacionalismo	Sensationsmache, -gier
	destructivo/-a	zerstörerisch
	confundir	verwechseln
	amigable	nutzerfreundlich
	la amenaza	Bedrohung
4c	el hígado	Leber
	acariciar	streicheln, liebkosen
4d	el atasco	Stau
	la galleta	*hier:* Cracker
6a	la imprenta	Buchdruck
6c	impaciente	ungeduldig
	otorgar	verleihen
	el galardón	Auszeichnung, Preis
6d	idear	erfinden, entwickeln
	comercializar	vermarkten
8a	indiscutible	unbestritten
	diseñar	*hier:* entwickeln
	requerir	erfordern
	el/la usuario/-a	Nutzer/in
	desaprovechar	versäumen, sich entgehen lassen
9	cuaternario/-a	quartär
9a	agropecuario/-a	Agrar-
	renovable	erneuerbar
	secundario/-a	sekundär
	extraer	abbauen, gewinnen
	terciario/-a	tertiär

	la prestación de servicios	Dienstleistung
	el país desarrollado	Industriestaat
	denominado/-a	sogenannte(-r,-s)
	el aprovechamiento	Nutzung
	la fabricación	Herstellung
	vinculado/-a (a)	verbunden (mit)
	la tecnología punta	Spitzentechnologie
	la robótica	Robotertechnik
	propiciar	ermöglichen
	repercutir	sich auswirken auf
9c	priorizar	priorisieren
	preceder (a)	vorangestellt sein, vorangehen
10	estropearse	kaputtgehen
	la alarma	Warnmeldung
	la aseguradora	Versicherungsgesellschaft
13	conciliación	Vereinbarung, Abstimmung
15a	recto/-a	gerade
	asentir con la cabeza	(mit dem Kopf) nicken
	intimidado/-a	verschüchtert
	la señal	Zeichen
	la honestidad	Aufrichtigkeit, Ehrlichkeit
	enérgico/-a	energisch, tatkräftig
	vivaz	lebhaft
16a	ambicioso/-a	ehrgeizig
	desinteresado/-a	desinteressiert
	el desinterés	Desinteresse
	la tacañería	Geiz
	humilde	bescheiden
	la impuntualidad	Unpünktlichkeit
	la pereza	Faulheit
17	el/la integrante	Mitglied
	espontáneo/-a	spontan
	flojo/-a	*hier:* schwach
18a	el compromiso	Engagement
	proactivo/-a	proaktiv, die Initiative ergreifend
	la curiosidad	Wissbegierde
	el compañerismo	Kollegialität
	la irritabilidad	Reizbarkeit
19a	el/la destinatario/-a	Empfänger/in
	la aportación personal	persönlicher Beitrag
19b	Tengo el agrado...	Ich freue mich, ...
	la aptitud	Fähigkeit
	remitir	(zu)senden
	vacante	frei, nicht besetzt
	suministrar	liefern
	la Ingeniería Económica	Wirtschaftsingenieurwesen
20a	arrepentirse	bereuen
	la automoción	Automobil-
	encomendar	übertragen, anvertrauen
	cometer errores	Fehler machen
	demorarse	in Verzug geraten
21	la sigla	Abkürzung

Unidad 10

Vivir del cuento — Ein Lebenskünstler sein

	el microrrelato	*Flash Fiction,* Kürzestgeschichte
	recitar	vortragen
a	la novela negra	Krimi, Kriminalroman
	la divulgación científica	populärwissenschaftliche Literatur
	el manual	Handbuch
	la autoayuda	Selbsthilfe
	el cuento	Geschichte, Märchen, Erzählung
c	fundamentar	begründen
	ameno/-a	*hier*: unterhaltsam, kurzweilig
	conmovedor/a	bewegend
	entretenido/-a	unterhaltsam, lustig
10A		
1a	la fortaleza	*hier:* Festung
	la cabaña	Hütte
	el/la poeta/poetisa	Dichter/in
	el cuento breve	Kurzgeschichte
	el/la cantautor/a	Liedermacher/in
	el/la dibujante	Illustrator/in
	el panel	*hier:* Podiumsdiskussion
	el/la cuentacuentos	Geschichtenerzähler/in
	la poesía	Poesie
	la danza	Tanz
	el recital	Lesung
	el homenaje	Hommage, Ehrung
2	la rueda de prensa	Pressekonferenz
2a	la clausura	Abschluss, Schluss
2b	la feria del libro	Buchmesse
	tener vida para rato	sich lange halten können
	el/la editor/a	Verleger/in
	negar	verneinen
	jamás	niemals
2d	infantil	Kinder-
3b	el/la niño/-a prodigio	Wunderkind
	unánime	einstimmig
	desmesuradamente	übermäßig
	ampuloso/-a	schwülstig, übertrieben
	la afectación	Affektiertheit
	el rostro	Gesicht
	el ceño fruncido	Stirnrunzeln
	el éxtasis	Extase
	afín	verwandt, ähnlich

	ensayar	proben
	adicto/-a	süchtig
	acoger	aufnehmen
	el aplauso	Applaus
	bravo	*Bravo-Ruf*
	el pataleo	Trampeln
	filtrar	durchsickern
	el estupor	Staunen
	sobrevenir	(plötzlich) eintreten
	calificar	bezeichnen
	la amnesia	Gedächtnisschwund
	lagunar	lückenhaft
	la laguna	*hier:* Lücke
	la partitura	Partitur
	el lapso	Zeitraum, Zeitspanne
	el nocturno	Nocturne *(Musik)*
	el preludio	Präludium
	figurar en	enthalten sein, zählen zu
	el repertorio	Repertoire
	el consuelo	Trost
	fiel	treu
	concurrir	zusammenkommen
4b	el fantasma	Phantom, Gespenst
	el colmillo	Eckzahn
	afilado/-a	scharf, spitz
	Escribimos	
a	el desamor	Lieblosigkeit
	10B	
5a	sobrehumano/-a	übermenschlich
	sobrenatural	übernatürlich
	el sentido del humor	Sinn für Humor
	sofisticado/-a	*hier:* raffiniert
	ingenioso/-a	einfallsreich
	astuto/-a	schlau, listig
	la injusticia	Ungerechtigkeit
	el arte marcial	Kampfkunst
	el/la atleta	Sportler/in
	el/la héroe/heroína	Held/in
5b	policiaco/-a	Krimi-
6a	la novela gráfica	Comic-Roman
	la viñeta	*hier:* (betextetes) Bild *(Comic)*
	el bocadillo	*hier:* Sprechblase
	el globo	*hier:* Sprechblase
	la tira	Comic-Strip
6b	la ira	Zorn
	el desánimo	Niedergeschlagenheit
	la perplejidad	Perplexität, Verblüffung
	la afinidad	Affinität
	la compasión	Mitgefühl
7b	el/la oyente	Zuhörer/in
	embarazada	schwanger
	la hinchazón	Schwellung
	la barriga	Bauch

	el castigo	Strafe
	divino/-a	göttlich
	el seudónimo	Pseudonym
	la ruptura	*hier:* Trennung
	la patineta	Skateboard
8a	la figura retórica	rhetorische Figur
	la estrofa	Strophe
	expresivo/-a	ausdrucksstark
	la rima	Reim
8b	sensorial	sinnlich
	tebeístico/-a	Comic-
	repartir	verteilen
8c	el cariño	Zärtlichkeit, Zuneigung
	la seducción	Verführung
	el enamoramiento	Verliebtheit
	la ternura	Zärtlichkeit, Warm-herzigkeit
	la amargura	Verbitterung
	la furia	Wut
	los celos *(Pl)*	Eifersucht
	el odio	Hass
	la soledad	Einsamkeit
	el despecho	Verärgerung, Groll
	Nuestro proyecto	
c	el instante	Augenblick
	Mis recursos	
2	el rasgo	Merkmal
	conmovido/-a	gerührt
	la cuchillada	Messerstich, Hieb
	el/la bañista	Badegast
	insospechado/-a	unerwartet
	la abeja	Biene
	la colmena	Bienenstock
	alertado/-a	alarmiert
	el enjambre	Bienenschwarm
	el/la socorrista	Rettungsschwimmer/in
	el/la apicultor/a	Imker/in
	aguardar (por)	warten (auf)
	el recodo	Kurve
	la angustia	Angst, Beklemmung
	abrazar	umarmen
	el letargo	Lethargie
	aliviado/-a	erleichtert
	alejarse	sich entfernen
4	la madre soltera	alleinerziehende Mutter
	manco/-a	einarmig
	la asociación benéfica	karitative Organisation
	monoparental	mit nur einem Elternteil
	Cultura	
	del fuego a las brasas	vom Regen in die Traufe
	el fuego	Feuer
	la brasa	Kohlenglut
	el poblado	Ortschaft
	la chabola	Baracke

	de sopetón	unversehens, plötzlich
	el periplo	Reise
	el/la subteniente	Unterleutnant/in
	el/la sargento	Unteroffizier/in
	el escorpión	Skorpion
	el laberinto	Labyrinth
	el/la asesino/-a	Mörder/in
	cuajar	*hier:* hinbekommen
	la posguerra	Nachkriegszeit
	anticiparse	zuvorkommen
	el aguacero	Wolkenbruch
	sucesivo/-a	aufeinanderfolgend
	el asesinato	Ermordung
b	el/la debutante	Debütant/in
	Libro de ejercicios	
1a	el resfriado	Erkältung
	el embuste	Schwindel
	la mentira	Lüge
	interminable	endlos
	el rodeo	Ausflucht, Umschweife
	sustancial	wesentlich
	a costa (de)	auf Kosten (von)
1b	reconciliarse	sich versöhnen
2a	la mesa redonda	Diskussionsrunde
2b	editar	bearbeiten, herausgeben
	distribuir	vertreiben
	declamar	deklamieren, vortragen
	analizar	analysieren
3a	captar	*hier:* gewinnen
	interactuar	interagieren
4	la diversión	Vergnügen
	incentivar	fördern, einen Anreiz schaffen
5	retirarse	*hier:* in den Ruhestand gehen
	el/la muñeco/-a	Puppe
	la almohada	Kopfkissen
	confesar	gestehen
	el/la bisnieto/-a	Urenkel/in
	majo/-a	nett, sympathisch
6	semejante	ähnlich
	penoso/-a	schmerzlich
	prometer	versprechen
	la deuda	Schuld; *hier:* Verpflichtung
7	desierto/-a	unbewohnt
7b	la sinceridad	Aufrichtigkeit, Ehrlichkeit
	creíble	glaubwürdig
7c	huir	fliehen
	el internado	Internat
	el/la interno/-a	Internatsschüler/in
	el testimonio	Zeugenaussage
	la soldadera	*Soldatin während der mexikanischen Revolution*
9a	agitar	(hin- und her)bewegen
	sonreír	lächeln
	la sirena	Meerjungfrau
	la mudanza	Umzug
	el musgo	Moos
	desvaído/-a	blass
	suicida	selbstmörderisch
	diminuto/-a	sehr klein, winzig
	la alubia	Bohne
	el sobrepeso	Übergewicht
	resignarse	*hier:* sich fügen
	antaño	einst
	burbujeante	blubbernd
	rojo mercromina	*hier:* Rotorange
	la mercromina	Jod
	torpemente	ungeschickt
	la aleta	Schwimmflosse
	espiar	*hier:* heimlich beobachten
	los prismáticos *(Pl)*	Fernglas
	a guisa de	nach Art von
	disimuladamente	heimlich, unauffällig
	el cazamariposas	Schmetterlingskescher
	la escalerilla	Steigleiter
10a	reírse a carcajadas	laut loslachen
	troncharse de la risa	sich totlachen
	el porrazo	Schlag mit einem Knüppel
	desternillarse de la risa	sich kranklachen
	morirse de risa	sterben vor Lachen
	insólito/-a	ungewöhnlich
11a	la historieta	*hier:* Cartoon, Comic-Strip
	remontarse a	zurückreichen bis
	la cantiga	*(höfisches oder religiöses) Lied des Mittelalters*
	el suplemento	Beilage
	propagandístico/-a	propagandistisch
	el bando	Partei
	reaparecer	wieder erscheinen
	la transición	*hier:* Übergang zur Demokratie
	la historieta gráfica	*hier:* Comic
	el retrato	Porträt
	satírico/-a	satirisch
	la víbora	Viper
	el milagro	Wunder
	vinculado/-a	verbunden
	el declive	Niedergang
	la subida	Anstieg
	el tebeo (TBO)	Comic(-Magazin)
12	vulnerable	*hier:* verwundbar, verletzlich
	la exposición	*hier:* Aussetzung
	la radiación	Strahlung
	anular	außer Kraft setzen
	inmovilizar	lähmen

	la escultura	Skulptur
	el país en vía de desarrollo	Entwicklungsland
13a	anhelado/-a	sehnsüchtig
	el/la historietista	Comiczeichner/in
13b	numerar	nummerieren
	computar	berechnen
	dar por seguro	davon ausgehen
14	asustarse	sich erschrecken
	enrojecer	röten
15a	el plano	*hier:* Ebene
15b	la conducta	Verhaltensweise
	en línea	online
	tender (a)	neigen (zu)
	la reseña	*hier:* Zusammenfassung, Rezension
	el corto formato	*hier:* Kompaktheit
	predilecto/-a	bevorzugt
	el promedio	Durchschnitt
	diversificado/-a	vielfältig
	fidedigno/-a	glaubwürdig
16a	la euforia	Euphorie
	el enfado	Verärgerung
	la admiración	Bewunderung
	el afecto	Zuneigung
	la indignación	Empörung
	el agrado	Wohlgefallen
	la impaciencia	Ungeduld
	la envidia	Neid
	la venganza	Rache
16b	infinito/-a	unendlich (groß)
	borrar	*hier:* weglöschen
	la esponja	Schwamm
	el descaro	Unverfrorenheit
	la estatua	Statue
	el aliento	Atem
	curarse	geheilt werden
	la prescripción	Rezept, Verordnung
	recetar	verordnen
	la abstinencia	Enthaltsamkeit
17a	la alegría	Freude
	la conmoción	Erschütterung
	el ánimo	Stimmung
	el recreo	Erholung, Freizeit
	el pasatiempo	Hobby, Zeitvertreib
	el solaz	Erquickung, Vergnügen
	la alteración	Veränderung
	intenso/-a	stark
	pasajero/-a	vorübergehend
	la perturbación	Erschütterung
	violento/-a	heftig
	el desaliento	Mutlosigkeit, Schwäche
	la falta de ánimo	Antriebsschwäche
	la pena	Kummer
18a	el escáner	Scanner
	el estándar	Standard
	zapear	zappen
	el mitin	Sitzung, Meeting
	el bluyín *(LA)*	Bluejeans
18b	emergente	entstehend
	el desfase horario	Jetlag
	la facturación	Gepäckaufgabe

Unidad 11

	¡Luces, cámara, acción!	**Licht, Kamera, Action!**
	la reseña crítica	Kritik
	el anuncio publicitario	Werbeanzeige
	la sala	*hier:* Kinosaal
	la pantalla	*hier:* Leinwand
	exhibir	*hier:* zeigen, vorführen
a	la gráfica	Grafik
c	el descuento	Preisnachlass
	el dominio	Vorherrschaft
	la descarga	Herunterladen, Download
	11A	
1a	la película taquillera	Kinohit, Kassenerfolg
	el suspense/-o	Spannung
	bélico/-a	Kriegs-
	la película del oeste	Western
2a	instalarse	sich niederlassen
	el orfanato	Waisenhaus
	discapacitado/-a	behindert
	el caserón	altes, großes Haus
	arrastrar	mitreißen
	inquietar	beunruhigen
	sospechar	den Verdacht hegen
	postrado/-a	liegend
	la juventud	Jugend
	la lucha	Kampf
	cautivar	bezaubern
	regir	bestimmen, lenken
	sin sobresaltos	*hier:* ohne Probleme, reibungslos
	la lancha	Boot
	el hachís	Haschisch
	la ola	Welle
	la penetración	Eindringen
	mover los hilos	die Fäden ziehen
	el/la traficante	Drogenhändler/in
	la advertencia	Warnung
	desquiciado/-a	irrsinnig
	el escrúpulo	Skrupel
	retener	zurückhalten
3b	la trama	Handlung
	espantado/-a	entsetzt, erschrocken
4b	alucinante	fantastisch, großartig
5a	centenario/-a	hundertjährig

	milenario/-a	tausendjährig
	disforme	missgestaltet
	arraigado/-a	(fest) verwurzelt
	áspero/-a	rau, uneben, zerklüftet
5b	el/la guionista	Drehbuchautor/in
	el avance	*hier:* Vorschau
5d	el volumen	*hier:* Lautstärke
6a	edificante	erbaulich, aufschlussreich
	ingenuo/-a	arglos, naiv
	fraudulento/-a	betrügerisch
	el buenrrollismo	*etwa:* Blick durch die rosarote Brille
	el pasaje	Passage, Stelle
	el/la bloguero/-a	Blogger/in
	el choque	Aufeinanderprallen
	no carente de	nicht ohne
	reconocible	erkennbar
	el tramo	Abschnitt

Escribimos

b	previsible	vorhersehbar

11B

7a	la iluminación	Beleuchtung
	el decorado	Kulisse, Szenerie
	la banda sonora	Soundtrack
	el vestuario	Kostüme
7b	el cortometraje	Kurzfilm
	el soporte	Unterstützung
	el/la receptor/a	Empfänger/in
	pegadizo/-a	einprägsam
7c	elocuente	aussagekräftig
	descarado/-a	dreist
	la incursión	*hier:* Eindringen
	mutuo/-a	gegenseitig
	fructífero/-a	fruchtbar
	jalonar	säumen, kennzeichnen
	cinematográfico/-a	Film-
	ilustre	hochrangig
	el/la cineasta	Filmemacher/in
8c	suplir	ergänzen
8d	impregnarse (de)	sich vollsaugen (mit)
	arrancar una sonrisa	ein Lächeln entlocken
10a	la fama	Berühmtheit
	la autocaravana	Wohnmobil
	rodar	drehen
	la tortura	Folter
10c	apartado/-a	abgelegen
10d	sudar	schwitzen
	temblar	zittern
	el escalofrío	Schauder
11a	encogerse	*hier:* sich zusammenziehen
	los pelos del cogote *(Pl)*	Nackenhaare
	ponerse de punta	sich aufstellen
	la carne de gallina	Gänsehaut
	el latido	Schlag
	monstruoso/-a	ungeheuerlich

Nuestro proyecto

b	apropiado/-a	passend

Mis recursos

1a	el/la alsaciano/-a	Elsässer/in
	la cervecería	*hier:* Wirtshaus
1c	operar	tätig sein
	competir	konkurrieren
	el/la auditor/a	Wirtschaftsprüfer/in

Cultura

a	encerrarse	sich einschließen
e	la pradera	Wiese, Weide
	el arroyo	Bach

Libro de ejercicios

1a	la cinefilia	Kinobegeisterung
	el/la cinéfilo/-a	Kinoliebhaber/in
	la cinemateca	Filmarchiv
	el cinematógrafo	Kinematograph *(Gerät)*
	la cinematografía	Filmkunst
	el/la aficionado/-a	Fan
	destacado/-a	*hier:* führend
	la captación	Erfassung, Aufnahme
1b	incorregible	unverbesserlich
1c	la bibliofilia	Bibliophilie
	la hispanofilia	Hispanophilie
	la francofilia	Frankophilie
	la ludoteca	Spielothek
	el/la gimnasta	Turner/in
	el/la iconoclasta	Ikonoklast/in, Bilderstürmer/in
	entusiasta	enthusiastisch
	la cartografía	Kartographie
2	el decálogo	Dekalog, Zehn Gebote
	la butaca	Parkettsitz
	la cartelera	Veranstaltungsprogramm
	la proyección	Projektion, Vorführung
	subtitulado/-a	untertitelt
	la (película) doblada	Synchronfassung
3a	encarnar	verkörpern
	acontecer	sich ereignen
	el largometraje	Spielfilm, Kinofilm
4a	en el seno de	im Rahmen von, innerhalb
	la bondad	Güte
	la audacia	Kühnheit
	el incendio	Feuer, Brand
	el rodaje	Dreharbeiten
	versar (sobre)	sich beschäftigen (mit)
	el navío	Schiff

	la crudeza	Rohheit
	el ensañamiento (con)	Grausamkeit (gegenüber)
	inhóspito/-a	unwirtlich
	hacer tambalearse	ins Wanken bringen
	estallar	ausbrechen *(Krieg)*
	la frialdad	Gefühlskälte
	forzar	zwingen
	en sentido opuesto	in entgegengesetzter Richtung
	la epopeya	Epos
	el elenco	Besetzung
4c	la cinta	(Film-)Streifen
6	la hilaridad	Heiterkeit
7a	alternar	abwechseln
	vertebrar	stützen
	asomarse (a)	*hier:* sich befassen (mit)
	candente	*hier:* aktuell
	la desertización	Verödung
	ahondar (en)	näher eingehen (auf)
	trivializado/-a	verharmlost
8a	el libreto	Textbuch, Libretto
	el escalafón	*hier:* Bewertungsskala
	el éxito de taquilla	Kinohit, Kassenerfolg
9a	el permiso de residencia	Aufenthaltsgenehmigung
	caducar	ablaufen
	los trastos *(Pl)*	Gerümpel
	la vigencia	Gültigkeit
	resaltar	hervorheben
	la virtud	Tugend, gute Eigenschaft
	la conformidad	Übereinstimmung
10	el trono	Thron
	la pelea	Streit
	atracar	überfallen
	el atraco	Überfall
11	el/la ayudante	Assistent/in
	el/la utilero/-a	Requisiteur/in
	el/la atrezzista	Requisiteur/in
12	la azotea	Dachterrasse
	cortejar	umwerben
	el muelle comercial	Handelskai
14a	denso/-a	*hier:* schwer, ernst
	la película de animación	Zeichentrickfilm
14b	aparentar	vortäuschen
	precisar	benötigen
	el spot publicitario/-a	Werbespot
	ambientado/-a (en)	*hier:* spielen (in)
15	temer	fürchten
	innato/-a	angeboren
	el temor (a)	Furcht (vor)
	amenazante	bedrohlich
16a	oscurecer	dunkel werden
	gritar	schreien
	tierno/-a	zärtlich
	susurrar	flüstern
	la pesadilla	Albtraum
17	el despegue	Aufschwung
	a la sombra de	im Schatten von
	el descenso	Rückgang
	la facturación	Umsatz
	el incentivo fiscal	Anreiz steuerlich
	el desafío	Herausforderung

Unidad 12

América Latina ayer y hoy — Lateinamerika gestern und heute

12A

1a	la burguesía	Bourgeoisie, Bürgertum
	la Ilustración	(Zeitalter der) Aufklärung
	la paralización	Stillstand, Lähmung
	la cosecha	Ernte
	la carencia	Mangel
	hundir	versenken
2a	la contra	*hier:* gegnerische Seite
3a	el campesinado	Bauernschaft
	derrotar	besiegen
5b	someter	unterdrücken
	la tribu	Stamm
	vestido/-a	gekleidet
	el/la albañil	Maurer/in
	autosuficiente	eigenständig, autark
	hostil	feindselig
	la desnutrición	Unterernährung
	la cabra	Ziege
	la oveja	Schaf
	la subsistencia	Lebensunterhalt
	el cambio de moneda	Wechselkurs
	ancestral	uralt, angestammt

12B

6c	sustentar	untermauern
6d	la objeción	Einwand
	denotar	bezeichnen
6e	la inserción	Eingliederung
	la aproximación	Annäherung
	el epígrafe	Abschnitt, Rubrik, Überschrift
	la repercusión	Auswirkung
	adolecer (de)	leiden (an), (Mängel) aufweisen
	la exportación	Export
	la importación	Import
	la apertura	Öffnung
	el desembolso	Zahlung, Auszahlung
	el interés	Zins(en)
	empeorar	verschlechtern

	el saldo	Saldo, Kontostand
	la balanza por cuenta corriente	Staatshaushalt, Leistungsbilanz
	subsidiado/-a	unterstützt
	desprenderse	entnehmen
	el incremento	Zunahme
7a	patriarcal	patriarchalisch
	la escolarización	Schulbildung
7b	maltratado/-a	misshandelt
	marginado/-a	ausgegrenzt
	el/la gestor/a	*hier:* Manager/in
	perseguido/-a	verfolgt
	torturado/-a	gefoltert
8b	la involuntariedad	Unfreiwilligkeit

Nuestro proyecto

	el tratado	Abkommen

Mis recursos

2c	la prudencia	Vorsicht
3	armonioso/-a	harmonisch
	involucrar	einbeziehen
	la cosmovisión	Weltanschauung

Cultura

c	progresista	fortschrittlich
	gozar	genießen
	el divorcio	Scheidung

Libro de ejercicios

1a	la oferta y la demanda	Angebot und Nachfrage
	la división de poderes	Gewaltenteilung
	la jerarquización	Hierarchisierung
	estamental	ständisch
	autárquico/-a	autark, unabhängig
1b	la revuelta	Revolte
	el levantamiento	Aufstand
3b	criarse	aufwachsen
3c	la Neurociencia	Neurowissenschaft
	la retención	Behalten
	salado/-a	*hier:* versalzen
	crudo/-a	roh
4a	el despertador	Wecker
4b	pegado/-a a la pantalla	vor dem Bildschirm kleben
5	apenado/-a	betrübt, bekümmert
6	consagrado/-a	*hier:* verehrt
	el/la huérfano/-a	Waise/-in
	heredar	erben
	ligado/-a (a)	verbunden (mit)
	nefasto/-a	verheerend
7b	la desgracia	Unglück
8	la miseria	Elend
	la proclamación	Bekanntgabe, Verkündung
	derrocar	stürzen
9c	la enumeración	Aufzählung
10a	la homogeneización	Vereinheitlichung
	la estandarización	Standardisierung
	el arancel	Zoll
	el desequilibrio	Ungleichgewicht
10c	la mortalidad	Sterblichkeit(srate)
11	la mundialización	Globalisierung
	las pequeñas y medianas empresas *(Pl)*	kleine und mittlere Unternehmen
	la coyuntura	Konjunktur
	favorable	günstig
12a	la experimentación animal	Tierversuch
	costoso/-a	teuer, kostenintensiv
	aplicable	*hier:* übertragbar
	la vacuna	Impfstoff
	diferir	abweichen
13a	esencialmente	im Wesentlichen
	envejecer	altern
13b	equivocado/-a	falsch; *hier:* die es nicht verdienen
14a	naval	Schiffs-
	comandado/-a (por)	unter dem Kommando (von)
	el fraile	Mönch
	vasco/-a	baskisch
	arribar	einlaufen
	el/la tripulante	Besatzungsmitglied
	la penuria	Not
	hallar	finden
	el tornaviaje	*hier:* Rückreiserute
	viable	durchführbar
	el nexo	Verbindung
	insaciable	unersättlich
	interconectado/-a	miteinander verbunden
	el lomo	Rücken
	la mula	Maultier, Maulesel
	el centenar	Hundert
	hacerse a la mar	in See stechen
	enlazado/-a	verbunden
	el boniato	Süßkartoffel
	inencontrable	unauffindbar
	acaudalado/-a	wohlhabend
	la urbe	Großstadt
	obsoleto/-a	veraltet, überholt
	la decadencia	Niedergang
	emerger	auftauchen
	la potencia	Macht
	la línea de comunicación	Kommunikationsweg
	anglosajón/anglosajona	angelsächsisch
	el alza	*hier:* Aufsteigen
	el repliegue	Rückzug
	manufacturero/-a	verarbeitend
	desacostumbrado/-a (a)	nicht gewohnt (zu)
	el antecedente	*hier:* Ursache

14b	prescindir (de)	verzichten (auf)
15a	el portátil	Laptop
	el mando (remoto) inalámbrico	Funkfernbedienung
	el puntero láser	Laserpointer
	el ratón	Maus *(Computer)*
	el pincho	*hier:* USB-Stick
	el proyector	Projektor, Beamer
	el altavoz	Lautsprecher
	el adaptador	Adapter
15b	la ronda de preguntas	Fragerunde
16a	la barrera	Hindernis, Barriere
16b	cobarde	feige
	desfilar	defilieren, vorbeischreiten
	la pasarela	Laufsteg
	extrañar	vermissen
	la rigurosidad	Strenge
	denunciar	anprangern, an die Öffentlichkeit bringen

» Die Wörter sind in alphabetischer Reihenfolge angeführt.
» Nach der deutschen Bedeutung gibt die fettgedruckte Zahl die Lektion an, die zweite Angabe (in magerer Schrift) bezieht sich auf den jeweiligen Abschnitt innerhalb der Lektion. Dafür wurden folgende Abkürzungen verwendet:

AB = Arbeitsbuch
POR = Portada (Einstiegsseite)
PR = Nuestro proyecto

E = Escribimos
MR = Mis recursos
CU = Cultura

f = feminin
m = maskulin
Pl = Plural
LA = Lateinamerika

A

a costa (de) – auf Kosten (von) **AB10** 1a
a favor – befürwortend, dafür **8** PR d
a guisa de – nach Art von **AB10** 9a
a la sombra de – im Schatten von **AB11** 17
abandono *(m)* – Abbruch **AB7** 8
abanico *(m)* – Fächer; *auch:* Spektrum **AB9** 1a
abeja *(f)* – Biene **10** MR 2
abigarrado/-a – bunt (gemischt), heterogen **AB8** 13a
abordar – angehen, in Angriff nehmen **8** B 5b
abrazar – umarmen **10** MR 2
abstinencia *(f)* – Enthaltsamkeit **AB10** 16b
acaloradamente – hitzig **8** MR 1b
acariciar – streicheln, liebkosen **AB9** 4c
acarrear – mit sich bringen, bedeuten **7** CU b
acaudalado/-a – wohlhabend **AB12** 14a
acción penal *(f)* – Strafverfahren **AB8** 7b
acera *(f)* – Gehsteig **AB8** 13a
acertado/-a – richtig, treffend **7** MR 5b
acoger – aufnehmen **10** A 3b
acomodar – unterbringen **AB8** 13a
aconsejable – ratsam **7** A 3c
acontecer – sich ereignen **AB11** 3a
acoso *(m)* – Mobbing, Belästigung **9** A 1b
acumulación *(f)* – Ansammlung **AB8** 13a
acumular – (an)sammeln **9** A 4b
acuñar – prägen **9** A 4b
adaptador *(m)* – Adapter **AB12** 15a
adicto/-a – süchtig **10** A 3b
aditamento *(m)* – Zusatz, Ergänzung **8** A 2a
adjunto – im Anhang **9** B 8a
admiración *(f)* – Bewunderung **AB10** 16a
admirador/a *(m/f)* – Bewunderer/-in **8** B 6a
adolecer (de) – leiden (an), (Mängel) aufweisen **12** B 6e
adquirido/-a – erworben, erlangt **AB8** 7b
advertencia *(f)* – Warnung **11** A 2a
advertir – warnen **8** B 5c
aeroespacial – Luft- und Raumfahrt- **9** MR 1b
afectación *(f)* – Affektiertheit **10** A 3b
afectivo/-a – emotional, gefühlsmäßig **7** CU b
afecto *(m)* – Zuneigung **AB10** 16a
aficionado/-a *(m/f)* – Fan **AB11** 1a
afilado/-a – scharf, spitz **10** A 4b
afín – verwandt, ähnlich **10** A 3b
afinar – verfeinern, den letzten Schliff geben **7** CU b
afinidad *(f)* – Affinität **10** B 6b
agente *(m)* – Agens *(Grammatik)* **AB8** 8a
agitar – (hin- und her)bewegen **AB10** 9a
agobiar – bedrücken **7** B 8b
agobiarse – sich überarbeiten **9** CU b
agrado *(m)* – Wohlgefallen **AB10** 16a
agregado/-a *(m/f)* – Attaché **9** CU b
agropecuario/-a – Agrar- **AB9** 9a
aguacero *(m)* – Wolkenbruch **10** CU
aguardar (por) – warten (auf) **10** MR 2
agujetas *(f Pl)* – Muskelkater **9** MR 3b
ahondar (en) – näher eingehen (auf) **AB11** 7a
alarma *(f)* – Warnmeldung **AB9** 10
alarmista – schwarzseherisch **AB9** 3
albañil *(m/f)* – Maurer/in **12** A 5b
alcalde/-sa *(m/f)* – Bürgermeister/in **7** B 7b
alcanzar la meta – das Ziel erreichen **8** A 1a
alegría *(f)* – Freude **AB10** 17a
alejarse – sich entfernen **10** MR 2
alerta *(f)* – Warnsignal **AB8** 12
alertado/-a – alarmiert **10** MR 2
aleta *(f)* – Schwimmflosse **AB10** 9a
aliento *(m)* – Atem **AB10** 16b
alimentario/-a – Lebensmittel- **9** MR 1b
aliviado/-a – erleichtert **10** MR 2
almohada *(f)* – Kopfkissen **AB10** 5
alojar – beherbergen **7** POR
alsaciano/-a *(m/f)* – Elsässer/in **11** MR 1a
alta cocina *(f)* – *Haute Cuisine*, gehobene Küche **8** A 1a
altavoz *(m)* – Lautsprecher **AB12** 15a
alteración *(f)* – Veränderung **AB10** 17a
alternar – abwechseln **AB11** 7a
alubia *(f)* – Bohne **AB10** 9a
alucinante – fantastisch, großartig **11** A 4b
alza *(f)* – Aufsteigen **AB12** 14a
amanecer *(m)* – Tagesanbruch **7** B 9a
amargura *(f)* – Verbitterung **10** B 8c
ambicioso/-a – ehrgeizig **AB9** 16a
ambientado/-a (en) – spielen (in) **AB11** 14b
amenaza *(f)* – Bedrohung **AB9** 3
amenazante – bedrohlich **AB11** 15
ameno/-a – unterhaltsam, kurzweilig **10** POR c
amigable – nutzerfreundlich **AB9** 3
amnesia *(f)* – Gedächtnisschwund **10** A 3b
ampliación *(f)* – Erweiterung, Ausbau **AB8** 13a
ampuloso/-a – schwülstig, übertrieben **10** A 3b
analizar – analysieren **AB10** 2b
ancestral – uralt, angestammt **12** A 5b
¡Anda ya! – Ach was! **7** B 7d
anglosajón/anglosajona – angelsächsisch **AB12** 14a
angustia *(f)* – Angst, Beklemmung **10** MR 2
anhelado/-a – sehnsüchtig **AB10** 13a
ánimo *(m)* – Stimmung **AB10** 17a
aniversario *(m)* – Jubiläum **AB8** 16
antaño – einst **AB10** 9a
antecedente *(m)* – Ursache **AB12** 14a
anticiparse – zuvorkommen **10** CU
anular – außer Kraft setzen **AB10** 12
anuncio publicitario *(m)* – Werbeanzeige **11** POR
aparcar – parken **AB8** 13b
aparentar – vortäuschen **AB11** 14b
apartado/-a – abgelegen **11** B 10c
apenado/-a – betrübt, bekümmert **AB12** 5
apertura *(f)* – Öffnung **12** B 6e
apicultor/a *(m/f)* – Imker/in **10** MR 2
aplauso *(m)* – Applaus **10** A 3b
aplicable – übertragbar **AB12** 12a

aplicación *(f)* – Anwendung, App **7** B 5a
aplicar – anwenden **AB8** 7b
aportación (personal) *(f)* – (persönlicher) Beitrag **AB8** 13a, **AB9** 19a
apretón *(m)* – Händedruck **9** B 9
apropiado/-a – passend **11** PR b
aprovechamiento *(m)* – Nutzung **AB9** 9a
aproximación *(f)* – Annäherung **12** B 6e
aptitud *(f)* – Fähigkeit **AB9** 19b
arancel *(m)* – Zoll **AB12** 10a
árido/-a – arid, trocken **9** B 8a
armonioso/-a – harmonisch **12** MR 3
arraigado/-a – (fest) verwurzelt **11** A 5a
arrancar una sonrisa – ein Lächeln entlocken **11** B 8d
arrastrar – mitreißen **11** A 2a
arrepentirse – bereuen **AB9** 20a
arribar – einlaufen **AB12** 14a
arroyo *(m)* – Bach **11** CU e
arte marcial *(m)* – Kampfkunst **10** B 5a
aseguradora *(f)* – Versicherungsgesellschaft **AB9** 10
asentir con la cabeza – (mit dem Kopf) nicken **AB9** 15a
asesinato *(m)* – Ermordung **10** CU
asesino/-a *(m/f)* – Mörder/in **10** CU
asociación benéfica *(f)* – karitative Organisation **10** MR 4
asomarse (a) – sich befassen (mit) **AB11** 7a
áspero/-a – rau, uneben, zerklüftet **11** A 5a
aspiración *(f)* – Wunsch, Bestreben **9** B 10a
astuto/-a – schlau, listig **10** B 5a
asumir – übernehmen **9** A 4b
asustarse – sich erschrecken **AB10** 14
atasco *(m)* – Stau **AB9** 4d
atenuación *(f)* – Abschwächung **7** MR 2
atenuar – abschwächen **7** MR 3
atleta *(m/f)* – Sportler/in **10** B 5a
atracar – überfallen **AB11** 10
atraco *(m)* – Überfall **AB11** 10
atrever – wagen, trauen **AB8** 10
atrezzista *(m/f)* – Requisiteur/in **AB11** 11
aturdido/-a – fassungslos, bestürzt **AB8** 3b
audacia *(f)* – Kühnheit **AB11** 4a
audiencia *(f)* – (Ziel-)Publikum **AB8** 10
auditor/a *(m/f)* – Wirtschaftsprüfer/in **11** MR 1c
aumento *(m)* – Anwachsen **AB8** 14
ausente – abwesend **AB9** 2
autárquico/-a – autark, unabhängig **AB12** 1a
autista – autistisch **8** MR 2
autoayuda *(f)* – Selbsthilfe **10** POR a
autocaravana *(f)* – Wohnmobil **11** B 10a
autoeficacia *(f)* – Selbsteffizienz **AB7** 8
automatización *(f)* – Automatisierung **9** A 1a
automoción *(f)* – Automobil- **AB9** 20a
automóvil eléctrico *(m)* – Elektroauto **AB7** 14a
autoritario/-a – autoritär **AB7** 5d
autosuficiente – eigenständig, autark **12** A 5b
avalar – auszeichnen, charakterisieren **9** B 8a
avance *(m)* – Vorschau **11** A 5b
ayudante *(m/f)* – Assistent/in **AB11** 11
azotar – verwüsten **AB8** 1b
azotea *(f)* – Dachterrasse **AB11** 12

B

balanza por cuenta corriente *(f)* – Staatshaushalt, Leistungsbilanz **12** B 6e
banda sonora *(f)* – Soundtrack **11** B 7a
bando *(m)* – Partei **AB10** 11a
bañista *(m/f)* – Badegast **10** MR 2
barranco *(m)* – Schlucht **8** A 2a
barrera *(f)* – Hindernis, Barriere **AB12** 16a
barriga *(f)* – Bauch **10** B 7b
basado/-a en – beruhend auf **7** POR
basarse (en) – basieren auf **AB7** 5b
becario/-a *(m/f)* – Stipendiat/in **9** B 8a
bélico/-a – Kriegs- **11** A 1a
bibliofilia *(f)* – Bibliophilie **AB11** 1c
bienestar *(m)* – Wohlbefinden **9** A 1b
bisnieto/-a *(m/f)* – Urenkel/in **AB10** 5
bistec *(m)* – Steak **8** MR 1b
blando/-a – weich **9** B 9
bloguero/-a *(m/f)* – Blogger/in **11** A 6a
bluyín *(LA)* *(m)* – Bluejeans **AB10** 18a
bocadillo *(m)* – Sprechblase **10** B 6a
bollería *(f)* – Backwaren **9** CU b
bolsa de pago *(f)* – kostenpflichtige Plastiktüte **AB7** 14a
bolsa de trabajo *(f)* – Stellenmarkt **9** PR a
bondad *(f)* – Güte **AB11** 4a
boniato *(m)* – Süßkartoffel **AB12** 14a
borrachera *(f)* – Sauferei **AB8** 13a
borrador *(m)* – Entwurf, Rohfassung **AB7** 17a
borrar – weglöschen **AB10** 16b
brasa *(f)* – Kohlenglut **10** CU
bravo – *Bravo-Ruf* **10** A 3b
brebaje *(m)* – Gebräu **9** CU b
buenrrollismo *(m)* – *etwa:* Blick durch die rosarote Brille **11** A 6a
bulo *(m)* – Falschmeldung **AB8** 10
burbujeante – blubbernd **AB10** 9a
burguesía *(f)* – Bourgeoisie, Bürgertum **12** A 1a
búsqueda *(f)* – Suche **7** PR a
butaca *(f)* – Parkettsitz **AB11** 2

C

cabaña *(f)* – Hütte **10** A 1a
cabra *(f)* – Ziege **12** A 5b
caducar – ablaufen **AB11** 9a
caer en picado – (ab)stürzen **AB8** 13a
cafeína *(f)* – Koffein **9** CU b
cajero/-a *(m/f)* – Kassierer/in **9** A 2a
calcular – schätzen **8** MR 1b
calificar – bezeichnen **10** A 3b
calma *(f)* – Ruhe **8** CU c
cambio de moneda *(m)* – Wechselkurs **12** A 5b
campesinado *(m)* – Bauernschaft **12** A 3a
cancelar – absagen, streichen **AB8** 5b
candente – aktuell **AB11** 7a
cantautor/a *(m/f)* – Liedermacher/in **10** A 1a
cantiga *(f)* – *(höfisches oder religiöses) Lied des Mittelalters* **AB10** 11a
captación *(f)* – Erfassung, Aufnahme **AB11** 1a
captar – gewinnen **AB10** 3
caravana *(f)* – Karawane **9** B 7
carencia *(f)* – Mangel **12** A 1a
cariño *(m)* – Zärtlichkeit, Zuneigung **10** B 8c
carne de gallina *(f)* – Gänsehaut **11** B 11a
carpeta *(f)* – Ordner **AB8** 5a
carta de presentación *(f)* – Bewerbungsschreiben **9** B 8b
carta de solicitud *(f)* – Bewerbungsschreiben **7** E
cartelera *(f)* – Veranstaltungsprogramm **AB11** 2
cartero/-a *(m/f)* – Briefträger/in **9** A 2a
cartografía *(f)* – Kartographie **AB11** 1c
caserón *(m)* – altes, großes Haus **11** A 2a
castigo *(m)* – Strafe **10** B 7b
cautivar – bezaubern **11** A 2a
cazamariposas *(m)* – Schmetterlingskescher **AB10** 9a
ceder la palabra – das Wort erteilen **8** MR 4a
celos *(m Pl)* – Eifersucht **10** B 8c
ceño fruncido *(m)* – Stirnrunzeln **10** A 3b
centenar *(m)* – Hundert **AB12** 14a
centenario/-a – hundertjährig **11** A 5a
cerebro *(m)* – Gehirn **AB8** 12
certificación *(f)* – Zertifizierung **AB8** 14
cervecería *(f)* – Wirtshaus **11** MR 1a
cesante – arbeitslos **8** B 5b
chabola *(f)* – Baracke **10** CU

chaperón/-ona *(m/f)* – Kontrolleur/in, Aufpasser/in **9** A 1b
charla *(f)* – Gespräch; *auch:* (unförmlicher) Vortrag **AB8** 6a
chef *(m/f)* – (Sterne-)Koch/Köchin **AB8** 6a
Chipre *(f)* – Zypern **AB8** 9
chófer *(m/f)* – Chauffeur/in **9** A 2a
choque *(m)* – Aufeinanderprallen **11** A 6a
ciberperiodismo *(m)* – Cyberjournalismus **AB8** 10
ciclón *(m)* – Zyklon, Wirbelsturm **AB8** 8b
ciencia ficción *(f)* – Science-Fiction **AB9** 3
cierre de inscripción *(m)* – Ende der Einschreibfrist **7** A 2a
cineasta *(m/f)* – Filmemacher/in **11** B 7c
cinefilia *(f)* – Kinobegeisterung **AB11** 1a
cinéfilo/-a *(m/f)* – Kinoliebhaber/in **AB11** 1a
cinemateca *(f)* – Filmarchiv **AB11** 1a
cinematografía *(f)* – Filmkunst **AB11** 1a
cinematográfico/-a – Film- **11** B 7c
cinematógrafo *(m)* – Kinematograph *(Gerät)* **AB11** 1a
cinta *(f)* – (Film-)Streifen **AB11** 4c
clandestino/-a – heimlich **9** CU b
clasificación *(f)* – Klassifizierung, Einstufung **7** POR
clausura *(f)* – Abschluss, Schluss **10** A 2a
clave *(f)* – Schlüssel(faktor) **9** B 9
clave personal *(f)* – persönliches Passwort **7** B 5a
clavícula *(f)* – Schlüsselbein **AB8** 3d
cobarde – feige **AB12** 16b
cobertura *(f)* – Netz, Empfang **AB7** 6b
colectivo *(m)* – Kollektiv; *auch:* Gruppe **9** B 6b
colmena *(f)* – Bienenstock **10** MR 2
colmillo *(m)* – Eckzahn **10** A 4b
comandado/-a (por) – unter dem Kommando (von) **AB12** 14a
comercializar – vermarkten **AB9** 6d
cometer errores – Fehler machen **AB9** 20a
compaginar – in Einklang bringen, vereinbaren **9** MR 3b
compañerismo *(m)* – Kollegialität **AB9** 18a
compasión *(f)* – Mitgefühl **10** B 6b
competir – konkurrieren **11** MR 1c
competitividad *(f)* – Wettbewerbsfähigkeit **9** POR b
competitivo/-a – konkurrierend **AB8** 15
composición *(f)* – Komposition; *auch:* Gestaltung **AB9** 1a
compraventa *(f)* – Kauf und Verkauf **AB8** 2
comprensible – verständlich **AB7** 17c
compromiso *(m)* – Engagement **AB9** 18a
compulsado/-a – beglaubigt **AB7** 14c
computar – berechnen **AB10** 13b
comunitario/-a – der EU **AB8** 9
con el fin de – zwecks, um ... zu **7** E
con rapidez – schnell **AB7** 8
con tambores y sirenas – mit Pauken und Trompeten **8** CU e
conceder – gewähren **AB7** 11
conciliación *(f)* – Vereinbarung, Abstimmung **AB9** 13
conciliar (con) – vereinbaren (mit) **8** B 5b
conciso/-a – kurz, knapp **AB8** 6c
concluir – (ab)schließen **9** MR 4
concordar – übereinstimmen **8** A 4b
concurrir – zusammenkommen **10** A 3b
conducta *(f)* – Verhaltensweise **AB10** 15b
confesar – gestehen **AB10** 5
conformidad *(f)* – Übereinstimmung **AB11** 9a
confundir – verwechseln **AB9** 3
congeniar – sich gut verstehen **9** B 10b
congruente – kongruent, übereinstimmend **AB7** 17c
conllevar – mit sich bringen **AB8** 10
conmoción *(f)* – Erschütterung **AB10** 17a
conmovedor/a – bewegend **10** POR c
conmovido/-a – gerührt **10** MR 2
conocedor/a *(m/f)* – Kenner/in **9** B 8a
conocimiento *(m)* – Wissen, Kenntnis **7** POR
consagrado/-a – verehrt **AB12** 6
consolidación *(f)* – Konsolidierung, Festigung **9** A 4b
consuelo *(m)* – Trost **10** A 3b
consumidor/a *(m/f)* – Verbraucher/in **9** MR 1a
contento/-a – zufrieden **7** MR 1
contra *(f)* – gegnerische Seite **12** A 2a
contrabando *(m)* – Schmuggel **AB8** 3b
contradictorio/-a – widersprüchlich **AB7** 17c
contrastado/-a – überprüft **8** POR
contratar – einstellen **AB7** 14b
control remoto *(m)* – Fernsteuerung **9** A 1b
controlador/a – Kontrolle ausübend **AB7** 5d
controversia *(f)* – Kontroverse **8** PR a
convenio *(m)* – Abkommen **7** A 1a
convicción *(f)* – Überzeugung **AB8** 15
convocar – ausschreiben **9** PR a
cordobés/-esa *(m/f)* – aus Córdoba **8** MR 2
corredor/a de larga distancia *(m/f)* – Langstreckenläufer/in **8** A 1a
correo (electrónico) *(m)* – E-Mail **7** A 2a
correo de petición *(f)* – E-Mail-Anfrage **7** POR
corresponsal *(m/f)* – Korrespondent/in **8** CU c
cortejar – umwerben **AB11** 12
cortés – höflich **7** MR 2
corto formato *(m)* – Kompaktheit **AB10** 15b
cortometraje *(m)* – Kurzfilm **11** B 7b
cosecha *(f)* – Ernte **12** A 1a
cosmovisión *(f)* – Weltanschauung **12** MR 3
costoso/-a – teuer, kostenintensiv **AB12** 12a
coyuntura *(f)* – Konjunktur **AB12** 11
cráter *(m)* – Krater **7** POR
crecida *(f)* – Ansteigen **8** A 1a
creciente – wachsend **7** CU c
creíble – glaubwürdig **AB10** 7b
criarse – aufwachsen **AB12** 3b
crucero *(m)* – Kreuzfahrtschiff **AB8** 2
crucial – entscheidend **AB8** 10
crudeza *(f)* – Rohheit **AB11** 4a
crudo/-a – roh **AB12** 3c
cruel – grausam **8** B 6a
cuajar – hinbekommen **10** CU
cuaternario/-a – quartär **AB9** 9
cubrir – (be)decken; *auch:* berichten (über) **8** MR 1b
cuchillada *(f)* – Messerstich, Hieb **10** MR 2
cuentacuentos *(m/f)* – Geschichtenerzähler/in **10** A 1a
cuento *(m)* – Geschichte, Märchen, Erzählung **10** POR a
cuento breve *(m)* – Kurzgeschichte **10** A 1a
cuidado *(m)* – Pflege, Betreuung **8** B 5b
cuidadosamente – sorgfältig **AB8** 8b
culpa *(f)* – Schuld **8** B 6a
culpar – beschuldigen **AB8** 13a
cultivo *(m)* – Ackerland, Anbaugebiet **8** A 4a
curarse – geheilt werden **AB10** 16b
curiosidad *(f)* – Wissbegierde **AB9** 18a

D

damnificado/-a – betroffen, geschädigt **8** A 1a
danza *(f)* – Tanz **10** A 1a
dar por seguro – davon ausgehen **AB10** 13b
de menor edad – minderjährig **8** B 5b

de sopetón – unversehens, plötzlich **10** CU
debilidad *(f)* – Schwäche **9** B 10c
debutante *(m/f)* – Debütant/in **10** CU b
decadencia *(f)* – Niedergang **AB12** 14a
decálogo *(m)* – Dekalog, Zehn Gebote **AB11** 2
decenio *(m)* – Jahrzehnt **AB8** 13a
decepcionar – enttäuschen **7** MR 5b
declamar – deklamieren, vortragen **AB10** 2b
declive *(m)* – Niedergang **AB10** 11a
decorado *(m)* – Kulisse, Szenerie **11** B 7a
decrecer – abnehmen **9** MR 5
deducir – (schluss)folgern **AB8** 4a
defecto *(m)* – Defekt; *auch:* Mangel **AB7** 17c
deficiencia *(f)* – Mangel, Schwäche **AB8** 13a
dejar en alto – *etwa:* hochleben lassen, in ein gutes Licht rücken **AB8** 6a
del fuego a las brasas – vom Regen in die Traufe **10** CU
delantal *(m)* – Schürze **8** A 1a
delicado/-a – heikel **8** MR 4a
delincuente *(m/f)* – Kriminelle/r **8** B 6a
delito *(m)* – Straftat **8** PR a
demorarse – in Verzug geraten **AB9** 20a
denominación *(f)* – Bezeichnung **7** CU b
denominado/-a – sogenannte(-r,-s) **AB9** 9a
denotar – bezeichnen **12** B 6d
denso/-a – dicht; *auch:* schwer, ernst **AB11** 14a
denunciar – anprangern, an die Öffentlichkeit bringen **AB12** 16b
derrocar – stürzen **AB12** 8
derrotar – besiegen **12** A 3a
desacostumbrado/-a (a) – nicht gewohnt (zu) **AB12** 14a
desafío *(m)* – Herausforderung **AB11** 17
desaforado/-a – gewaltig, rasant **AB8** 13a
desagradar – missfallen **7** MR 1
desaliento *(m)* – Mutlosigkeit, Schwäche **AB10** 17a
desamor *(m)* – Lieblosigkeit **10** E a
desánimo *(m)* – Niedergeschlagenheit **10** B 6b
desaprovechar – versäumen, sich entgehen lassen **AB9** 8a
desbordar – überfluten **AB8** 14
descarado/-a – dreist **11** B 7c
descarga *(f)* – Herunterladen, Download **11** POR c
descaro *(m)* – Unverfrorenheit **AB10** 16b
descender – sinken, absteigen **9** MR 5
descenso *(m)* – Rückgang **AB11** 17
descongestión *(f)* – Verkehrsberuhigung **AB8** 13a
desconocer – nicht wissen **AB7** 1c
desconocimiento *(m)* – Unkenntnis **7** A 1c
descuento *(m)* – Preisnachlass **11** POR c
desdén *(m)* – Verachtung **7** CU b
desembolso *(m)* – Zahlung, Auszahlung **12** B 6e
desempeñar – ausführen, ausüben **9** B 7c
desempeño *(m)* – Leistung **8** A 2a
desempleado/-a *(m/f)* – Arbeitslose/r **8** B 6a
desencadenar – auslösen **8** A 4a
desequilibrio *(m)* – Ungleichgewicht **AB12** 10a
desertización *(f)* – Verödung **AB11** 7a
desesperar – zur Verzweiflung bringen **7** A 4a
desfase horario *(m)* – Jetlag **AB10** 18b
desfilar – defilieren, vorbeischreiten **AB12** 16b
desfocalizar – in den Hintergrund stellen **AB8** 7a
desgracia *(f)* – Unglück **AB12** 7b
desierto/-a – unbewohnt **AB10** 7
designar – bezeichnen **8** B 6a
desinterés *(m)* – Desinteresse **AB9** 16a
desinteresado/-a – desinteressiert **AB9** 16a
desmesuradamente – übermäßig **10** A 3b
desnutrición *(f)* – Unterernährung **12** A 5b
despacho *(m)* – Büro **7** A 2a
despacio – langsam **7** A 4a
despecho *(m)* – Verärgerung, Groll **10** B 8c
despegue *(m)* – Aufschwung **AB11** 17
despertador *(m)* – Wecker **AB12** 4a
despertar – wecken **9** B 8a
desprenderse – entnehmen **12** B
desprovisto/-a (de) – ohne **AB8** 9
desquiciado/-a – irrsinnig **11** A 2a
destacable – erwähnenswert **AB8** 10
destacado/-a – führend **AB11** 1a
desternillarse de la risa – sich kranklachen **AB10** 10a
destinatario/-a *(m/f)* – Empfänger/in **AB9** 19a
destructivo/-a – zerstörerisch **AB9** 3
desvaído/-a – blass **AB10** 9a
desvelar – enthüllen **AB8** 1b
desviarse (de) – abweichen (von) **AB8** 10
deterioro *(m)* – Verschlechterung **AB8** 13a
deuda *(f)* – Schuld, Verpflichtung **AB10** 6
devastador/a – verheerend **8** A 4a
dibujante *(m/f)* – Illustrator/in **10** A 1a
diferir – abweichen **AB12** 12a
difusión *(f)* – Verbreitung **AB8** 1a
dilapidación *(f)* – Verschwendung **7** CU b
diminuto/-a – sehr klein, winzig **AB10** 9a
director/a ejecutivo/-a *(m/f)* – Geschäftsführer/in **9** A 5b
discapacitado/-a – behindert **11** A 2a
discrepar (con) – abweichen (von), nicht übereinstimmen (mit) **8** B 7c
discurso del odio *(m)* – Hassrede **AB8** 8c
diseñar – designen; *auch:* entwickeln **AB9** 8a
disforme – missgestaltet **11** A 5a
disimuladamente – heimlich, unauffällig **AB10** 9a
disonancia *(f)* – Missverhältnis, Unstimmigkeit **7** CU b
disposición *(f)* – Verfügbarkeit **7** A 2a
distinguirse – sich hervortun **7** POR
distribuir – vertreiben **AB10** 2b
disuadir – abhalten, verhindern **AB8** 13a
diversificado/-a – vielfältig **AB10** 15b
diversión *(f)* – Vergnügen **AB10** 4
divino/-a – göttlich **10** B 7b
división de poderes *(f)* – Gewaltenteilung **AB12** 1a
divorcio *(m)* – Scheidung **12** CU c
divulgación científica *(f)* – populärwissenschaftliche Literatur **10** POR a
divulgativo/-a – informativ **AB7** 1c
doblada: (película) ~ *(f)* – Synchronfassung **AB11** 2
documental *(m)* – Dokumentarsendung **8** POR
dominio *(m)* – Vorherrschaft **11** POR c
dotado/-a (de) – versehen (mit), ausgestattet (mit) **8** A 2a
dron *(m)* – Drohne **9** A 2c
dueño/-a *(m/f)* – Inhaber/in **AB9** 2

E

echar una mano – zur Hand gehen, helfen **AB7** 2
edición *(f)* – Ausgabe **AB7** 1c
edificante – erbaulich, aufschlussreich **11** A 6a
editar – bearbeiten, herausgeben **AB10** 2b
editor/a *(m/f)* – Redakteur/in **8** A 4a
editor/a *(m/f)* – Verleger/in **10** A 2b
editorial *(m)* – Leitartikel **8** A 4a
efectuar – durchführen **7** E b
elaborado/-a – fertig- **9** MR 1a

electromecánico/-a – elektromechanisch **9** MR 4
elenco *(m)* – Besetzung **AB11** 4a
elocuente – aussagekräftig **11** B 7c
embajada *(f)* – Botschaft **9** CU b
embarazada – schwanger **10** B 7b
embuste *(m)* – Schwindel **AB10** 1a
emergente – entstehend **AB10** 18b
emerger – auftauchen **AB12** 14a
empatía *(f)* – Empathie **7** B 7e
empeoramiento *(m)* – Verschlechterung **AB8** 13c
empeorar – verschlechtern **12** B 6e
empresarial – Unternehmens- **7** POR
en el marco de – im Rahmen von **7** CU b
en el seno de – im Rahmen von, innerhalb **AB11** 4a
en función de – entsprechend, aufgrund **7** CU b
en línea – online **AB10** 15b
en sentido opuesto – in entgegengesetzter Richtung **AB11** 4a
enamoramiento *(m)* – Verliebtheit **10** B 8c
encabezar – anführen **AB8** 6a
encajar – passen **AB8** 15
encargado/-a *(m/f)* – Verantwortliche/r **AB9** 2
encarnación *(f)* – Verkörperung **7** CU b
encarnar – verkörpern **AB11** 3a
encerrarse – sich einschließen **11** CU a
encogerse – sich zusammenziehen **11** B 11a
encomendar – übertragen, anvertrauen **AB9** 20a
enderezado/-a – aufrecht **9** B 9
enérgico/-a – energisch, tatkräftig **AB9** 15a
enfado *(m)* – Verärgerung **AB10** 16a
enfatizar – hervorheben **8** MR 4a
enfoque *(m)* – Ansatz, Konzept **8** B 5b
enfrentarse – gegenüberstehen **8** B 6b
englobar – zusammenfassen **7** CU b
enjambre *(m)* – Bienenschwarm **10** MR 2
enlazado/-a – verbunden **AB12** 14a
enriquecimiento *(m)* – Bereicherung **9** B 8a
enrojecer – röten **AB10** 14
ensañamiento (con) *(m)* – Grausamkeit (gegenüber) **AB11** 4a
ensayar – proben **10** A 3b
entradilla *(f)* – Vorspann **AB8** 6a
entregado/-a – begeistert **AB8** 8b
entretenido/-a – unterhaltsam, lustig **10** POR c
entretenimiento *(m)* – Unterhaltung **8** POR
entrevistador/a *(m/f)* – Person, die das Bewerbungsgespräch führt **9** B 9
entusiasta – enthusiastisch **AB11** 1c
enumeración *(f)* – Aufzählung **AB12** 9c
envejecer – altern **AB12** 13a
envidia *(f)* – Neid **AB10** 16a
envuelto/-a – verwickelt **AB8** 3b
epígrafe *(m)* – Abschnitt, Rubrik, Überschrift **12** B 6e
epopeya *(f)* – Epos **AB11** 4a
equidad *(f)* – Gerechtigkeit, Fairness **8** CU b
equipación *(f)* – Ausrüstung **8** A 2a
equivocado/-a – falsch; *auch:* die es nicht verdienen **AB12** 13b
escalafón *(m)* – Bewertungsskala **AB11** 8a
escalerilla *(f)* – Steigleiter **AB10** 9a
escalofrío *(m)* – Schauder **11** B 10d
escándalo *(m)* – Skandal **AB8** 13a
escáner *(m)* – Scanner **AB10** 18a
escapar – entgehen **7** A 1c
escepticismo *(m)* – Skepsis **AB7** 13a
escolar *(m/f)* – Schüler/in **8** B 6d
escolarización *(f)* – Schulbildung **12** B 7a
escorpión *(m)* – Skorpion **10** CU
escrito *(m)* – Schrift(stück) **8** A 4b
escrúpulo *(m)* – Skrupel **11** A 2a
escultura *(f)* – Skulptur **AB10** 12
esencialmente – im Wesentlichen **AB12** 13a
esforzarse – sich bemühen, sich anstrengen **7** A 4c
espantado/-a – entsetzt, erschrocken **11** A 3b
espiar – heimlich beobachten **AB10** 9a
esponja *(f)* – Schwamm **AB10** 16b
espontáneo/-a – spontan **AB9** 17
esquema *(m)* – Schema, Struktur **AB7** 17a
estacionado/-a – stationiert **AB8** 1b
estadía *(LA) (f)* – Aufenthalt **7** CU b
estallar – ausbrechen *(Krieg)* **AB11** 4a
estamental – ständisch **AB12** 1a
estándar *(m)* – Standard **AB10** 18a
estandarización *(f)* – Standardisierung **AB12** 10a
estar condicionado/-a – konditioniert sein, abhängig sein **AB8** 15
estar molesto/-a (con) – verärgert sein (über) **AB8** 3b
estar sin blanca – blank sein, pleite sein **AB7** 10
estatua *(f)* – Statue **AB10** 16b
estimular – stimulieren **AB8** 12
estreno *(m)* – Premiere **AB9** 3
estrofa *(f)* – Strophe **10** B 8a
estropearse – kaputtgehen **AB9** 10
estupor *(m)* – Staunen **10** A 3b
euforia *(f)* – Euphorie **AB10** 16a
eutanasia *(f)* – Euthanasie **8** PR a
evaluación *(f)* – Bewertung **AB7** 17a
exagerar – übertreiben **AB8** 15
exceso *(m)* – Übermaß **AB7** 17c
exclusión *(f)* – Ausgrenzung **8** B 5b
exhaustivo/-a – gründlich, ausführlich **7** MR 5b
exhibir – zeigen, vorführen **11** POR
éxito de taquilla *(m)* – Kinohit, Kassenerfolg **AB11** 8a
exitoso/-a – erfolgreich **7** CU b
expectativa *(f)* – Erwartung **9** B 10c
experiencia del cliente *(f)* – Kundenerfahrung, -erlebnis *(Customer-Experience)* **9** A 1b
experimentación animal *(f)* – Tierversuch **AB12** 12a
exponencial – exponentiell **AB8** 14
exportación *(f)* – Export **12** B 6e
exposición *(f)* – Aussetzung **AB10** 12
expositivo/-a – erläuternd **9** POR
expresión corporal *(f)* – Körpersprache **9** PR c
expresivo/-a – ausdrucksstark **10** B 8a
exprimir al máximo – alles herausholen **9** CU b
expropiar – enteignen **AB8** 7b
expulsión *(f)* – Vertreibung **7** CU b
éxtasis *(m)* – Extase **10** A 3b
extendido/-a – verbreitet **9** A 2c
extinción *(f)* – Aussterben **9** A 2
extracurricular – außerhalb des Lehrplans **7** A 3c
extraer – abbauen, gewinnen **AB9** 9a
extrañar – vermissen **AB12** 16b

F

fabricación *(f)* – Herstellung **AB9** 9a
facturación *(f)* – Gepäckaufgabe; *auch:* Umsatz **AB10** 18b, **AB11** 17
falsear – (ver)fälschen **8** CU c
falta de ánimo *(f)* – Antriebsschwäche **AB10** 17a
fama *(f)* – Berühmtheit **11** B 10a
fantasma *(m)* – Phantom, Gespenst **10** A 4b
favorable – günstig **AB12** 11
feria del libro *(f)* – Buchmesse **10** A 2b
ficción *(f)* – Fiktion, Erzählliteratur **8** CU c
fidedigno/-a – glaubwürdig **AB10** 15b
fiel – treu **10** A 3b
figura retórica *(f)* – rhetorische Figur **10** B 8a

figurar en – enthalten sein, zählen zu **10** A 3b
filtrar – durchsickern **10** A 3b
firmar – unterschreiben **7** B 5a
firmeza *(f)* – Stabilität **AB8** 13a
fiscal – steuerlich **AB11** 17
flojo/-a – schwach **AB9** 17
floreciente – florierend **9** A 4b
fluidez lingüística *(f)* – Flüssigkeit beim Sprechen **7** POR b
flujo *(m)* – Zustrom **7** CU a
forestal – Wald- **9** MR 4
formación humanista *(f)* – humanistische Bildung **7** POR
formativo/-a – Bildungs- **9** B 6a
fortaleza *(f)* – Stärke; *auch:* Festung **9** B 10c, **10** A 1a
forzar – zwingen **AB11** 4a
fracaso *(m)* – Scheitern, Versagen **8** B 7c
fragmentar – fragmentieren **AB8** 10
fraile *(m)* – Mönch **AB12** 14a
francofilia *(f)* – Frankophilie **AB11** 1c
fraude *(m)* – Betrug **9** A 1b
fraudulento/-a – betrügerisch **11** A 6a
frialdad *(f)* – Gefühlskälte **AB11** 4a
fructífero/-a – fruchtbar **11** B 7c
frutos esperados *(m Pl)* – erwartete Ergebnisse **AB8** 13a
fuego *(m)* – Feuer **10** CU
fundador/a *(m/f)* – Gründer/in **9** A 4b
fundamentar – begründen **10** POR c
furia *(f)* – Wut **10** B 8c

G

galardón *(m)* – Auszeichnung, Preis **AB9** 6c
galleta *(f)* – Cracker **AB9** 4d
ganadería *(f)* – Viehzucht **9** MR 1b
ganado *(m)* – Vieh **8** A 2a
generar – erzeugen **8** PR a
gesticular – gestikulieren **9** B 9
gestión de eventos *(f)* – Event-Management **9** MR 1b
gestor/a – Manager/in **12** B 7b
gimnasta *(m/f)* – Turner/in **AB11** 1c
gira promocional *(f)* – Werbetour **AB8** 6a
globo *(m)* – Sprechblase **10** B 6a
gorra *(f)* – Mütze, Kappe **8** A 2a
gozar – genießen **12** CU c
gráfica *(f)* – Grafik **11** POR a
gratitud *(f)* – Wertschätzung **9** B 8a
gritar – schreien **AB11** 16a
guardar – (ab)speichern **AB8** 5a
guionista *(m/f)* – Drehbuchautor/in **11** A 5b

H

hacer cola – Schlange stehen **AB8** 4a
hacer falta – nötig sein **7** A 2d
hacer hincapié (en) – Nachdruck legen (auf) **AB8** 13b
hacer tambalearse – ins Wanken bringen **AB11** 4a
hacerse a la mar – in See stechen **AB12** 14a
hachís *(m)* – Haschisch **11** A 2a
hallar – finden **AB12** 14a
hecho delictivo *(m)* – Straftat **AB8** 1b
heredar – erben **AB12** 6
héroe/heroína *(m/f)* – Held/in **10** B 5a
hidratarse – sich mit Flüssigkeit versorgen **8** A 2a
hígado *(m)* – Leber **AB9** 4c
hilaridad *(f)* – Heiterkeit **AB11** 6
hinchazón *(f)* – Schwellung **10** B 7b
hispanofilia *(f)* – Hispanophilie **AB11** 1c
historieta *(f)* – Cartoon, Comic-Strip **AB10** 11a
historieta gráfica *(f)* – Comic **AB10** 11a
historietista *(m/f)* – Comiczeichner/in **AB10** 13a
homenaje *(m)* – Hommage, Ehrung **10** A 1a
homicidio *(m)* – Mord **AB8** 1b
homogeneización *(f)* – Vereinheitlichung **AB12** 10a
homónimo/-a – gleichnamig **AB8** 6a
honestidad *(f)* – Aufrichtigkeit, Ehrlichkeit **AB9** 15a
horario de consulta *(m)* – Sprechstunde **7** A 2a
hostelero/-a *(m/f)* – Gastwirt/in **AB8** 13a
hostil – feindselig **12** A 5b
huérfano/-a *(m/f)* – Waise/-in **AB12** 6
huir – fliehen **AB10** 7c
humanizado/-a – vermenschlicht, in menschlicher Gestalt **9** MR 4
humilde – bescheiden **AB9** 16a
hundir – versenken **12** A 1a

I

I+D+i – Forschung und Entwicklung **9** MR 1b
iconoclasta *(m/f)* – Ikonoklast/in, Bilderstürmer/in **AB11** 1c
idear – erfinden, entwickeln **AB9** 6d
iluminación *(f)* – Beleuchtung **11** B 7a
Ilustración *(f)* – (Zeitalter der) Aufklärung **12** A 1a
ilustrar – illustrieren, veranschaulichen **8** E c
ilustre – hochrangig **11** B 7c
impaciencia *(f)* – Ungeduld **AB10** 16a
impaciente – ungeduldig **AB9** 6c
impactante – schockierend **8** A 4a
imparcialidad *(f)* – Unparteilichkeit **8** CU b
impartir – erteilen **7** B 5a
imperativo/-a – zwingend notwendig **AB8** 13a
implacablemente – unerbittlich **8** CU c
implementar – umsetzen, durchführen **8** B 5b
implicación *(f)* – Einbeziehung **AB7** 8
implicarse – sich einbringen **9** B 8a
imponer – auferlegen, verhängen **AB8** 8c
importación *(f)* – Import **12** B 6e
impregnarse (de) – sich vollsaugen (mit) **11** B 8d
imprenta *(f)* – Buchdruck **AB9** 6a
impreso *(m)* – Druckerzeugnis **8** PR a
impuntualidad *(f)* – Unpünktlichkeit **AB9** 16a
in situ – vor Ort **8** A 4a
inauguración *(f)* – Eröffnung, Einweihung **AB8** 3b
incendio *(m)* – Feuer, Brand **AB11** 4a
incentivar – fördern, einen Anreiz schaffen **AB10** 4
incentivo *(m)* – Anreiz **AB11** 17
incipiente – beginnend **AB8** 13a
inciso *(m)* – Bemerkung, Einschub **8** MR 4a
inclinar – neigen **9** B 9
inclinarse por – neigen zu **7** POR a
inclusión *(f)* – Eingliederung **8** B 5b
incomodidad *(f)* – Belästigung, Unannehmlichkeit **AB8** 13a
incorregible – unverbesserlich **AB11** 1b
incremento *(m)* – Zunahme **12** B 6e
incumplimiento *(m)* – Nichterfüllung **AB8** 7b
incursión *(f)* – Eindringen **11** B 7c
indefinido/-a – unbefristet **9** A 4b
indignación *(f)* – Empörung **AB10** 16a
indignar – verärgern, empören, zornig machen **7** A 4d
indiscriminado/-a – wahllos, willkürlich **AB8** 7b
indiscutible – unbestritten **AB9** 8a
indispensable – unerlässlich, unverzichtbar **7** A 1a
indudablemente – zweifellos **AB8** 9
industria 4.0 *(f)* – Industrie 4.0 **9** A 1a
inencontrable – unauffindbar **AB12** 14a
inesperadamente – unerwartet **AB8** 5b
inexplicablemente – unerklärlicherweise **AB7** 16a
infantil – Kinder- **10** A 2d

infinito/-a – unendlich (groß) **AB10** 16b
infografía *(f)* – Infografik **8** B 5b
Ingeniería Económica – Wirtschaftsingenieurwesen **AB9** 19b
Ingeniería Mecánica *(f)* – Maschinenbau **AB7** 1a
ingenioso/-a – einfallsreich **10** B 5a
ingenuo/-a – arglos, naiv **11** A 6a
inhóspito/-a – unwirtlich **AB11** 4a
injusticia *(f)* – Ungerechtigkeit **10** B 5a
inmobiliario/-a – Immobilien- **AB8** 13a
inmovilizar – lähmen **AB10** 12
innato/-a – angeboren **AB11** 15
innegable – unbestritten **9** MR 4
inquietante – besorgniserregend **AB9** 3
inquietar – beunruhigen **11** A 2a
insaciable – unersättlich **AB12** 14a
inserción *(f)* – Eingliederung **12** B 6e
insólito/-a – ungewöhnlich **AB10** 10a
insomnio *(m)* – Schlaflosigkeit **AB8** 12
insospechado/-a – unerwartet **10** MR 2
instalación *(f)* – Einrichtung **7** A 1a
instalar – einrichten **9** A 5c
instalarse – sich niederlassen **11** A 2a
instante *(m)* – Augenblick **10** PR c
insustituible – unersetzbar **AB9** 1c
integrante *(m/f)* – Mitglied **AB9** 17
inteligencia artificial *(f)* – künstliche Intelligenz **9** A 1a
intenso/-a – stark **AB10** 17a
interactuar – interagieren **AB10** 3
interconectado/-a – miteinander verbunden **AB12** 14a
interés *(m)* – Zins(en) **12** B 6e
interminable – endlos **AB10** 1a
internacionalización *(f)* – Internationalisierung **7** POR
internado *(m)* – Internat **AB10** 7c
interno/-a *(m/f)* – Internatsschüler/in **AB10** 7c
intimidado/-a – verschüchtert **AB9** 15a
intrínsecamente – innewohnend **AB8** 15
inundación *(f)* – Überschwemmung **8** A 1a
inundado/-a – überschwemmt **8** A 1b
invadir – eindringen (in) **9** B 9
inversionista *(m/f)* – Investor/in **AB8** 7b
investigación y desarrollo – Forschung und Entwicklung **9** MR 1b
inviabilidad *(f)* – Undurchführbarkeit **AB8** 7b
involucrar – einbeziehen **12** MR 3
involuntariedad *(f)* – Unfreiwilligkeit **12** B 8b
ira *(f)* – Zorn **10** B 6b
irritabilidad *(f)* – Reizbarkeit **AB9** 18a
irrupción *(f)* – Durchbruch **AB8** 10

J

jalonar – säumen, kennzeichnen **11** B 7c
jamás – niemals **10** A 2b
jerárquico/-a – hierarchisch **9** CU b
jerarquización *(f)* – Hierarchisierung **AB12** 1a
juicio valorativo *(m)* – Werturteil **8** CU d
juventud *(f)* – Jugend **11** A 2a

L

laberinto *(m)* – Labyrinth **10** CU
laguna *(f)* – Lücke **10** A 3b
lagunar – lückenhaft **10** A 3b
lamentablemente – bedauerlicherweise **8** A 4a
lamentarse – sich beklagen **9** CU b
lancha *(f)* – Boot **11** A 2a
lapso *(m)* – Zeitraum, Zeitspanne **10** A 3b
largometraje *(m)* – Spielfilm, Kinofilm **AB11** 3a
latido *(m)* – Schlag **11** B 11a
lazo *(m)* – Bindung **9** CU b
letargo *(m)* – Lethargie **10** MR 2
Letras *(f, Pl)* – Geisteswissenschaften **7** B 5a
levantamiento *(m)* – Aufstand – 1b
libreto *(m)* – Textbuch, Libretto **AB11** 8a
ligado/-a (a) – verbunden (mit) **AB12** 6
limeño/-a – aus Lima **7** B 9a
línea de comunicación *(f)* – Kommunikationsweg **AB12** 14a
localizado/-a – lokal, eingegrenzt **AB8** 13a
lodo *(m)* – Schlamm **8** A 1b
lomo *(m)* – Rücken **AB12** 14a
Lovaina – Leuven *(Stadt in Belgien)* **7** B 9c
lucha *(f)* – Kampf **11** A 2a
ludoteca *(f)* – Spielothek **AB11** 1c

M

madre soltera *(f)* – alleinerziehende Mutter **10** MR 4
magistral – Master-, Meister- **AB7** 5a
majo/-a – nett, sympathisch **AB10** 5
malestar *(m)* – Unbehagen **AB8** 13a
maltratado/-a – misshandelt **12** B 7b
maltrecho/-a – angeschlagen **7** CU b
manco/-a – einarmig **10** MR 4
mando (remoto) inalámbrico *(m)* – Funkfernbedienung **AB12** 15a
manipulación genética *(f)* – Genmanipulation **9** A 1a
manipulado/-a – manipuliert **8** POR
mano de obra *(f)* – Arbeitskraft **9** POR b
manual – manuell **9** POR b
manual *(m)* – Handbuch **10** POR a
manufacturero/-a – verarbeitend **AB12** 14a
máquina de vapor *(f)* – Dampfmaschine **9** A 1a
marcador *(m)* – Marker, Markierung **AB7** 17c
margen *(m)* – Rand **AB7** 17c
marginado/-a – ausgegrenzt **12** B 7b
Marte *(m)* – Mars *(Planet)* **AB7** 2
masificación *(f)* – Überfüllung **AB8** 13a
materia prima *(f)* – Rohstoff **9** MR 1a
matrícula de honor – Auszeichnung **AB7** 12a
matriculación *(f)* – Immatrikulation, Einschreibung **7** A 3a
matricularse – sich immatrikulieren, sich einschreiben **AB7** 12a
mecanización *(f)* – Mechanisierung **9** A 1a
media pensión *(f)* – Halbpension **7** E b
medio de transmisión *(m)* – Übertragungsmedium **8** B 5b
memorial *(m)* – Bittschrift **8** CU c
mental – psychisch **9** A 1b
mentira *(f)* – Lüge **AB10** 1a
mercantilización *(f)* – Kommerzialisierung **7** CU b
mercromina *(f)* – Jod **AB10** 9a
mero/-a – bloße(-r,-s) **7** CU b
mesa redonda *(f)* – Diskussionsrunde **AB10** 2a
meterse – stecken **AB7** 16b
microrrelato *(m)* – *Flash Fiction*; Kürzestgeschichte **10** POR
milagro *(m)* – Wunder **AB10** 11a
milenario/-a – tausendjährig **11** A 5a
minería *(f)* – Bergbau **8** A 4a
mirada *(f)* – Blick **9** B 9
miseria *(f)* – Elend **AB12** 8
mitin *(m)* – Sitzung, Meeting **AB10** 18a
moderador/a *(m/f)* – Moderator/in **8** PR b
moderar – moderieren **8** B 7c
modestia *(f)* – Bescheidenheit **AB7** 10
monitor/a *(m/f)* – Leiter/in **9** PR a
monoparental – mit nur einem Elternteil **10** MR 4
monstruoso/-a – ungeheuerlich **11** B 11a
morirse de risa – sterben vor Lachen **AB10** 10a
mortalidad *(f)* – Sterblichkeit(srate) **AB12** 10c
mover los hilos – die Fäden ziehen **11** A 2a
mudanza *(f)* – Umzug **AB10** 9a
muelle comercial *(m)* – Handelskai **AB11** 12

mula *(f)* – Maultier, Maulesel **AB12** 14a
multitudinario/-a – Massen- **8** CU c
mundialización *(f)* – Globalisierung **AB12** 11
mundo empresarial *(m)* – Geschäftswelt **7** POR
muñeco/-a *(m/f)* – Puppe **AB10** 5
musgo *(m)* – Moos **AB10** 9a
mutuo/-a – gegenseitig **11** B 7c

N

narcotráfico *(m)* – Drogenhandel **8** B 6a
nativo/-a – einheimisch, gebürtig **AB7** 17d
naufragar – Schiffbruch erleiden **9** A 5d
naval – Schiffs- **AB12** 14a
navío *(m)* – Schiff **AB11** 4a
nefasto/-a – verheerend **AB12** 6
negar – verneinen **10** A 2b
negocio turístico *(m)* – Fremdenverkehrsgewerbe **AB8** 13a
neoyorquino/-a – New Yorker **AB8** 6a
neumático *(m)* – Reifen **8** A 2a
Neurociencia *(f)* – Neurowissenschaft **AB12** 3c
nexo *(m)* – Verbindung **AB12** 14a
nieto/-a *(m/f)* – Enkel/in **9** MR 3b
niño/-a prodigio *(m/f)* – Wunderkind **10** A 3b
no carente de – nicht ohne **11** A 6a
nocturno *(m)* – Nocturne *(Musik)* **10** A 3b
notable – bemerkenswert **7** CU b
noticiero *(m)* – Nachrichtensendung **8** POR
novela gráfica *(f)* – Comic-Roman **10** B 6a
novela negra *(f)* – Krimi, Kriminalroman **10** POR a
nube *(f)* – Wolke; *auch:* Cloud **7** B 5a
numerar – nummerieren **AB10** 13b

O

objeción *(f)* – Einwand **12** B 6d
obligación *(f)* – Verpflichtung **AB8** 7b
obligado/-a – verpflichtet **AB8** 13a
obsoleto/-a – veraltet, überholt **AB12** 14a
obtención *(f)* – Erlangung **7** A 3a
obviar – ignorieren **9** CU b
ocupación *(f)* – Beruf, Beschäftigung **8** A 2a
ocurrencia *(f)* – Auftreten **AB8** 7a
odio *(m)* – Hass **10** B 8c
odisea *(f)* – Odyssee **8** CU c
oferta y la demanda *(f)* – Angebot und Nachfrage **AB12** 1a
oficina estadística *(f)* – Statistikamt **AB8** 9
ola *(f)* – Welle **11** A 2a
ONG (organización no-gubernamental) *(f)* – NGO (Nichtregierungsorganisation) **AB8** 8c
ONU (Organización de las Naciones Unidas) *(f)* – UNO (United Nations Organization) **9** A 5d
operador/a *(m/f)* – Reiseveranstalter/in **AB8** 13a
operar – tätig sein **11** MR 1c
oportuno/-a – angebracht **7** MR 1
oración principal *(f)* – Hauptsatz **7** A 1a
oración subordinada *(f)* – Nebensatz **7** A 1a
oral – mündlich **7** B 5a
oralidad *(f)* – Mündlichkeit **8** A 4b
orfanato *(m)* – Waisenhaus **11** A 2a
orientar – orientieren; *auch:* beraten **7** A 2a
oscurecer – dunkel werden **AB11** 16a
otorgar – verleihen **AB9** 6c
oveja *(f)* – Schaf **12** A 5b
oyente *(m/f)* – Zuhörer/in **10** B 7b

P

país desarrollado *(m)* – Industriestaat **AB9** 9a
país en vía de desarrollo *(m)* – Entwicklungsland **AB10** 12
paliacate *(m)* – *großes buntes Kopf- oder Halstuch* **8** A 2a
paliar – mildern, lindern **AB8** 13a
palma *(f)* – Handfläche **9** B 9
panel *(m)* – Podiumsdiskussion **10** A 1a
pantalla *(f)* – Bildschirm; *auch:* Leinwand **11** POR
par – gerade *(Zahl)* **AB7** 14b
parado/-a *(m/f)* – Arbeitslose/r **9** B 6b
paralización *(f)* – Stillstand, Lähmung **12** A 1a
parcial – Teil- **7** B 5a
parecer *(m)* – Meinung **9** MR 2
paro *(m)* – Arbeitslosigkeit **AB8** 9
partitura *(f)* – Partitur **10** A 3b
pasaje *(m)* – Passage, Stelle **11** A 6a
pasajero/-a *(m/f)* – Passagier/in **AB8** 4a
pasajero/-a – vorübergehend **AB10** 17a
pasarela *(f)* – Laufsteg **AB12** 16b
pasatiempo *(m)* – Hobby, Zeitvertreib **AB10** 17a
pataleo *(m)* – Trampeln **10** A 3b
patineta *(f)* – Skateboard **10** B 7b
patriarcal – patriarchalisch **12** B 7a
pegadizo/-a – einprägsam **11** B 7b
pegado/-a a la pantalla – vor dem Bildschirm kleben **AB12** 4b
pelado/-a – glatt **AB7** 12a
pelea *(f)* – Streit **AB11** 10
película de animación *(f)* – Zeichentrickfilm **AB11** 14a
película del oeste *(f)* – Western **11** A 1a
película taquillera *(f)* – Kinohit, Kassenerfolg **11** A 1a
pelos del cogote *(m Pl)* – Nackenhaare **11** B 11a
pena *(f)* – Kummer **AB10** 17a
penetración *(f)* – Eindringen **11** A 2a
península *(f)* – Halbinsel **AB8** 8b
penoso/-a – schmerzlich **AB10** 6
pensión completa *(f)* – Vollpension **7** E b
penuria *(f)* – Not **AB12** 14a
pequeñas y medianas empresas *(f Pl)* – kleine und mittlere Unternehmen **AB12** 11
percatarse (de) – sich bewusst werden **8** CU c
pereza *(f)* – Faulheit **AB9** 16a
periódico/-a – regelmäßig **9** A 5b
periodístico/-a – journalistisch, Zeitungs- **8** A 1
periplo *(m)* – Reise **10** CU
permiso de residencia *(m)* – Aufenthaltsgenehmigung **AB11** 9a
perplejidad *(f)* – Perplexität, Verblüffung **10** B 6b
perseguido/-a – verfolgt **12** B 7b
perturbación *(f)* – Erschütterung **AB10** 17a
pesadilla *(f)* – Albtraum **AB11** 16a
pesado/-a – anstrengend, ermüdend **7** B 7b
PIB (producto interior bruto) *(m)* – BIP (Bruttoinlandsprodukt) **AB8** 13a
pilar *(m)* – Pfeiler **8** B 7c
pillar – erwischen **AB8** 3b
pincho *(m)* – USB-Stick **AB12** 15a
pinole *(LA) (m)* – *Getränk aus geröstetem Maismehl* **8** A 2a
piratería *(f)* – Piraterie **8** PR a
pista *(f)* – Laufbahn **AB8** 8b
planificación territorial *(f)* – Raumplanung, Raumordnung **8** A 4a
plano *(m)* – Ebene **AB10** 15a
plataforma de pago *(f)* – kostenpflichtige Plattform **8** POR
plaza hotelera *(f)* – *etwa:* Bettenanzahl **AB8** 13a
plegable – zusammenklappbar **AB8** 8a
población *(f)* – größere Ortschaft, Stadt **7** CU b

poblado *(m)* – Ortschaft **10** CU
poder optar (por) – Anspruch haben (auf) **AB7** 11
poesía *(f)* – Poesie **10** A 1a
poeta/poetisa *(m/f)* – Dichter/in **10** A 1a
policiaco/-a – Krimi- **10** B 5b
políglota *(m/f)* – Polygotte/r **7** CU b
ponencia *(f)* – Referat **7** MR 3
ponente *(m, f)* – Referent/in **7** MR 5b
poner de manifiesto – offenbaren, zum Ausdruck bringen **AB8** 1b
poner verde a alguien – schlecht über jemanden sprechen **9** CU b
ponerse al día – sich auf den neuesten Stand bringen **AB7** 16a
ponerse de punta – sich aufstellen B 11a
porrazo *(m)* – Schlag mit einem Knüppel **AB10** 10a
portátil *(m)* – Laptop **AB12** 15a
posgrado – postgradual, nach dem ersten Abschluss **7** CU b
posguerra *(f)* – Nachkriegszeit **10** CU
posicionar – positionieren **AB8** 6a
postrado/-a – liegend **11** A 2a
postura *(f)* – Standpunkt **8** PR f
potencia *(f)* – Macht **AB12** 14a
pradera *(f)* – Wiese, Weide **11** CU e
preceder (a) – vorangestellt sein, vorangehen **AB9** 9c
precio al por menor *(m)* – Einzelhandelspreis **AB8** 13a
precisar – benötigen **AB11** 14b
predilecto/-a – bevorzugt **AB10** 15b
predominantemente – hauptsächlich **8** B 5b
preludio *(m)* – Präludium **10** A 3b
prescindir (de) – verzichten (auf) **AB12** 14b
prescripción *(f)* – Rezept, Verordnung **AB10** 16b
presionar (sobre) – Druck ausüben (auf) **AB8** 13a
prestación de servicios *(f)* – Dienstleistung **AB9** 9a
prestar – leihen **7** A 2d
prestigioso/-a – renommiert **AB8** 6a
preventivo/-a – präventiv, vorbeugend **9** A 1b
previsible – vorhersehbar **11** E b
previsión *(f)* – Prognose **AB8** 10
primordialmente – vorwiegend **8** POR
priorizar – priorisieren **AB9** 9c
prismáticos *(m Pl)* – Fernglas **AB10** 9a
proactivo/-a – proaktiv, die Initiative ergreifend **AB9** 18a
pobreza *(f)* – Armut **8** B 7c
procedimiento *(m)* – Vorgehensweise **7** B 5a
proceso de selección *(m)* – Auswahlverfahren **9** B 10a
proclamación *(f)* – Bekanntgabe, Verkündung **AB12** 8
profesorado *(m)* – Lehrkörper **7** B 5a
programa de mentoría *(m)* – Mentorenprogramm **7** A 4a
progresión *(f)* – Fortschritt **AB8** 13a
progresista – fortschrittlich **12** CU c
promedio *(m)* – Durchschnitt **AB10** 15b
prometer – versprechen **AB10** 6
promover – propagieren, bewerben **AB8** 6a
pronunciar un discurso – eine Rede halten **9** A 5d
propagandístico/-a – propagandistisch **AB10** 11a
propagar – verbreiten **AB8** 10
propiciar – ermöglichen **AB9** 9a
proporcionar – liefern, (an)bieten **8** POR
provecho *(m)* – Nutzen **7** MR 3
proyección *(f)* – Projektion, Vorführung **AB11** 2
proyector *(m)* – Projektor, Beamer **AB12** 15a
prudencia *(f)* – Vorsicht **12** MR 2c
prueba *(f)* – Test **7** A 2a
publicación *(f)* – Veröffentlichung **AB8** 9
público *(m)* – Publikum **AB8** 8b
puesto que – da, weil **7** A 2a
puntero láser *(m)* – Laserpointer **AB12** 15a
puntuación *(f)* – Punktezahl **7** B 5a

Q

quedarse en papel mojado – ohne Wirkung bleiben **8** B 7c

R

racionalizar – rationalisieren **AB8** 13a
radiación *(f)* – Strahlung **AB10** 12
rapidez *(f)* – Schnelligkeit **AB8** 10
rasgo *(m)* – Merkmal **10** MR 2
ratón *(m)* – Maus *(Computer)* **AB12** 15a
reactivación *(f)* – Wiederbelebung **8** A 4a
reanudar – wieder aufnehmen **8** B 7c
reaparecer – wieder erscheinen **AB10** 11a
receptor/a *(m/f)* – Empfänger/in **11** B 7b
recetar – verordnen **AB10** 16b
recinto *(m)* – Gelände **AB7** 14b
recital *(m)* – Lesung **10** A 1a
recitar – vortragen **10** POR
recodo *(m)* – Kurve **10** MR 2
recomendable – empfehlenswert **7** A 3c
recompensar – entschädigen **AB8** 7b
reconciliarse – sich versöhnen **AB10** 1b
reconfortante – beruhigend, wohltuend **9** CU b
reconocible – erkennbar **11** A 6a
reconocimiento *(m)* – Anerkennung **7** A 1a
recreo *(m)* – Erholung, Freizeit **AB10** 17a
recriminar – vorwerfen, beschuldigen **AB8** 9
recto/-a – gerade **AB9** 15a
recualificación *(f)* – Umschulung **9** POR b
recurrente – wiederkehrend **AB7** 14a
recurso *(m)* – Mittel **7** A 2b
reemplazar – ersetzen **AB9** 1c
reformular – neu formulieren **9** MR 4
reforzar – bestärken **9** MR 4
refugiarse – Zuflucht finden **9** A 5b
regir – bestimmen, lenken **11** A 2a
regulación *(f)* – Regulierung **AB8** 13a
reírse a carcajadas – laut loslachen **AB10** 10a
remitir – (zu)senden **AB9** 19b
remontarse a – zurückreichen bis **AB10** 11a
remunerado/-a – bezahlt **8** B 5b
rendimiento *(m)* – Leistung **AB7** 8
renovable – erneuerbar **Abß** 9a
rentable – profitabel **AB8** 13b
repartir – verteilen **10** B 8b
repercusión *(f)* – Auswirkung **12** B 6e
repercutir – sich auswirken auf **AB9** 9a
repertorio *(m)* – Repertoire **10** A 3b
repliegue *(m)* – Rückzug **AB12** 14a
reponerse – sich erholen **8** MR 1b
reportar – erzielen **9** MR 4
reportear – berichten **8** CU b
reprimir – unterdrücken **AB8** 7b
reprobar *(LA)* – durchfallen lassen **8** A 4c
reputación *(f)* – Ansehen, Ruf **7** A 1a
requerir – erfordern **AB9** 8a
resaltar – hervorheben **AB11** 9a
rescate *(m)* – Rettung **AB8** 8c
reseña *(f)* – Zusammenfassung, Rezension **AB10** 15b
reseña crítica *(f)* – Kritik **11** POR
resfriado *(m)* – Erkältung **AB10** 1a
residente *(m/f)* – Bewohner/in **7** CU b
resignarse – sich fügen **AB10** 9a
resistencia *(f)* – Widerstandskraft **8** A 2a
resumen *(m)* – Zusammenfassung **9** B 10a
retención *(f)* – Behalten **AB12** 3c
retener – zurückhalten **11** A 2a

retirarse – in den Ruhestand gehen AB10 5
reto *(m)* – Herausforderung, schwierige Aufgabe 9 A 4b
retrasarse – sich verspäten 8 MR 1a
retrato *(m)* – Porträt AB10 11a
revelarse – sich herausstellen AB8 7b
revertir – umkehren, rückgängig machen AB8 13a
revisar – überarbeiten AB7 17a
revuelta *(f)* – Revolte AB12 1b
riada de barro *(f)* – Schlammlawine 8 A 1a
rígido/-a – steif 9 B 9
rigurosidad *(f)* – Strenge AB12 16b
riguroso/-a – streng, gewissenhaft AB8 10
rima *(f)* – Reim 10 B 8a
robótica *(f)* – Robotertechnik AB9 9a
robotización *(f)* – Robotisierung 9 A 1a
rodaje *(m)* – Dreharbeiten AB11 4a
rodar – drehen 11 B 10a
rodeo *(m)* – Ausflucht, Umschweife AB10 1a
rojo mercromina – Rotorange AB10 9a
rollo *(m)* – Langeweile 7 B 8a
rollo: ¡Un ~! – Wie langweilig! 7 B 7d
ronda de preguntas *(f)* – Fragerunde AB12 15b
rostro *(m)* – Gesicht 10 A 3b
rueda de prensa *(f)* – Pressekonferenz 10 A 2
rumor *(m)* – Gerücht AB8 10
ruptura *(f)* – Trennung 10 B 7b

S

sagrado/-a – heilig AB7 16a
sala *(f)* – Kinosaal 11 POR
salado/-a – salzig; *auch:* versalzen AB12 3c
saldo *(m)* – Saldo, Kontostand 12 B 6e
sargento *(m/f)* – Unteroffizier/in 10 CU
satírico/-a – satirisch AB10 11a
se me ha ido el santo al cielo – ich bin (in meiner Rede) steckengeblieben, ich habe den Faden verloren 8 MR 4a
secundario/-a – sekundär AB9 9a
sede central *(f)* – Hauptsitz AB9 2
seducción *(f)* – Verführung 10 B 8c
seducir – verlocken 7 CU b
seguido/-a – aufeinanderfolgend 8 A 4a
sello *(m)* – Markenzeichen 9 CU b
semejante – ähnlich AB10 6
semielaborado/-a – halbfertig- 9 MR 1a
señal *(f)* – Zeichen AB9 15a
sensacionalismo *(m)* – Sensationsmache, -gier AB9 3
sensibilización *(f)* – Sensibilisierung 9 B 8a
sensorial – sinnlich 10 B 8b
sentido del humor *(m)* – Sinn für Humor 10 B 5a
separación *(f)* – Unterteilung AB7 17c
servicio de alerta *(m)* – Benachrichtigungsdienst 8 POR
seudónimo *(m)* – Pseudonym 10 B 7b
sigla *(f)* – Abkürzung AB9 21
silvicultura *(f)* – Forstwirtschaft 9 MR 1b
simular – simulieren 9 PR
sin faltar a la verdad – ehrlich, ohne Missachtung der Wahrheit AB8 15
sin sobresaltos – ohne Probleme, reibungslos 11 A 2a
sinceridad *(f)* – Aufrichtigkeit, Ehrlichkeit AB10 7b
siniestro *(m)* – Unglücksfall AB8 1b
sintetizar – zusammenfassen AB8 15
sirena *(f)* – Meerjungfrau AB10 9a
sitio (web) *(m)* – Website 7 POR
situación de emergencia *(f)* – Notfall, Notsituation 8 A 1a
sobrehumano/-a – übermenschlich 10 B 5a
sobrenatural – übernatürlich 10 B 5a
sobrepeso *(m)* – Übergewicht AB10 9a
sobrepoblación *(f)* – Überbevölkerung 8 A 4c
sobreprotector/a – überfürsorglich AB7 5d
sobresaliente – Sehr gut (Note) 9 B 8a
sobresalir – herausragen 7 POR
sobrevenir – (plötzlich) eintreten 10 A 3b
socializar – Kontakte pflegen 9 CU b
socorrista *(m/f)* – Rettungsschwimmer/in 10 MR 2
sofisticado/-a – raffiniert 10 B 5a
solaz *(m)* – Erquickung, Vergnügen AB10 17a
Soldadera *(f)* – *Soldatin während der mexikanischen Revolution* AB10 7c
soledad *(f)* – Einsamkeit 10 B 8c
sólido/-a – solide, fest AB8 13c
someter – unterdrücken 12 A 5b
sonreír – lächeln AB10 9a
soporte *(m)* – Unterstützung 11 B 7b
sospechar – den Verdacht hegen 11 A 2a
sospechoso/-a *(m/f)* – Verdächtige/r 8 MR 2
sostener – unterhalten AB8 9
spot publicitario/-a *(m)* – Werbespot AB11 14b
startup (f) – Startup(-Unternehmen) 9 A 3a
suavizar – mildern 7 MR 2
subdividir – unterteilen 8 PR c
subestimar – unterschätzen AB8 12
subida *(f)* – Anstieg AB10 11a
subsidiado/-a – unterstützt 12 B 6e
subsistencia *(f)* – Lebensunterhalt 12 A 5b
substitución *(f)* – Ersetzung 7 CU b
subteniente *(m/f)* – Unterleutnant/in 10 CU
subtitulado/-a – untertitelt AB11 2
sucesivo/-a – aufeinanderfolgend 10 CU
suciedad *(f)* – Schmutz, Verschmutzung AB8 13a
sudar – schwitzen 11 B 10d
suela *(f)* – Sohle 8 A 2a
suicida – selbstmörderisch AB10 9a
sumar – sich belaufen auf 7 B 5a
suministrar – liefern AB9 19b
sumo/-a – höchste(-r,-s) 7 MR 3
supervisar – überwachen 9 A 1b
suplemento *(m)* – Beilage AB10 11a
suplir – ergänzen 11 B 8c
suposición *(f)* – Vermutung AB7 13a
suscripción *(f)* – Abonnement 8 POR
suspense/-o *(m)* – Spannung 11 A 1a
sustancial – wesentlich AB10 1a
sustentar – untermauern 12 B 6c
susto *(m)* – Schreck(en) AB8 12
susurrar – flüstern AB11 16a

T

tacañería *(f)* – Geiz AB9 16a
tardío/-a – spät AB9 2
tasa académica *(f)* – Studiengebühr 7 A 1a
tebeístico/-a – Comic- 10 B 8b
tebeo (TBO) *(m)* – Comic(-Magazin) AB10 11a
tecnología punta *(f)* – Spitzentechnologie AB9 9a
temblar – zittern 11 B 10d
temer – fürchten AB11 15
temor (a) *(m)* – Furcht (vor) AB11 15
tender (a) – neigen (zu) AB10 15b
tener vida para rato – sich lange halten können 10 A 2b
Tengo el agrado... – Ich freue mich, ... AB9 19b
tenis *(m Pl)* – Tennis-, Turnschuhe 8 A 2a
terciario/-a – tertiär AB9 9a
término *(m)* – Begriff 8 B 6a
ternura *(f)* – Zärtlichkeit, Warmherzigkeit 10 B 8c
terreno *(m)* – Grundstück AB8 7b
testimonio *(m)* – Zeugenaussage AB10 7c
tierno/-a – zärtlich AB11 16a
tira *(f)* – Comic-Strip 10 B 6a

tornaviaje *(m)* – Rückreiserute **AB12** 14a
torpemente – ungeschickt **AB10** 9a
torrencial – sintflutartig **8** MR 1a
tortura *(f)* – Folter **11** B 10a
torturado/-a – gefoltert **12** B 7b
trabajador/a de conocimiento *(m/f)* – Knowledge-Worker, Wissensfachkraft **9** A 4b
traficante *(m/f)* – Drogenhändler/in **11** A 2a
traición *(f)* – Verrat; *auch:* Untreue, Fremdgehen **8** MR 3
trama *(f)* – Handlung **11** A 3b
tramo *(m)* – Abschnitt **11** A 6a
tramo de edad(es) *(m)* – Altersklasse **9** B 6b
transformación *(f)* – Veränderung **7** CU b
transición *(f)* – Übergang zur Demokratie **AB10** 11a
transnacional – länderübergeifend **7** CU b
transportista *(m/f)* – Spediteur/in **9** A 2a
trascender – überschreiten, hinausgehen (über) **7** CU b
trasladar – verlagern, verlegen **8** A 4c
trastorno del sueño *(m)* – Schlafstörung **AB8** 12
trastos *(m Pl)* – Gerümpel **AB11** 9a
tratado *(m)* – Abkommen **12** PR
tribu *(f)* – Stamm **12** A 5b
tripulante *(m/f)* – Besatzungsmitglied **AB12** 14a
trivializado/-a – verharmlost **AB11** 7a
troncharse de la risa – sich totlachen **AB10** 10a
trono *(m)* – Thron **AB11** 10
truco *(m)* – Trick **9** A 5
tuit – Tweet **7** CU a
turismo de avalancha *(m)* – Massentourismus **AB8** 13a
turno de palabra *(m)* – Redezeit **8** PR b
turoperador/a *(m/f)* – Reiseveranstalter/in **AB8** 13b
tutoría *(f)* – Tutorenprogramm **7** A 3

U

ubicarse – sich befinden **AB8** 6a
unánime – einstimmig **10** A 3b
urbanizar – urbanisieren, verstädtern **8** A 4a
urbe *(f)* – Großstadt **AB12** 14a
usuario/-a *(m/f)* – Nutzer/in **AB9** 8a
utilero/-a *(m/f)* – Requisiteur/in **AB11** 11

V

vacante – frei, nicht besetzt **AB9** 19b
vacuna *(f)* – Impfstoff **AB12** 12a
vago/-a – faul **AB8** 9
valor añadido *(m)* – Mehrwert **AB8** 13a
variación *(f)* – Veränderung **9** B 6b
vasco/-a – baskisch **AB12** 14a
¡Vaya día! – Was für ein Tag! **7** B 7d
vaya faena – *etwa:* dumm gelaufen **AB8** 3b
¡Vaya paliza! – Wie anstrengend! **7** B 7d
venganza *(f)* – Rache **AB10** 16a
veracidad *(f)* – Richtigkeit **8** CU d
veraz – wahr **8** POR
versar (sobre) – sich beschäftigen (mit) **AB11** 4a
vertebrar – stützen **AB11** 7a
vestido/-a – gekleidet **12** A 5b
vestimenta *(f)* – Kleidung **8** A 2a
vestuario *(m)* – Kostüme **11** B 7a
viable – durchführbar **AB12** 14a
víbora *(f)* – Viper **AB10** 11a
víctima *(f)* – Opfer **AB8** 8b
vigencia *(f)* – Gültigkeit **AB11** 9a
vinculado/-a – verbunden **AB10** 11a
vinculado/-a (a) – verbunden (mit) **AB9** 9a
vínculo *(m)* – Verbindung **8** B 5b
viñeta *(f)* – (betextetes) Bild (Comic) **10** B 6a
violar – verletzen **8** CU c
violento/-a – heftig **AB10** 17a
virtud *(f)* – Tugend, gute Eigenschaft **AB11** 9a
virtudes *(f Pl)* – Vorzüge **AB8** 6a
vivaz – lebhaft **AB9** 15a
Vivir del cuento – Ein Lebenskünstler sein
volumen *(m)* – Lautstärke **11** A 5d
vulnerable – verwundbar, verletzlich **AB10** 12

W

wifi *(m)* – WLAN **AB7** 14b

Y

¿Y eso? – Was soll das? **7** B 7d

Z

zapear – zappen **AB10** 18a
zona de embarque *(f)* – Abflughalle, Einstiegsbereich **AB8** 4a

Cover: © Getty Images/E+/filadendron **Umschlagkarten:** © www.cartomedia-karlsruhe.de **S. 7:** von links nach rechts © Getty Images/iStock/Jonathan Friso, © Getty Images/Michael Ochs Archives, © Getty Images/iStock/bluejayphoto **S. 8:** © Getty Images/iStock Editorial/thehague **S. 9:** © joserpizarro - stock.adobe.com **S. 10:** © iStockphoto/Diego Cervo **S. 11:** © Thinkstock/Ciaran Griffin **S. 12:** © Lyudmyla V - stock.adobe.com **S. 13:** © Alexandr Chernyshov - stock.adobe.com **S. 15:** © Ed-Ni Photo - stock.adobe.com **S. 18:** Logo © darkovujic - stock.adobe.com, Foto © iStockphoto/LenaKozlova **S. 19:** © sebra - stock.adobe.com **S. 20:** von links nach rechts © picture alliance/EFE/Ernesto Arias, © Getty Images/iStock/bowdenimages, © picture alliance/AA/Sebastian Castaneda **S. 21:** © Getty Images/Herika Martinez **S. 22:** von links nach rechts © Thinkstock/iStock/monkeybusinessimages, © Thinkstock/iStock/agafapaperiapunta, © Thinkstock/iStock/DenKuvaiev **S. 24:** von oben © Getty Images/IStock Unreleased/Nikada, © Thinkstock/iStock/Daniel Ernst; Piktogramme von links nach rechts und oben nach unten: © Getty Images/DigitalVision Vectors/bubaone, © Thinkstock/iStock/PeterPal, © Thinkstock/iStock/PeterPal, © Getty Images/DigitalVision Vectors/bubaone, © Getty Images/DigitalVision Vectors/bubaone, © Thinkstock/iStock/Passakorn_14, © Getty Images/iStock/PeterPal **S. 26:** © Getty Images/E+/andresr **S. 30:** © Getty Images/Hulton Archive/Ulf Andersen **S. 31:** von links nach rechts © mauritius images/BSIP/AMELIE-BENOIST, © mauritius images/Cultura, © mauritius images/BSIP/AMELIE-BENOIST **S. 32:** © Getty Images/iStock/elenabs **S. 33:** © Getty Images/iStock/Eloi_Omella **S. 36** und **S. 37:** © the water van project **S. 42:** © djile - stock.adobe.com **S. 43:** Buchtitel von links nach rechts und oben nach unten "Frida Kahlo, Una biografía" de María Hesse, Editorial Lumen © www.megustaleer.com; "Mortadelo y Filemón", Editorial B © www.megustaleer.com; "El detective Carvalho" de Manuel Vázquez Montalbán, Editorial Planeta © Grupo Planeta; "Las gafas de la felicidad" de Rafael Santandreu, Editorial Grijalbo © www.megustaleer.com; "La muerte y otras sorpresas" de Mario Benedetti, Editorial Alfaguara © www.megustaleer.com; "Los versos del capitán" de Pablo Neruda, Editorial Austral © Grupo Planeta **S. 44:** © Getty Images/iStock/Lya_Cattel **S. 48:** Mafalda © www.megustaleer.com; ASTERIX®- OBELIX®- IDEFIX® / © 2017 LES EDITIONS ALBERT RENE / GOSCINNY – UDERZO; Tintin en América © Hergé/Moulinsart 2018 **S. 49:** Cómic "Virus tropical" de Paola Gaviria © GORBS EDICIONS SL **S. 50:** "Virus tropical" de Paola Gaviria, La Editorial Común © GORBS EDICIONS SL **S. 51:** Foto links "Proyecto: Madrid te comería a besos" © Boa Mistura; Comic "Poémic" de Laura Pérez / Ferrán Fernández, Editorial Luces de Gálibo © Luces de Gálibo **S. 54:** von links nach rechts und oben nach unten "Donde los escorpiones" de Lorenzo Silva, Editorial Destino © Grupo Planeta; "El silencio de la ciudad blanca" de Eva G. Sáenz de Urturi, Editorial Planeta © Grupo Planeta; "Si no lo matamos" de Rosa Ribas, Editorial Grijalbo © www.megustaleer.com; "Aguacero" de Luis Roso, de B de Books © www.megustaleer.com **S. 55:** Diagramm SGAE 2016 y Observatorio Audiovisual Europeo **S. 56:** © sljubisa - stock.adobe.com **S. 57:** Filmplakate Reihe oben Lo imposible © Universal Pictures, Los otros © Mercury Films, Tadeo Jones © LightBox Entertainment, El orfanato © Rodar y Rodar CINE S.L., La comunidad © Mercury Films; Filmplakate Reihe unten Mar adentro © Mercury Films, Ocho apellidos vascos © LAZONA/vasAver, Un monstruo viene a verme © Universal Pictures, Volver © El Deseo, El niño © Ikuru films **S. 58** und **S. 59:** Filmbilder und Filmplakat El olivo © EOne Films Spain **S. 60:** © stockcreations - istock.adobe.com **S. 61:** © arddigital - stock.adobe.com **S. 62:** © Getty Images/New York Daily News Archive **S. 63:** © Thinkstock/iStock/Samo TrebizanS. **S. 64:** © Getty Images/iStock/MimaCZ **S. 66:** Foto oben © Joan Manuel Serrat, Foto unten © byrdyak - stock.adobe.com **S. 67:** Reihe links von oben nach unten © Getty Images/Lonely Planet Images/John Elk III, © Shutterstock/Oleg Golovnev, © Shutterstock/Joseph Mortimer, Foto rechts © Getty Images/iStock Editorial/Dekaro **S. 68:** links © Getty Images/AFP/ALFREDO ESTRELLA, rechts © Shutterstock/Mohamed Elsayyed **S. 70:** © frizio - stock.adobe.com **S. 71:** oben © dpa/EFE/Ricardo Maldonado, unten © mauritius images/Jim West/Alamy **S. 78:** © Getty Images/iStock/pavalena **S. 82:** © Getty Images/E+/amriphoto **S. 84:** Logo © Universidad Complutense, Madrid **S. 87:** © Getty Images/iStock/Pingebat **S. 90:** © Getty Images/iStock/Omellchenko Andrii **S. 91:** © morganka - stock.adobe.com **S. 94:** 1. © fotolia/Frank Eckgold, 2. © Thinkstock/iStock Editorial/JHMimagine **S. 95:** © Getty Images/iStock/Milkos **S. 101:** © Getty Images/iStock/s_t_v **S. 103:** © Getty Images/iStock Editorial/MOLIVARES1 **S. 108:** © Getty Images/iStock/Chesky_W **S. 111:** von oben nach unten © sylv1rob1 - stock.adobe.com, © Getty Images/kupicoo, © Thinkstock/iStock/m-imagephotography, © Antonioguillem - stock.adobe.com **S. 113:** © Getty Images/iStock/AntonioGuillem **S. 114:** © Paolese - stock.adobe.com

S. 115: © Getty Images/iStock/Ankudi **S. 117:** © Getty Images/iStock Unreleased/ManuelVelasco **S. 120:** © picture alliance/dpa/Ulises Ruiz Basurto **S. 122:** El capitán trueno, B Comic © www.megustaleer.com **S. 124:** © Thinkstock/iStock/STUDIOGRANDOUEST **S. 127:** © Getty Images/iStock/Milkos **S. 128:** © McCarony - stock.adobe.com **S. 129:** © iStock/LeggNet **S. 130:** Volver © El Deseo, También la Lluvia © 2010 Morena Films, También La Lluvia, AIE / Alebrije Cine y Video / Mandarin Cinema **S. 131:** © pictschaer.ch - stock.adobe.com **S. 136:** © Thinkstock/iStock/urfinguss **S. 137:** © alexanderkonsta - stock.adobe.com **S. 138:** © sljubisa - stock.adobe.com **S. 143:** © Bill Perry - stock.adobe.com **S. 147:** © Thinkstock/iStock/emiliozv **S. 148:** © Thinkstock/iStock/javarman3 **S. 149:** 1. © Kaspars Grinvalds - stock.adobe.com, 2. © Sutthituch - stock.adobe.com, 3. © Bartkowski - stock.adobe.com, 4. © ruggedstudio - stock.adobe.com, 5. © Coprid - stock.adobe.com, 6. © iStock/tingberg, 7. © amnach - stock.adobe.com, 8. © wichai - stock.adobe.com, 9. © Thinkstock/iStock/ImpaKPro

TEXTE: S. 18: "Los estudiantes Erasmus y la transformación de la ciudad" © Daniel Malet Calvo **S. 21:** "Mujer tarahumara gana ultramaratón..." © Noticieros Televisa 2017 **S. 30:** "Las exageraciones en el periodismo de García Márquez", Néfer Muñoz © 2017 BBC **S. 42:** "El secreto de los suecos..." ©ALEJANDRO TOVAR / EDICIONES EL PAÍS, S.L. 2017. Todos los derechos reservados. **S. 46:** "La expresión" de Mario Benedetti © Fundación Mario Benedetti, c/o Schavelzon Graham Agencia Literaria, www. schavelzongraham.com **S. 60:** "El cine y la publicidad..." © GREGORIO BELINCHÓN / EDICIONES EL PAÍS, S.L. 2012. Todos los derechos reservados. **S. 66:** Mediterráneo © Joan Manuel Serrat **S. 73:** "El impacto de la globalización en América Latina" © María Maesso. Universidad de Extremadura **S. 84:** © Universidad Complutense, Madrid **S. 96:** "Virgilio Martínez..." © Diario La República, Perú **S. 100** und **S. 101:** "Turismo sin malestar..." © EDICIONES EL PAÍS, S.L. 2012. Todos los derechos reservados. **S. 108:** "Chatbots" © EDITORIAL ECOPRENSA, S.A **S. 121:** "La Sirena" de Patricia Esteban © Tropo Editores **S. 125:** "Los jóvenes sí leen..." © 1988–2015 Periódico El Economista S.A. **S. 131:** "Die große Entwurzelung" © Stuttgarter Nachrichten / Thomas Klingenmaier **S. 138:** "El despegue del cine latinoamericano" © FELIPE BETIM / EDICIONES EL PAÍS, S.L. 2014. Todos los derechos reservados. **S. 148** und **S. 149:** "La China y la América española..." © MACARENA VIDAL LIY / EDICIONES EL PAÍS, S.L. 2017. Todos los derechos reservados.

BILDREDAKTION: Cornelia Hellenschmidt, Hueber Verlag, München

INHALT DER MP3-DATEIEN:
© 2018 Hueber Verlag GmbH & Co. KG, München, Deutschland
SPRECHER: Carlos Aparicio (España), Cecilia Bolaños (México), Neus Carbó (España), Gabriela Fernández (Cuba), Raquel Fernández (España), Ernesto Garzón Villada (Argentina), Mónica Maccaferri (Venezuela), Anieska Mayea von Rimscha (Cuba), Fernando Montalvo Manrique (México), Raquel Muñoz (España), Leonardo Paredes (Venezuela), Giancarlo Sánchez Aizcorbe (Perú), Yannic Süßmilch Xicota (Alemania), Constanza Vagnini-Holbl (Venezuela), Núria Xicota Tort (España)
PRODUKTION: Tonstudio Langer, 85375 Neufahrn, Deutschland